国家社会科学基金项目资助

新产业革命
与欧盟新产业战略

NEW INDUSTRIAL REVOLUTION AND
NEW INDUSTRIAL STRATEGIES OF THE EU

孙彦红　著

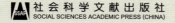

社会科学文献出版社
SOCIAL SCIENCES ACADEMIC PRESS (CHINA)

序

——喜读《新产业革命与欧盟新产业战略》

新产业革命，亦称新工业革命，是以新一轮科技革命为先导，在新一代信息技术、生物技术、新能源技术、新材料技术、智能制造技术等领域以颠覆性技术创新和扩散应用为主要驱动力，推进经济社会发展的一场革命。它以产业变革为主体，将为产业升级、经济结构和社会形态带来全方位、深层次的影响。这一轮新产业革命在全球范围内为几乎所有国家创造了工业结构升级乃至整个经济发展的新机遇。

毋庸置疑，新产业革命将重塑全球经济竞争格局。谁能把握住新产业革命的先机，谁就能在未来经济发展中获得领先优势。正因为如此，新产业革命受到了世界各国的高度重视，而新产业革命的推进离不开制造业这一载体。在经历了 2008 年国际金融危机后，欧美国家幡然醒悟，加快制定和实施本国推进新产业革命的战略。美国反思多年来"去工业化"带来的虚拟经济过度、实体经济衰落、国内产业结构空洞化等现实，提出了"再工业化"计划。该计划的明确目标是重振实体经济，增强国内企业竞争力，增加就业机会；发展先进制造业，实现制造业的智能化；保证美国制造业处于全球价值链的高端环节。德国等欧洲国家也先后根据本国国情提出了"工业 4.0"计划或"高价值制造"战略，要从根本上打造全新的制造业，重塑本国制造业的全球领先地位。日本、韩国、以色列、印度等国也都不甘落后，纷纷制定各自的产业发展战略和计划。

改革开放近 40 年来，我国从农业大国发展为工业大国，如今制造业生产总值已跃居世界第一，正在向工业强国迈进。在这一过程中，提升技术创新能力、转变经济发展方式、提高产品质量水平、由"制造"向"智造"

转型是我国制造业发展的迫切需求。新产业革命的兴起、发达国家"再工业化"战略的提出和追赶型国家应对新产业革命的举措出台,既对我国工业的发展构成严峻挑战,同时也带来宝贵机遇,有必要进行全面深入的研究。

本书作者孙彦红副研究员从事欧盟产业政策研究多年。她较早关注新产业革命的理论、实践和发展趋势,并且较早对发达国家,特别是欧洲主要国家产业发展战略的新变化开展了研究。2015 年,她主持的"新产业革命背景下欧盟工业智能化绿色化发展及其启示研究"课题获得国家社科基金一般项目立项,本书《新产业革命与欧盟新产业战略》便是这一课题的最终成果。

我怀着先睹为快的心情阅读了这本书稿,认为它确是一本值得一读的好书。

首先,这本书以新产业革命为背景,结合国际金融危机爆发以来欧盟面临的内外部经济环境的变化,对近年来欧盟层面及其主要成员国为推动产业结构转型升级而出台的新产业战略进行了全面、系统的研究。作者特别注重在充分掌握资料、深入研究分析的基础上,提出自己的研究心得和具有新意的见解。例如,通过对"欧盟的新产业战略——再工业化"的调研和分析,提出欧盟"再工业化"战略的方向可归结为促进工业的智能化、网络化和绿色化发展,特别强调工业绿色化发展在欧洲新产业战略中的突出地位,这是欧洲的典型特色。这一见解有充分的资料和事实佐证,令人信服。

其次,这本书注重对欧盟主要国家新产业战略的比较研究。欧盟产业政策不是欧盟的共同经济政策,而欧盟各成员国的国情与工业发展状况各不相同,为此,作者用三章篇幅考察并分析了欧盟的新产业战略、关键使能技术发展战略和智能电网发展政策后,并不止步于此,而是继续对主要成员国的新产业战略做了分析,并归纳出它们各自的特点。这是研究并力图准确把握欧盟非共同政策的有效路径和方法。

最后,这本书对近年来西欧政府经济角色发生的变化做了探讨和提炼。自现代西方经济学诞生以来,政府与市场的关系就成为不同经济流派之间永恒的争论话题。自 20 世纪 70 年代末以来,新自由主义一直在经济学中占据主导地位。受此影响,20 世纪 80~90 年代欧盟成员国掀起了大规模的私有化浪潮,并在很大程度上否定产业政策的有效性。作者对近年来著名经济学家的相关著作进行了研读,指出"经济学界认识的转变正在呼吁产业政策回归，尤其是创新导向且兼顾可持续发展和更公平的产业政策的回归"，"创新经济学的新发展尤其强调政府应该扮演更加积极的经济角色，不仅要纠正'市场失灵'，还应该主动承担风险和创造市场，推动解决问题导向的创新政策和产业发展战略的出台与实施"。通过对欧盟最大的四个经济体德、英、法、意新产业战略的考察，作者指出，受到国际金融危机爆发和新产业革命兴起的影响，西欧国家的政府经济角色正在发生新变化，"但是并非要否定市场的地位"，而是为了"更好地发挥市场机制的积极效应，规避单纯依靠市场机制带来的投资不足、分配不公和环境污染等负面效应"。

对于欧盟新产业战略对中国制定和实施产业政策的启示，作者强调指出，"工业对于一国（地区）的经济增长、就业、创新和竞争力具有决定性意义，对于正处于中上等收入阶段的中国至关重要"；"近年来欧盟层面及其主要成员国对工业地位的高度认可或再度重视，提醒我们反思自身的产业结构演变趋势和产业政策方向，尤其是应警惕'过早去工业化'"；"中国工业化的战略选择不应是'去工业化'，而是应该抓住新产业革命和全球产业链重构的重大机遇"，"推动工业智能化、网络化和绿色化发展，不断提升工业和制造业竞争力，以此促进经济发展方式的全面转型升级"。这些观点值得我们重视。

《新产业革命与欧盟新产业战略》是一本优秀之作，这是作者多年努力的成果。孙彦红副研究员的学术功底扎实，先后获北京大学法学和经济学双学士学位、清华大学经济学硕士学位和中国社会科学院经济学博士学位，她在求知和治学的道路上始终保持着积极进取、勤奋求索、孜孜不倦的态度。为了集中精力学习和研究，她几乎每个工作日都在办公室或院图书馆度过。天道酬勤，她所取得的成绩是显著的。

当然，新产业革命方兴未艾，欧盟及其成员国的新产业战略还处于实践初期，许多问题还有待进一步深入研究。希望未来孙彦红副研究员能有更优秀的作品问世，也希望国内有更多的学者投身于这项研究工作，为推动我国产业结构转型升级贡献学术智慧。

罗红波

2019 年 4 月于北京

目　录

Contents

Contents 005

引 言

　　回首进入 21 世纪以来大约 20 年的世界经济，有两个席卷全球的重要动向最为引人关注：一是国际金融危机爆发，并且产生了一系列重要的连锁反应，其后续影响至今仍在不断显现与发酵中；二是"新产业革命"的概念迅速兴起，其实践正在全球几乎所有重要经济体如荼如火地开展着。这两个重要动向"相伴而生"，看似并无显而易见的直接因果关系，却也并非偶然。简言之，美国与欧洲部分发达国家长期过度追求金融业与虚拟经济扩张、忽视工业和实体经济发展以及由此带来的经济结构性失衡不断累积，是导致 2008 年国际金融危机爆发的一个重要原因。而国际金融危机的爆发反过来又进一步触动了发达国家对于工业与服务业、实体经济与虚拟经济关系的深刻反思，工业和实体经济的地位重新获得认可与重视，这一认识转变有力地推动了新产业革命迅速升温，最直接的体现就是世界主要经济体纷纷出台旨在推动产业结构升级的新产业战略。

　　对于欧盟而言，上述两个重要动向的关系又有其特殊性。2008 年底肇始于美国的国际金融危机爆发后，欧盟因与美国经济联系极为紧密而首当其冲地遭受严重冲击，此后又陷入经济危机和主权债务危机的泥潭。欧元区与欧盟经济先后经历了 2008 年的"跳崖式衰退"和 2012 年债务危机导致的"二次探底"，直到 2013 年才开始缓慢复苏。2017 年，欧元区和欧盟经济增长率达到 2.4%，增速超过美国。① 这一近十年来最好的经济表现曾被部分媒体解读为欧盟正在走出危机的标志。然而，还必须看到，历经这一场旷日持久

---

① 本书中有关欧元区与欧盟经济增长的数据均来自欧洲统计局（Eurostat）网站：http://ec. europa. eu/eurostat。

的危机，欧盟所受的冲击不仅仅在经济层面，由经济长期低迷造成的社会与政治层面的连锁反应仍在不断发酵的过程中。即便在经济层面，欧元区和欧盟经济复苏的基础也并不坚实，尤其是在中长期仍存在诸多不确定性和限制因素。更为值得关注的是，经济、社会、政治等多领域多层面的新变化和新矛盾交织在一起，共同向欧盟提出了前所未有的新挑战。

首先，危机对欧洲一体化进程造成严重冲击，一体化前景面临诸多新挑战。国际金融危机爆发以来的长期经济低迷至少从两个方面动摇了欧洲一体化的基础。其一，危机导致成员国经济表现进一步分化，经济竞争力差距拉大，围绕欧盟层面推行的主流经济政策（尤其是财政紧缩政策）的分歧和矛盾不断加剧，成员国凝聚力明显下降，甚至自 1950 年代起一直在欧洲一体化进程中发挥主导作用的"法德轴心"也难以就"一体化将向何处去"达成基本共识。其二，危机造成整个欧盟范围内持续的高失业问题，在受冲击严重的南欧和部分中东欧国家尤甚，而且由此引发的贫困和社会不满并未因失业率逐步回落而明显减弱，这导致积极推动欧洲一体化且从中获益的精英群体与难以从中获益进而越来越对一体化持怀疑甚至反对态度的底层民众之间的对立逐步凸显，与此同时，持反对欧洲一体化主张的民粹主义政党在欧盟多国强势崛起，并且在个别成员国通过选举得以上台执政。上述两方面矛盾的持续累积导致欧洲一体化陷入低谷，而英国脱欧公投的结果更是令一体化的前景"雪上加霜"。

其次，危机对欧洲经济社会模式形成强烈冲击，其发展前景遭遇前所未有的挑战。虽然欧盟内部并不存在统一的经济社会模式，但是自二战后启动一体化进程起，欧盟（欧共体）始终致力于塑造相对一致的欧洲经济社会模式，以增进成员国和民众对一体化的认同。欧盟（欧共体）并未对欧洲经济社会模式做出明确界定，但是仍可由欧盟条约的相关内容梳理出其核心要素。《里斯本条约》生效后的《欧洲联盟条约》第 3 条（承袭《马斯特里赫特条约》生效后的《欧洲联盟条约》第 2 条）对欧盟的使命和价值观做出了明确规定，其中第 3 款和第 4 款聚焦于经济社会领域，列举了欧盟要实现的各项经济社会目标。[1] 长期研究欧洲一体化的意大利学者卡洛·阿尔托蒙

---

[1] European Union, *Consolidated Version of the Treaty on European Union*, Official Journal of the European Union, Volume 53, 30 March 2010.

特（Carlo Altomonte）曾根据条约内容将欧盟的经济社会目标归结为三点：增长、稳定、凝聚，并相应地将欧洲经济社会模式界定为"增长－稳定－凝聚模式"。① 若进一步将环境领域囊括进来，则可将欧洲模式简单归结为兼顾经济活力、社会凝聚力和环境可持续性的平衡发展模式。总体而言，自1990年代至2008年国际金融危机爆发前，欧盟在经济增长上的表现虽然落后于美国，但是尚差强人意，同时在经济稳定与社会凝聚方面获得了较大成功，在节能环保领域更是取得显著成绩，欧洲经济社会模式的内核因而得以不断强化，而且越来越多地获得外部世界的认可。② 然而，国际金融危机爆发以来，上述核心要素平衡发展的相对稳态一步步被打破，不仅经济增长与社会凝聚力受到严重冲击，实现环境与气候目标的投资来源也受到抑制，欧洲经济社会模式的发展前景不容乐观。

再次，危机导致欧盟在落实新的经济增长理念与目标时困难重重。2010年，为重振遭受国际金融危机冲击的欧洲经济，同时也为了明确"后里斯本战略时代"的发展方向，欧盟提出了面向未来十年的新的经济发展战略，即"欧洲2020战略"（Europe 2020）。③ 该战略提出了支撑未来欧盟经济增长的三大核心理念：智慧型增长（Smart Growth）、可持续增长（Sustainable Growth）与包容性增长（Inclusive Growth）。智慧型增长指的是实现以知识和创新为基础的经济增长；可持续增长指的是实现资源效率型、更加绿色和更具竞争力的经济增长；包容性增长则指实现高就业的经济增长，促进经济、社会与地区的凝聚。为落实这三大理念，该战略设定了到2020年要实现的一系列具体目标，主要包括：将20~64岁人群的就业率由69%提升至75%；研发投入与国内生产总值（GDP）的比例由1.9%提升至3%；温室气体排放比1990年减少20%，将可再生能源占最终能源消耗的比重提升至20%，提高能效使得初级能源消耗比1990年减少20%；将未能完成基础教育的人

---

① 转引自孙彦红："意大利学者谈欧盟东扩后的经济与政策"，《中国社会科学院院报》2008年3月25日。

② 2007年至2008年，中国社会科学院欧洲研究所承担的"中国－欧盟：欧洲研究中心项目"研究课题的主题即为"欧洲模式与世界"，该课题按照学科分别从政治、经济社会、法律、文化等视角就"欧洲模式"展开研究与讨论，其中经济社会课题组的主要研究成果为罗红波主编《欧洲经济社会模式与改革》，社会科学文献出版社，2010。

③ European Commission, "EUROPE 2020：A Strategy for Smart, Sustainable and Inclusive Growth", COM（2010）2020 final, Brussels, March 3, 2010.

群比例由 15% 降至 10% 以下，将 30～34 岁人群完成高等教育的比例由 31% 提高至 40%；将处于贫困中或面临贫困威胁的人数至少减少 2000 万人。要落实上述增长理念与目标，离不开公共和私人部门在研发创新、教育、能源转型、基础设施等领域的大规模投资；然而，接踵而至的国际金融危机、经济危机和主权债务危机导致成员国可用的公共财政资源极为有限，也持续打击着私人投资者的信心，造成投资严重不足，智慧型增长和可持续增长所需资金存在较大缺口，而一些成员国失业率长期处于高位也严重威胁到包容性增长目标的实现。

最后，危机对欧盟的国际竞争力造成冲击，导致其国际经济地位面临进一步下滑的风险。早在国际金融危机爆发之前，欧盟的"竞争力问题"就已经比较突出。从衡量一国（或地区）经济表现和竞争力的关键性指标——劳动生产率上看，自 1990 年代中期起，欧盟整体及德、法、意等主要成员国的劳动生产率增速开始明显低于美国，且呈现下滑态势。[①] 正是在这一背景下，欧盟于 2000 年提出了里斯本战略。然而，该战略的推进并不顺利，尤其是快速提高劳动生产率的努力多年未取得明显成效。2001～2007 年，欧盟 28 国的劳动生产率平均增速为 1.5%，而美国则为 2.1%。国际金融危机爆发后，2008～2011 年，欧美国家的劳动生产率增速普遍放缓，美国为 1.68%，而欧盟 28 国仅为 0.78%，增速不及美国的一半，欧元区 19 国的增速更是低至 0.6%。[②] 这一增速变化对比也表明，危机对欧盟和欧元区经济增长潜力与竞争力造成的破坏更为严重，欧盟整体与美国之间的竞争力差距呈进一步扩大趋势。伴随着欧盟和欧元区经济竞争力的疲弱，欧元的国际地位也相应地受到冲击，最直接的表现就是欧元作为国际储备货币份额的下降。自 1999 年问世之后，欧元在全球官方外汇储备中的份额由不足 18% 一

① 在二战结束后的大约 50 年里，欧洲（以原欧盟 15 国为代表）的劳动生产率增速一直高于美国。以从业者每小时 GDP 的增长来衡量，1950～1973 年，欧洲的劳动生产率平均增速为 4.4%，而美国为 2.7%；1973～1995 年，欧洲的劳动生产率平均增速为 2.6%，美国为 1.4%。1996～2000 年，虽然仍有 7 个成员国超过美国，但是整体而言，欧洲的劳动生产率增速仅为 1.2%，而美国达到 1.8%。以上根据经济合作与发展组织（OECD）劳动生产率统计数据计算，参见 http://www.oecd.org/topicstatsportal/0,3398,en_2825_30453906_1_1_1_1_1,00.html。

② 本书中有关劳动生产率增速的数据均来自经济合作与发展组织网站，或根据该网站提供的数据计算得出：https://data.oecd.org/lprdty/labour-productivity-and-utilisation.htm#indicator-chart。

路攀升，曾于 2009 年达到约 28% 的阶段性高点。[①] 然而，之后伴随着欧债危机爆发及一系列连锁反应，国际社会和金融市场对欧元前景的信心持续受到打击，相关机构开始减持欧元资产，加之欧洲中央银行实施量化宽松（QE）政策后欧元进入贬值通道，欧元在全球官方外汇储备中的份额开始大幅下降，并于 2015 年至 2016 年降至约 19%，几乎退回到刚问世时的水平。[②] 无论是经济竞争力相对疲弱，还是欧元作为国际储备货币重要性下降，都意味着欧盟的国际经济地位面临着严峻挑战。

　　上述几方面的挑战显然不是孤立的，而是彼此联系、相互影响和强化的，共同勾勒出 2008 年国际金融危机爆发后欧盟遭受的全方位冲击以及由此造成的发展困境。归根结底，唯有尽快实现可持续的包容性的经济增长，提升成员国与欧盟整体的经济竞争力，才是摆脱困境并且为欧洲一体化进程注入新动力的关键所在。这一点得到欧盟层面及其主要成员国政府的普遍认可，也是过去几年其努力的重要方向。鉴于此次危机的波及范围之广、影响程度之深以及持续时间之久，近年来欧盟试图摆脱危机、探寻新的经济增长轨道的努力所涉及的内容也日趋广泛深刻，既包括具体制度上的"查漏补缺"与"被动修正"，也不乏积极的"战略构建"。在这些努力中，推动产业结构升级无疑是最为核心的内容之一，因为无论是从经济增长还是从竞争力的角度看，最终创造价值和参与国际竞争的主要行为体都是产业；而无论是一体化的继续深化，还是成员国结构性改革的持续推进，最终也都将通过产业这一层面转化为欧盟的经济实力与竞争力。[③] 尤其是，英国、德国、法国等欧盟主要成员国曾是前几次产业革命的发源地和主要发生地，对于产业革命在提高劳动生产率、促进经济增长、提升经济竞争力、创造就业岗位等方面曾发挥的巨大推动作用有切实的经历与体会，在国际金融危机爆发后对工业与服务业、实体经济与虚拟经济关系的反思也更为深刻，因此对于迅速兴起的新产业革命尤其敏感，并很快将抓住新产业革命的机遇乃至塑造新产业革命的发展方向与摆脱危机、重塑经济增长和提升经济竞争力结合起来。

---

① 2008 年国际金融危机爆发后的一年间，美国的金融体系发生剧烈动荡，而欧元区的金融体系则相对稳定，促使多国纷纷选择增持欧元官方储备资产，以部分抵消美元资产的风险。

② 此处有关欧元资产在全球官方外汇储备中份额的数据来自国际货币基金组织（IMF）网站：http://data.imf.org/regular.aspx? key = 41175。

③ 孙彦红："欧盟'再工业化'战略解析"，《欧洲研究》2013 年第 5 期，第 59～60 页。

国际金融危机爆发后，欧盟层面及其主要成员国纷纷出台旨在推动产业结构升级的新战略就是这一认识的明确体现。可以说，正是在国际金融危机和新产业革命这两个相互交织的重要动向的共同影响下，产业政策和产业战略再次被提上欧盟层面及其主要成员国经济政策的优先日程。从全球层面看，欧盟及其主要成员国纷纷出台新产业战略，有力地推动了自美国奥巴马政府2009 年启动"再工业化"战略以来迅速拉开帷幕的新一轮全球产业结构大调整的步伐。

本书以新产业革命为背景，结合国际金融危机爆发以来欧盟面临的内外部经济环境的变化，较为全面系统地研究近年来欧盟层面及其主要成员国为推动产业结构转型升级而出台的新战略。具体而言，本书的论述与剖析将着重围绕以下两条主线展开。

第一，较为系统地梳理分析近年来欧盟层面及其主要成员国出台的新产业战略，包括战略提出的背景、主要内容、具体举措、落实进展，等等。在欧盟层面，本书将围绕国际金融危机爆发以来欧盟委员会相继发布的几份产业政策通报进行论述，并将重点聚焦于 2012 年提出而后于 2017 年更新的"再工业化"战略。在成员国层面，对近年来德国、英国、法国和意大利等四大国出台的新产业战略做较为细致的考察。这条主线旨在将本书实证研究的内容串起来，试图回答一系列有关欧盟及其主要成员国的新产业战略"是什么样子"的问题，因而可称之为本书的"明线"。

第二，深入挖掘近年来西欧主要国家政府经济角色的转变，既包括相关经济理论的发展变迁，也包括产业战略实践所体现的政府功能的变化。透过近年来欧盟及其主要成员国制定与实施产业战略的实践不难发现，西欧国家政府的经济角色的确呈现出了值得关注的新趋势。一方面，与国际金融危机爆发前相比，政府的作用明显有所加强，政策重点向更有效地推动工业和实体经济发展转变，并且纷纷出台新产业战略以促进可持续的包容性的经济增长；另一方面，新产业革命的兴起使得创新政策成为政府的优先日程，各国的产业战略并非回归传统的部门干预，而是致力于全面推动创新，以创新驱动产业和经济结构转型升级。简言之，国际金融危机促使西欧各国开始强化政府经济职能，而新产业革命则决定了其政府经济职能更多地向推动创新转型。这条主线旨在将本书理论探讨层面的内容串起来，尝试回答有关欧盟及其主要成员国"为什么"出台新产业战略及其新产业战略"为什么如此"

等问题，因而可称之为本书的"暗线"。

总之，通过上述一明一暗、相辅相成的两条主线，本书将努力给出近年来欧盟及其主要成员国新产业战略的一幅较为完整的图景，一方面为国内理解与把握近年来欧洲经济正在发生的深刻而复杂的变化提供一个重要视角，另一方面也为中国更有效地推动产业与经济结构转型升级、更好地参与国际产业分工与合作提供必要的参考和借鉴。

需要说明的是，在本研究进行的过程中，英国已通过 2016 年 6 月举行的全民公投决定脱离欧盟，并且已经启动了与欧盟之间的脱欧谈判，何时正式脱欧尚未最终确定。然而，直至本书收稿，英国始终保持着欧盟成员国的身份，而且是欧盟第三大经济体。因此，无论是从产业结构调整升级的方向，还是政府经济角色的转变上看，为了更加全面深入地理解近年来欧盟经济的整体发展趋势，英国的产业战略都是不容忽视的。鉴于此，本书仍将英国视为欧盟的重要成员国，将专辟一章对近年来该国推出的产业战略进行较为系统的考察。

本书共十二章。第一章是围绕正在迅速兴起的新产业革命所做的一个理论综述，旨在从不同视角梳理与归纳有关新产业革命主要内容和愿景的代表性阐释，从而为后文展开实证研究提供必要的背景分析。第二章至第四章立足于新产业革命这一背景，对国际金融危机以来欧盟层面的新产业战略——"再工业化"战略进行较为全面深入的剖析。其中第二章是对欧盟"再工业化"战略整体框架的梳理与分析，包括其出台背景、主要内容、实施框架、最新进展等。为了更加全面深入地把握欧盟"再工业化"战略，第三、第四章分别选取该战略确定的两个重点发展领域——关键使能技术和智能电网，围绕欧盟针对这两个领域的发展战略和政策做较为细致的研究。第五章至第八章对近年来德国、英国、法国和意大利等欧盟主要成员国的新产业战略做较为全面深入的剖析，包括其出台背景、主要内容和实施框架等，其中第五章重点围绕德国 2013 年提出的工业 4.0 战略展开研究，第六章聚焦于法国奥朗德政府提出的"新工业法国"计划及其升级版——"未来工业"计划，第七章对英国卡梅伦政府的产业战略和保守党梅政府的新产业战略做较为详尽的论述，第八章重点考察意大利 2013 年提出的国家能源战略和 2016 年提出的工业 4.0 国家计划。第九章以绿色金融为例剖析欧盟及其主要成员国落实新产业战略的投融资政策。第十章尝试对过去几年欧盟"再工业化"战略及欧盟主要成员国新产业战略的落实情况和进展做一简要评估。基于实证研究的结论,第十一章关注的是近年来欧盟及其主要成员国"为什么"出台新产业战略及其新产业战略"为什么如此"的问题,将结合近年来经济学理论的新发展着重探讨当前西欧国家政府经济角色演变的新趋势和新特点。第十二章是本书的总结,试图在归纳前文的基础上给出新产业革命背景下欧盟及其主要成员国新产业战略的一个相对完整的形象,而后从中国制定产业政策与中欧产业合作的角度简要探讨对中国的启示和影响,提出有待进一步深入研究的相关问题。

第一章　新产业革命的兴起：一个理论综述

　　进入 21 世纪以来，尤其是国际金融危机爆发后的近几年，"新产业革命"的概念在美欧兴起并迅速向全球传播。有关新产业革命的内容与愿景，国际学界涌现出诸多基于不同视角的著述，至今尚未形成明确的共识。甚至，对于目前这一轮新产业革命究竟是第三次还是第四次产业革命，不同研究机构和学者的认识也存在明显分歧，而这又对各国的产业政策实践产生了重要影响。鉴于这一状况，本章拟对正在兴起的新产业革命做较为详尽的理论综述，尝试梳理出当前国际学界对于新产业革命的几种有代表性的认识，以便为后文的实证研究提供必要的背景分析，同时也便于读者更好地理解近年来欧盟及其主要成员国的产业战略实践所体现出的认识上的差异。本章首先引入经济创新理论鼻祖——美籍奥地利经济学家熊彼特（Joseph Alois Schumpeter）的"连续产业革命"理论以及后学对该理论的发展，给出学界对于 20 世纪末之前历次产业革命及其核心特征的总结，之后从能源体系、制造业生产方式、技术变革和资本主义发展等视角给出近几年国际学界有关新产业革命的几个代表性阐释，最后做一简要总结。

第一节　熊彼特的"连续产业革命"理论及其发展

　　由于这一轮新产业革命仍在快速兴起的进程中，相关的著述往往遵循"回顾＋展望"的路径，即首先回顾自 18 世纪后半期以来人类经历的几次产业革命，从一个或多个角度总结其核心特征，而后结合当前重要的新兴技术的发展状况，展望新产业革命的方向和前景。然而，无论立足于哪个角度观察和展望新产业革命，不容置疑的是，任何一次产业革命都依托于技术革命，产业革命的实质就是一大批突破性的技术创新集中涌现，推动经济的主导基础设施发生重大变化，进而推动经济发展模式发生质的飞跃的过程。

对于产业革命与技术创新的关系，经济创新理论的鼻祖熊彼特在其早期成名作——1912 年出版的《经济发展理论》一书中就有过明确论述，并提出了著名的"创造性破坏"的概念。① 之后，在 1939 年出版的两卷本著作《经济周期》中，熊彼特进一步提出了"连续产业革命"（Successive Industrial Revolutions）理论，详细阐释了技术创新如何推动产业革命发生、发展进而形成经济周期的过程。② 在《经济周期》一书中，熊彼特沿袭了"康德拉季耶夫波"的说法，③ 将此前百余年资本主义的经济发展过程进一步分为三个"长波"，但是给出了不同于康德拉季耶夫的全新解释④，即基于他本人提出的创新理论，以各个时期的核心技术发明及其应用以及生产技术的突出发展作为各个"长波"的标志。他认为，尽管每一个"长波"都是独特的，但是若深入分析经济系统中能产生波动的那些特性，其中最重要的特性就是创新，而创新又是通过"连续产业革命"的方式成为推动资本主义经济

---

① 熊彼特的《经济发展理论》最早于 1912 年以德文出版，后译为英文于 1934 年在美国出版。1990 年，商务印书馆出版了中文版。以上三个版本的信息如下：Joseph Alois Schumpeter, *Theorie der Wirtschaftlichen Entwiklung*, Leipzig, Duncker & Humboldt, 1912；Joseph Alois Schumpeter, *The Theory of Economic Development*, Harvard, 1934；〔美〕约瑟夫·熊彼特：《经济发展理论》，何畏、易家详等译，北京：商务印书馆，1990。

② Joseph Alois Schumpeter, *Business Cycle: A Theoretical, Historical and Statistical Analysis of the Capitalist Processs*, 2 vols, New York, McGraw-Hill, 1939.

③ "康德拉季耶夫波"又称经济"长周期"，或称经济"长波"，是考察资本主义经济中历时50 年或略长时间的周期性波动的理论。通常认为，该理论由苏联经济学家康德拉季耶夫（Kondratieff）于 1925 年在美国发表的论文"经济生活中的长波"中首次提出，因而以他的名字命名。实际上，根据后来的多项考证，荷兰马克思主义者范格尔德恩（van Gelderen）在 1913 年就明确阐述了经济"长周期"的概念，因而更应被视为创始人。大约与此同时，包括帕累托（Pareto）在内的多位经济学家也注意到，长期价格变动、利率、贸易波动等呈现出一种持续约半个世纪的周期性运动。当然，不可否认的是，在 1920 年代，作为莫斯科经济研究所的负责人，康德拉季耶夫为阐释和推广这一概念所做的工作的确超过了其他任何一位经济学家。参见 Chris Freeman and Luc Soete, *The Economics of Industrial Innovation*, Third Edition, The MIT Press, 1997, p. 25。

④ 康德拉季耶夫将资本主义经济"长周期"主要归因为资本积累而非技术变革，其观点参见 Nikolai Kondratieff, "The Long Wave in Economic Life", English Translation, *Review of Economic Statistics*, Vol. 17, 1925, pp. 105－115。

增长和发展的主要动力。实现"产业革命"，不能依靠个别产业的量的增长，而是要通过新技术的应用实现经济的质的转型，这种质的转型的周期性出现就构成"连续产业革命"。

作为经济创新理论的创始人，熊彼特提出的"连续产业革命"理论中对于技术革命和产业革命的解释被广泛传播，并且在追随其创新理论的后学那里得到发展。基于对熊彼特提出的三个"长波"的深入研究和补充，"新熊彼特主义"的重要代表人物、著名创新经济学家弗里曼（Chris Freeman）和苏特（Luc Soete）在其知名著作《工业创新经济学》中将 18 世纪后半期至 20 世纪末的人类经济发展史归结为五个由技术变革推动的连续的"康德拉季耶夫波"。[①] 虽然学术界对于这五次长波的划分（包括次数和时间跨度）仍存在争议，而且这五个长波中的每一个也并非就对应着一次公认的产业革命，但是必须承认的是，弗里曼和苏特的这项工作为我们呈现了技术变革推动经济主导基础设施发生重大变迁的一幅相当完整的历史图景，因而具有十分重要的意义。要更加全面地理解当前正在推进的这一轮新产业革命，尤其是要理解近几年涌现出来的从不同角度对新产业革命的阐释，这项研究可为我们提供必要的知识储备。鉴于此，本节将引入弗里曼和苏特对五个"康德拉季耶夫波"的总结，并给出简要解释，以便为后面几个小节打下基础。

表 1－1 给出了这五个长波，包括其大致时间跨度和主题，以及科学技术、教育与培训、交通与通信、能源体系、泛用且廉价的主要生产原料等每个长波的主导基础设施的核心特征。

第一个长波的时间跨度是 1780 年代至 1840 年代，其主题是"产业革命：纺织品的工厂化生产"。这一时期开启了以机器代替手工劳动的时代，也是目前学术界公认的人类第一次产业革命（或称第一次工业革命）。这一时期，在科学方面，存在分散的意见不一致的各类科学团体；在劳动技能方面，教育尚未普及，以"手把手"传授劳动经验的学徒制和"干中学"为主；交通与通信主要依靠水路和公路；虽然早已有了蒸汽动力，但是能源体系仍以水力为主；棉花是最主要的廉价生产原料。

第二个长波的时间跨度是 1840 年代至 1890 年代，这被熊彼特及其后学

①　Chris Freeman and Luc Soete, *The Economics of Industrial Innovation*, Third Edition, The MIT Press, 1997, p. 19.

称为"蒸汽动力与铁路时代"。在这一时期,专业的机械和土木工程师成为从业人数众多的新职业,各类技术研究所从事面向生产的研究工作,大众基础教育已经普及;交通与通信以铁路(铁轨)和电报为主;蒸汽动力得到推广,成为主要能源;① 煤和铁成为最主要的廉价生产原料。

第三个长波的时间跨度是 1890 年代至 1940 年代,可称为"电力与钢铁时代",大致相当于目前学术界公认的第二次产业革命。这一时期的重要特征是,工业企业内部开始成立专门的研发实验室,化学品和电气产品产量大增,国家实验室和标准化实验室纷纷建立;交通与通信以铁路(钢轨)和电话为主;电力成为主要能源;钢的价格大幅下降,成为广泛使用的生产原料。

第四个长波的时间跨度是 1940 年代至 1990 年代,被弗里曼和苏特称为"汽车与合成材料的大批量生产时代"或"福特主义时代"。这一时期的重要特征是大批量生产盛行,同时伴随着大规模的工业企业和国家研发活动,高等教育得以普及;在交通与通信方面,汽车高速公路和航空成为主要运输方式,无线电和电视得到普及;石油成为主要能源之一;石油和塑料成为泛用且廉价的主要生产原料。

第五个长波开始于 1990 年代,如今仍在进行中,弗里曼和苏特称之为"微电子和计算机网络时代"。他们认为,在这一时期,数据网络和全球研发网络将成为科技发展的方向,而终身教育与培训将成为主要的学习模式;在交通与通信方面,信息高速公路和数字化网络成为主流;天然气和石油是主要的能源;微电子成为泛用且廉价的主要生产原料。值得注意的是,依照每个康德拉季耶夫波大约持续 50 年的规律,这一个长波的时间跨度似乎应该是 1990 年代至 2040 年代。由于弗里曼和苏特所著《工业创新经济学》的最后一版(第三版)于 1997 年出版,因此对于第五个长波的认识主要是基于预测而非总结,这难免造成与现实的发展形成偏差。尤其是在能源领域,弗

---

① 虽然首批蒸汽机在 18 世纪初就已用于欧洲的煤矿中(仅限于矿井抽水),瓦特在 18 世纪末又对蒸汽机做了重大改进,但是在 1840 年代之前,蒸汽使用的数量还十分有限。英国第一次产业革命时的作坊和工厂所使用的主要是水力而非蒸汽动力。到了第二个长波时期,蒸汽机的使用才得以大规模推广。参见 Chris Freeman and Luc Soete, *The Economics of Industrial Innovation*, Third Edition, The MIT Press, 1997, p. 21; G. N. von Tunzelmann, *Steam Power and British Industrialisation to 1860*, Oxford University Press, 1978, p. 51。

里曼和苏特当时似乎并未对可再生能源给予足够的重视。

虽然弗里曼和苏特总结的五次长波并非学界普遍共识，但是其对 20 世纪末之前技术创新与产业结构变迁关系的总结的确获得了经济学界，尤其是创新经济学界相当程度的认可。正是基于他们全面系统的总结，研究界对于 1990 年代以来，尤其是当下正在推进的新产业革命的阐释和展望才具备了较为坚实的基础。下文将逐一归纳近年来国际学界从不同角度对这一轮新产业革命所做的阐释，期望基于此概括出新产业革命的核心特征。

表 1 - 1   连续的技术变革波

长波或周期		主导基础设施的核心特征			
大致时间跨度	康德拉季耶夫波	科学技术、教育与培训	交通与通信	能源体系	泛用且廉价的主要生产原料
第一次 1780 年代至 1840 年代	产业革命：纺织品的工厂化生产	学徒制、干中学 不同学术意见并存 分散的科学团体	水路、公路	水力	棉花
第二次 1840 年代至 1890 年代	蒸汽动力与铁路时代	专业机械和土木工程师、技术研究所、大众基础教育	铁路（铁轨）、电报	蒸汽动力	煤、铁
第三次 1890 年代至 1940 年代	电力与钢铁时代	工业研发实验室、化学品与电气产品、国家实验室、标准化实验室	铁路（钢轨）、电话	电力	钢
第四次 1940 年代至 1990 年代	汽车与合成材料的大批量生产时代（福特主义时代）	大规模的工业企业研发与国家研发、高等教育大众化	汽车高速公路、无线电和电视、航空	石油	石油、塑料
第五次 1990 年代至今	微电子和计算机网络时代	数据网络、全球研发网络、终身教育与培训	信息高速公路、数字化网络	天然气、石油	微电子

资料来源：Chris Freeman and Luc Soete, *The Economics of Industrial Innovation*, Third Edition, The MIT Press, 1997, p. 19. 同时参考了该书中文译本的相关内容，见〔英〕克利斯·弗里曼、罗克·苏特：《工业创新经济学》，华宏勋、华宏慈等译，柳卸林审校，北京大学出版社，2004，第 25 页。

第二节   新产业革命：一个能源体系视角的阐释

据上文弗里曼和苏特有关五次长波的总结不难发现，对于任何一次产业革命而言，能源体系的深刻变革都是其主导基础设施的核心特征之一。换言之，每一次产业革命都有着独特的能源内涵。在近几年涌现出的有关新产业革命的诸多论述中，尤以美国著名趋势经济学家杰里米·里夫金（Jeremy Rifkin）的观点高度聚焦于能源体系正在和即将发生的深刻变革，他提出的"可再生能源互联网"的概念在世界范围内引起了广泛关注。里夫金的观点在其 2011 年出版的畅销书《第三次工业革命：新经济模式如何改变世界》中有全面系统的论述。本节将专门对其观点做一概述。①

里夫金《第三次工业革命：新经济模式如何改变世界》一书的论述始于对 2008 年爆发的国际金融危机的深入讨论。他提出，这次金融危机看似是由宽松的信贷政策导致了全球消费泡沫和金融泡沫的最终破裂，实际上其背后的深层次原因在于，在一个极其依赖石油和其他化石燃料的经济体系里，就推动经济增长而言，传统经济政策已经无能为力，而各国政府又走上了通过宽松信贷政策发展债务经济的错误道路，鼓励人们无节制地消费，"疯狂地花着还没有挣来的钱"，这种缺乏实体经济支撑的发展模式必然走向危机。

里夫金进而给出了划分工业革命的标准。他提出，历史上每一次工业革命（同时也是重大的经济转型时代）都是新型通信技术与新型能源系统的结合。第一次工业革命伴随着水路陆路交通的大发展、水力的广泛应用和煤炭蒸汽动力的迅速改进，进而造就了密集的城市核心区和拔地而起的工厂。第二次工业革命则伴随着电话、广播、电视等第一代通信技术的广泛应用和化石能源的普及，催生了城郊大片房地产业以及工业区的繁荣。虽然自 1990 年代以来兴起的以信息技术和互联网为标志的通信技术革命大大提高了生产效率，但是没能为世界经济开辟出可持续发展的新道路，其主要原因在于，新通信技术的"分布式"特征与第二次工业革命下化石能源的集中使用以及由此形成的生产和生活布局结构并不真正匹配。新通信技术的发展有可能延长传统工业模式的寿命，但是它不可能完全发挥分布式通信的潜力，因而也

---

① 杰里米·里夫金《第三次工业革命：新经济模式如何改变世界》一书的英文版于 2011 年在美国出版，此后相继被译成 20 多种语言在不同国家出版。该书简体中文版于 2012 年由中信出版社出版，本节的归纳总结主要基于中文版的内容。该书英文版和中文版的信息如下：Jeremy Rifkin, *The Third Industrial Revolution: How Lateral Power is Transforming Energy, the Economy and the World*, Palgrave Macmillan, 2011；〔美〕杰里米·里夫金：《第三次工业革命：新经济模式如何改变世界》，张体伟、孙豫宁译，北京：中信出版社，2012。

不可能独自打造新的经济发展模式。基于此，里夫金提出，只有将新通信技术与新能源体系结合起来，才能造就新的产业革命，进而确立起经济长期增长的新趋势。

在给出有关第三次工业革命的构想之前，里夫金还阐述了他对基础设施的理解。他强调，人们需要用动态的长期的眼光看待基础设施。基础设施实际上是通信技术和能源的有机结合，用以开创一种具有活力的经济体系。在这一体系中，通信技术相当于中枢神经系统，对经济有机体进行监管、协调和处理；而能源起到血液的作用，为将自然的馈赠转化为商品和服务这一过程提供养料，从而维持经济的持续运行和繁荣。基于这一认识，里夫金提出，网络通信技术与可再生能源技术相结合使得打造全新的基础设施体系成为可能，也让人类迎来了第三次工业革命的曙光。

基于上述论断，里夫金提出，第三次工业革命将是能源互联网与可再生能源的深度结合，最终将推动人类的生产生活方式发生重大变革。他进而提出了支撑这一构想的五大支柱：一是能源结构向可再生能源（包括风能、太阳能、水力、地热、生物能源等）转型，以可再生能源持续取代储量不断降低的传统化石能源，减缓气候变化的负面影响；二是将各类建筑物转化为微型发电厂，以便就地收集可再生能源；三是在每一栋建筑物以及基础设施中使用氢和其他存储技术，以存储间歇式可再生能源；四是利用网络通信技术把电网转变为智能通用网络，这一网络的工作原理类似于互联网，能够将成千上万的建筑物产出的电能输送到电网中去，在开放的环境中实现与他人的资源共享；五是将运输工具由传统能源车转向插电式和燃料电池动力车。上述五大支柱相互联系与补充，共同推动支撑第三次工业革命的主导基础设施逐步形成。如果五大支柱的任何一个发展滞后，其他支柱的发展也会受阻，因而需要有规划地协调发展。图1-1给出了里夫金有关第三次工业革命五个支柱的简要架构。

在展望第三次工业革命的前景时，里夫金认为，第三次工业革命是大工业革命的最后篇章，它将为未来的合作时代打下坚实的基础，第三次工业革命几十年的基础设施建设将创造出无数的新商机和就业岗位，这项工程的结束将意味着以勤劳、创业和大量使用劳动力为特征的200多年商业传奇故事的结束，同时标志着以合作、社会网络、行业专家和技术劳动力为特征的新时代的开始。在接下来的半个世纪，第一次和第二次工业革命时期传统的集

图 1-1 里夫金 "第三次工业革命" 的五个支柱

资料来源：笔者根据里夫金著《第三次工业革命：新经济模式如何改变世界》的内容绘制。

中式的经营活动将逐渐被第三次工业革命的分散经营方式取代，而传统的、等级化的经济和政治权力将让位于分散的扁平化权力。

基于前文，可以总结出有关里夫金第三次工业革命构想的几点基本认识。

第一，里夫金对新产业革命愿景的描述着重从能源视角展开，同时又不局限于能源体系变革本身，而是从主导基础设施变迁的层面提出了新通信技术与新能源体系相结合的构想。可以说，里夫金的这一思路在一定程度上继承了熊彼特的 "连续产业革命" 理论。

第二，里夫金对新产业革命的阐释特别突出经济的 "绿色化" 发展。他在书中特别提及，第一次和第二次工业革命的熵账单即将到期，气候变化已经成为人类生存的最大威胁，走绿色低碳可持续的发展道路已是大势所趋。他构想的 "能源互联网 + 可再生能源"（或称 "可再生能源互联网"）的蓝图，也是为工业和经济朝绿色化方向发展确立的远景目标。

第三，里夫金的论述表明，新产业革命愿景的实现需要各级政府以全局性思维和整体性规划加以推进，将是一个长期的过程。里夫金认为，要实现 "可再生能源互联网" 的蓝图，各国政府需要将当下各类名目的低碳绿色项目统合到一个整体规划之下，以促进五个支柱的协调发展。根据他的预测，实现新的分布式通信技术与新的分散式可再生能源体系相结合，并为新基础设施建设和新经济打下基础，至少需要 20 年的时间。

第三节　新产业革命：一个制造业生产方式视角的阐释

在近年来涌现出的有关新产业革命的诸多论述中，英国《金融时报》记者彼得·马什（Peter Marsh）于 2012 年出版的《新工业革命》一书在关注制造业生产方式的演变方面颇具代表性。马什长期报道制造业和相关产业的发展动态，不仅收集了有关历次产业革命的重要史料，还积累了大量有价值的企业案例，这使得他对于制造业生产方式演变的总结与展望受到广泛的关注和认可。本节将基于《新工业革命》一书对马什的主要观点做一概述。①

马什在书中首先给出了他对历次产业革命的总结。他提出，18 世纪后期至 20 世纪末，人类共经历了四次重大的工业革命。1780～1850 年发生了第一次工业革命，以蒸汽机的发明、完善和广泛应用为主要标志，可称为"蒸汽机革命"。1840～1890 年发生了第二次工业革命，可称为"运输革命"。这一时期与第一次工业革命在时间跨度上略有重叠，典型标志是出现了新的交通工具，包括蒸汽驱动的火车和铁壳或钢壳船。紧随运输革命之后，在时间上也略有重叠的，是 1860～1930 年的"科学革命"（即第三次工业革命）。廉价钢材是这一时期的重要成果之一，还包括蒸汽涡轮机、电动马达、内燃发动机以及由新化学品和材料工业生产的从燃料到铝等一系列产品。1946 年第一台电子计算机埃尼阿克（ENIAC）问世以及半导体的普遍应用引发了第四次大变革——"计算机革命"（即第四次工业革命）。这些革命以科技为手段，持续地塑造和改变着工业原材料的物理与化学属性，使得制造业具备了前所未有的发展规模，也逐步将人类推进现代化生活的时代。

结合对历次产业革命的总结，马什依据定制化与标准化之间的平衡以及产品生产规模将人类社会制造业发展的历史归结为特征显著的四个阶段，并且认为目前人类正处在第五个阶段。第一个阶段是少量定制。这个阶段出现

---

① 彼得·马什《新工业革命》一书的英文版于 2012 年出版，简体中文版于 2013 年由中信出版社出版，本节的概述主要基于该书中文版的内容。该书英文版和中文版的信息如下：Peter Marsh, *The New Industrial Revolution: Consumers, Globalization and the End of Mass Production*, Yale University Press, 2012；〔英〕彼得·马什：《新工业革命》，赛迪研究院专家组译，北京：中信出版社，2013。

在玻璃制造的早期，涉及用木材、黏土及金属等材料制造产品的一批基本工艺。这个时代始于铁器时代的开端直至 1500 年前后，延续了近 3000 年。第二个阶段是少量标准化生产。这个阶段始于 1500 年的威尼斯造船厂，并持续了 400 年。可互换零件对于这个阶段至关重要，而可互换零件的生产需要在第一次工业革命后出现工艺改进（如精密工程和金属切割的改进），才能达到更加成熟的水平。第三个阶段是大批量标准化生产，从 1900 年持续到 1980 年。确切地说，这个阶段始于 1910 年福特汽车公司在底特律建造了世界上第一个大规模生产工厂，该工厂使用可互换零件系统，用于大规模制造标准化产品。此后，福特的大批量生产理念传播到整个汽车行业和家具、电器等其他行业。大批量标准化是整个 20 世纪最重要的制造业生产方式。第四个阶段是大批量定制，始于 1980 年代，至今仍处于主导地位。大批量定制有时也称作"精益生产"或"定制化量产"，它将高度灵活、自动化程度不断提高的机器与高素质高技能的工人紧密结合起来，"集合了手工生产和（不灵活的）大批量生产的优点，同时又避免了手工生产的高成本和大批量生产的单一化"，其核心优势是在不牺牲生产效率的前提下最小化资源浪费。① 日本的丰田汽车公司被公认为"精益生产"的开创者，该公司基于大批量定制而实行的产品多样化战略被奉为企业管理的圭臬。第五个阶段是个性化量产。个性化量产与定制化量产的特点有许多重叠之处，但是个性化量产的特点更趋于极致。这一阶段始于 21 世纪初，此时定制化量产仍在发展中，新工业革命中涌现出的特色生产技术和工艺（如 3D 打印技术）将集两种制造系统的特点于一身，未来个性化量产将逐渐占据主导地位。② 表 1－2 给出了上述五个阶段的演进过程。

---

① "精益生产"（Lean Manufacturing，Lean Production）的说法最初由美国麻省理工学院研究员约翰·克拉富西克（John Krafcik）在 1988 年发表的一篇管理学论文中提出。此后，吉姆·沃马克等人在 1991 年出版的《改变世界的机器》一书中对"精益生产"做了较为细致的总结，令这一术语广为人知。参见 James P. Womack，Daniel T. Jones and Daniel Roos，*The Machine that Changed the World：the Story of Lean Production*，Harper Perennial，1991，另见〔英〕彼得·马什：《新工业革命》，赛迪研究院专家组译，北京：中信出版社，2013，第 65～70 页。

② 个性化量产适用于那些需要与众不同以满足个人特殊需求的产品。例如，专门针对某个人的特殊情况而制造的药品。参见〔英〕彼得·马什：《新工业革命》，赛迪研究院专家组译，北京：中信出版社，2013，第 71 页。

表 1 - 2　彼得·马什总结的制造业生产方式的五个阶段

阶段	时间跨度	阶段特征
1	铁器时代开端至 1500 年（延续近 3000 年）	少量定制
2	1500 年至 1900 年（延续约 400 年）	少量标准化生产
3	1900 年至 1980 年（延续约 80 年）	大批量标准化生产
4	1980 年至今	大批量定制
5	2000 年至今	个性化量产

资料来源：笔者根据彼得·马什著《新工业革命》的内容绘制。

马什认为，随着制造业生产方式的演化升级，全球价值链的运作方式也在不断发生深刻的变化。新产业革命的推进使得制造业价值链日趋分散和不断细化，这为世界各国的企业提供了机遇，也提出了新挑战。马什认为，迄今为止，将价值链各部分联系起来的生产方式——"互联制造"经历了几个发展阶段。第一个阶段是 1850 年代至 1920 年代，制造商主要依靠海外营销部门进行全球商品销售，很少在海外设厂。第二个阶段是 1930 年代到 1970 年代，企业开始大范围地在海外开设分厂，基于市场需求和劳动力技能的考虑，这一时期开设分厂的行为主要在发达国家间进行，而且海外分厂与国内运营之间协作很少。第三个阶段始于 1980 年代，至今仍处于主导地位。这一时期，出现了一批发展迅速的新兴国家，各大企业在全球范围内设置分厂的进程不断加快。此后，随着发达国家与新兴国家技术和质量标准的逐步趋同，企业开始更多地灵活选择制造的组织形式，生产活动以更理性的方式散布在不同成本地区的"混合生产"成为主流。第四个阶段始于 21 世纪，目前还处于发展初期，即所谓"全面互联制造"，这也是新产业革命时代价值链的核心特征，未来有活力、有技术能力的企业之间在价值链上的"自由联合"将是在竞争中保持领先的关键所在。

基于新工业革命时代制造业生产方式和全球价值链的发展趋势，马什特别提出了两个有广阔前景的发展方向：一是针对专业化细分市场的利基（Niche）制造，二是应对环保压力的绿色制造。他提出，经过过去几百年工业文明的积淀，利基领域的影响已非常深远，未来其重要性还将进一步增强。如今利基产品几乎广泛存在于机械、纺织品等每个生产领域，大多数制造业强国都有几十甚至上百个利基行业。利基领域有几个显著特点：一是利基企业往往是垄断行业中较小的企业；二是大多数利基企业属于制造业而非服务业；三是利基企业通常擅长创新且与客户关系密切。在新一轮产业革命中，利基企业在塑造新的工业形态方面将更具优势。

有关绿色制造，马什提出，与之前历次工业革命肆意挥霍自然资源并将有害物质释放到环境中去不同，新一轮工业革命的特点是对资源进行管理和最大限度地减少生态失衡。随着新工业革命过程中技术和生产管理模式的持续创新，世界经济仍将继续扩张，但是制造业与环境的关系也会发生重大转变，即制造业活动将减弱而不是增加对环境的压力。当前，提高能效、发展可再生能源、减少有害物质排放、发展循环经济等绿色发展理念正在成为主导，一些国家（尤其是诸多欧洲国家）已经在绿色制造领域获得先行优势，未来将继续引领世界经济绿色化发展的大潮。

综上所述，可以归结出马什有关新产业革命阐释的几点基本认识。

第一，马什的阐释聚焦于制造业，特别强调制造业和工业对于经济社会的重要性。他提出，制造业是将原材料制造为新产品以迎合新需求的艺术和科技创新的源泉。虽然制造业直接就业人数在全世界人口中所占的比例已经很小，但是无论从创新、出口还是间接就业效应等方面看，制造业对于一国的经济繁荣和竞争力都至关重要。因此，一国的本土文化应该更加重视技术、设计和制造业的作用。

第二，马什的阐释选择了制造业生产方式这一独特视角，对于人们更好地理解新产业革命对人类生产生活方式的深远影响具有重要意义。他对历次产业革命的划分标准和特点总结不甚清晰，但是基于此并围绕定制化、标准化和生产规模等特征对人类社会制造业生产方式演变的总结与展望颇具启发性，对各国政府制定推动本国工业结构转型升级的政策也具有重要的参考价值。

第三，根据马什对制造业生产方式发展趋势的研究，随着新一轮产业革命的推进，基于信息与自动化技术的智能制造、基于全球价值链的互联制造、基于个性化需求的定制制造和基于节能环保的绿色制造将成为未来几十年世界制造业的主流新业态。如何在塑造上述新业态的竞争中处于领先地位，是各国政府和企业共同面临的重大挑战。

第四，马什认为，在新产业革命孕育之际，各国政府应紧跟制造业生产方式的最新变化，并通过引导这些变化实现本国利益最大化。考虑到国际金融危机爆发后传统资金很难满足私人部门扩张和创新的需求，政府主导的金融支持应该成为产业政策中必要且合理的一部分。以企业自主投资与创新为主，辅之以温和的政府干预，是各国推进新产业革命并尽可能从中获益的合理路径。

第四节 新产业革命：一个技术变革视角的阐释

前文述及，任何一次产业革命都依托于技术革命，都有赖于一大批突破性技术创新的集中涌现。在近几年发表的有关新产业革命的著述中，不乏聚焦于重大技术变革的分析与展望，其中以知名商业战略咨询机构波士顿咨询公司（Boston Consulting Group，简称 BCG）和世界经济论坛（World Economic Forum）创始人——德国经济学家克劳斯·施瓦布（Klaus Schwab）对工业 4.0 和第四次工业革命的论述最具代表性。除了都特别关注重大技术变革并且提出了若干关键技术领域之外，上述两种论述至少还有两个共同特点。其一，两者都或多或少地受到德国 2013 年提出的工业 4.0 战略的影响，因此对于历次产业革命的划分和认识类似，即都认为在 20 世纪末之前人类经历了三次工业革命，分别是 18 世纪后半期由蒸汽机的发明和应用驱动的第一次工业革命、19 世纪末由电力的使用和流水线生产普及引发的第二次工业革命，以及 1960 年代起由半导体、计算机和互联网的应用催生的第三次工业革命，而当前正在推进的新一轮工业革命则是人类历史上第四次工业革命。其二，对第四次工业革命内容的认识类似，认为当前新一轮工业革命的核心是智能化与信息化，其发展愿景是形成一个高度灵活、数字化、人性化的产品生产与服务模式。鉴于此，本节将分别对波士顿咨询公司和施瓦布的论述做简要梳理与归纳。

波士顿咨询公司对工业 4.0 的论述集中体现于其 2015 年 4 月发布的题为"工业 4.0：未来制造业的生产力与增长前景"的研究报告。[①] 该研究报告由来自该公司慕尼黑、法兰克福和维也纳办公室的 7 位资深咨询顾问共同撰写，首先给出了引领工业 4.0 发展的九大关键技术，而后以德国为例展望了工业 4.0 对生产率、收入增长、就业投资等方面的影响，进而分析了由九大关键技术引领的工业 4.0 对生产商和制造体系供应商提出的新挑战，最后给

---

① BCG，*Industry* 4.0：*The Future of Productivity and Growth in Manufacturing Industries*，April 2015.

出了生产商、供应商和政府应如何适应工业4.0的对策建议。

鉴于波士顿咨询公司研究报告的分析和建议主要围绕"九大关键技术"而展开，以下逐一对其做简要介绍。（1）大数据及分析（Big Data and Analytics）：在工业4.0时代，企业将对来自开发系统、生产系统、企业与客户管理系统等不同来源的数据进行全面整合评估，使其成为支持实时决策的基础，从而提高产品质量、节约能源、改善设备服务水平。（2）自主型机器人（Autonomous Robots）：未来将由具备自主适应能力的合作型工业机器人参与生产，机器人不仅能够相互配合，还可以与工人协作，并且自主地向工人学习。（3）仿真模拟（Simulation）技术：利用仿真模拟技术，可以根据实时数据，在虚拟模型中反映真实世界，使得企业可以在生产前通过虚拟建模进行充分的测试与优化，从而缩短机器整备时间，提高产品质量。（4）水平和垂直系统集成（Horizontal and Vertical System Integration）：即基于数据传输的企业间数据整合，形成从供应商到消费者、从企业管理者到工作现场的全面的数据互通，从而实现生产链的完全自动化。（5）工业物联网（Industrial Internet of Things）：指工业生产领域的"物联网"，未来更多的设备，甚至包括半成品都将通过嵌入式计算和标准化技术实现联网，从而使制造业的数据流、硬件、软件实现智能交互。（6）网络安全（Cyber-security）：在工业4.0时代，将有数十亿的智能机器、设备、产品相连，网络安全威胁将急剧增加，如何在一个全新的框架下确保网络安全至关重要，工业设备企业与网络安全企业的合作将是未来的重要发展方向。（7）云技术（The Cloud）：随着云技术日趋完善，未来企业将在开放的云系统中管理海量数据，越来越多的企业会将监管系统和控制系统转移到云端，生产系统的反应时间将可能缩短至几毫秒。（8）增材制造（Additive Manufacturing）：主要指3D打印技术，3D技术在备件和样品生产上的广泛应用将大大缩短运输距离，减轻存储压力，还能制造出高性能的满足个性化需求的定制产品。（9）增强现实（Augmented Reality）技术：指通过某些穿戴设备（如增强现实眼镜），人们可以根据呈现出来的实时信息和指示进行相关操作。这项技术目前尚处于萌芽状态，但是未来有广阔的发展与应用前景，包括产品与机械维修、物流等各类标准化操作程序以及虚拟培训等。该研究报告认为，虽然上述九大关键技术（见图1-2）已经应用于制造业，但是在工业4.0的愿景中，这些技术的普及与相互配合将令生产方式发生彻底转型，即由分散独立的模块化生产走向高度整合的集成式自动化生产，这将大大提升生产效率，也将深刻改变生产商、供应商和消费者之间的关系，改变人与机器之间的关系。

图 1 - 2　引领工业 4.0 发展的九大关键技术

资料来源：BCG，*Industry* 4.0：*The Future of Productivity and Growth in Manufacturing Industries*，April 2015，p. 3.

　　施瓦布的论述集中体现于其 2016 年出版的《第四次工业革命：转型的力量》一书中。① 在该书的开篇，施瓦布提出，基于前三次工业革命的各种定义和学术观点，有理由认为，我们当前正处在第四次工业革命的开端。第四次工业革命始于新旧世纪之交，是在数字革命的基础上发展起来的，其特点是：同过去相比，互联网变得无所不在，移动性大幅提高；传感器的体积更小、性能更强大、成本也更低；人工智能和机器学习开始崭露锋芒。而后，施瓦布根据世界经济论坛 2015 年出版的调研报告"深度转变：技术引爆点与社会影响"，给出了正在和即将引领第四次工业革命的 23 项技术变革，主要包括这些技术的引爆点、进入市场的预期时间、技术应用的利弊分析，等等。这 23 项技术分别是：可植入技术、数字化身份、视觉交互界面、可穿

---

　　① 施瓦布《第四次工业革命：转型的力量》一书的英文版于 2016 年出版，简体中文版于 2016 年由中信出版社出版，本部分的概述主要基于中文版的内容。该书英文版和中文版的信息如下：Klaus Schwab，*The Fourth Industrial Revolution*，World Econoic Forum，2016；〔德〕克劳斯·施瓦布：《第四次工业革命：转型的力量》，李菁译，北京：中信出版社，2016。

戴设备联网、普适计算、便携式超级计算机、全民无限存储、万物互联、数字化家庭、智慧城市、大数据决策、无人驾驶汽车、人工智能与决策、人工智能应用于模式化工作（白领工作）、服务型机器人、比特币与区块链、共享经济、区块链政务、3D 打印应用于制造业、3D 打印应用于人类健康、3D 打印应用于消费品、个性化定制、神经技术。施瓦布认为，上述技术迅速发展并达到引爆点后将足以改变经济的游戏规则，并给生产生活带来颠覆性改变，引领人类进入第四次工业革命的高潮阶段。

对比波士顿咨询公司和施瓦布对第四次工业革命的论述不难发现，两者强调的关键技术领域虽然不完全相同，但是存在相当多的重叠之处，其核心都是工业和经济的智能化信息化发展。相比而言，波士顿咨询公司侧重于强调重大技术变迁对制造业生产方式和价值链的影响，而施瓦布的论述则着眼于技术对包括制造业和服务业在内的整体经济的影响。

第五节　新产业革命：一个资本主义发展视角的阐释

除了前文梳理的能源体系、制造业生产方式、重大技术变革等三个方面，部分欧美学者还从资本主义发展这一更广阔、更长期的视角对新产业革命做出阐释，其中新熊彼特主义经济学家卡洛塔·佩雷斯（Carlota Perez）的论述尤为值得关注。佩雷斯长期从事技术革命与"经济 - 社会范式转型"（Techno-economic Paradigm Shift）研究，早在 2002 年出版的《技术革命与金融资本》一书中，她就对技术革命与资本主义发展的关系做出过深刻而独到的分析。[①] 2008 年国际金融危机爆发后，作为积极反思资本主义的重要经济学家之一，佩雷斯相继发表了一系列论文，从技术革命的视角分析与展望资本主义未来的发展方向，其中尤以 2016 年的论文"资本主义、技术和绿色全球黄金时代"最为全面系统。[②] 本节将基于这篇论文和其他相关论文的内

① Carlota Perez, *Technological Revolutions and Finance Capital: the Dynamics of Bubbles and Golden Ages*, Cheltenham, Edward Elgar, 2002.

② Carlota Perez, "Capitalism, Technology and a Green Global Golden Age: The Role of History in Helping to Shape the Future", in Michael Jacobs and Mariana Mazzucato (eds.), *Rethinking Capitalism: Economics and Policy for Sustainable and Inclusive Growth*, Wiley-Blackwell, 2016, pp. 191 – 217.

容，梳理归纳佩雷斯的核心观点。

在对技术革命与资本主义发展进行系统论述之前，佩雷斯首先提醒人们关注 2008 年国际金融危机爆发后国际经济学界对欧美资本主义未来的讨论。据她的总结，有两种观点颇具代表性：一种观点认为资本主义世界已经进入一个技术创新难以继续支撑经济增长的阶段，甚至重拾了 1930 年代出现的"长期停滞"（Secular Stagnation）的概念，认为零增长或低增长将是未来资本主义经济的常态；[①] 另一种观点由支持环境运动的经济学家提出，他们认为面对日益严峻的资源和环境约束，资本主义世界将不得不维持零增长或者低增长的趋势，任何试图提升经济增长的努力都将加剧环境和气候的负担而令资本主义难以为继。

佩雷斯认为，上述两种观点都忽视了历史的启示，尤其是缺乏从历史维度对创新的理解。她提出，根据历史经验，在每次技术革命的过程中都会产生巨大的经济泡沫，而每次泡沫破灭后的经济衰退和失业都会引起人们对于长期经济前景的担忧。2008 年国际金融危机的爆发正是典型的技术革命过程中的泡沫破灭，而上述两种观点又是泡沫破灭后悲观情绪的集中体现，这类悲观情绪在历史上曾反复出现过。对此，佩雷斯认为，为了更好地把握国际金融危机后资本主义世界的可能发展趋势，帮助各国政府做出适当的政策选择，包括主流经济学界和环境运动倡导者在内的经济界人士都急需理解技术变革的历史进程，尤其是理解第一次产业革命以来历次重要的技术变革是如何被经济社会所吸收的。

基于上述观点，佩雷斯对 18 世纪后期以来历次技术革命的进程做了深入剖析。她首先否定了一部分经济学家认为"技术进步是连续平稳的"观点，并且基于康德拉季耶夫和熊彼特的学说，进一步发展了弗里曼等其他创新经济学家的研究，提出了自 1770 年代以来，人类发生的技术革命并非三次或四次，而是五次，这五次技术革命驱动着连续的"大发展浪潮"（Great Surges of Development）。第一次技术革命就是通常而言的产业革命，机械化的普及、水力驱动工厂的发展以及发达的水运网络改变了生产生活方式，并

---

① "长期停滞"最早由美国经济学家汉森（Alvin Hansen）在 1930 年代提出，美国前财政部长、经济学家萨默斯（Larry Summers）2013 年重拾这一说法，用以描述 2008 年国际金融危机后欧美资本主义国家经济或将陷入长期低增长甚至零增长的发展趋势。

使得英国崛起成为世界强国。第二次技术革命始于 1829 年，以煤、蒸汽动力、铁和铁路的发展为基础，使得受教育的中产阶级得以壮大。第三次技术革命始于 1875 年，这是钢铁和重工业工程（包括电力、化学等）的时代，跨国铁路和洲际蒸汽船发展迅速，促进了国际贸易的大发展，促成了第一次全球化。在这一时期，德国和美国快速崛起并超越英国。第四次技术革命始于 1908 年福特 T 型车的下线，这一时期以汽车、高速公路、石油、塑料、电力的广泛应用和大规模生产为主要特征，同时以大规模生产和消费主义为核心内容的"美国梦"逐步形成。第五次技术革命始于 1971 年英特尔微处理器的开发成功，目前仍在进行中，可称为信息通信技术（ICT）革命。实际上，每一次技术革命的含义都不止于技术变革本身，还会引发一系列相互联系的创新并促成一整套新的工业部门和基础设施，可称为"技术－经济范式转型"。

根据佩雷斯的总结，虽然每次技术革命各有特点，但是一些特征会重复出现。这种重复出现的现象可由技术变革在市场经济和社会中产生并扩散的范式转换过程来解释。每一次由技术变革引起的"大发展浪潮"都需要约半个世纪或更长时间才能均匀地散布在整体经济中，而每一次发展浪潮或者新范式的扩散都可分为两个阶段——导入期（Installation Period）和拓展期（Deployment Period），其间有一个转折点（Turning Point）或过渡期，其标志是泡沫破灭以及随后或短或长的经济衰退期。根据这一认识，佩雷斯总结出了五次技术革命的核心内容和阶段性特征（见图 1 - 3）。根据她的分析，每次技术革命的导入期正是熊彼特所说的"创造性破坏"全面发生的时期。这一阶段往往竞争极其激烈，而自由放任通常是塑造政府行为的主流理念。为了给新兴企业和创新者融资提供便利，金融资本往往是这一阶段的驱动力量，乃至一步步获得超越生产性企业的权力，营造出空前的繁荣。进入导入期的后半段，新范式扩散带来的负面效应乃至混乱逐步显现。一方面，新技术和技能快速取代旧技术和技能，新旧产业之间、地区之间、阶层之间的收入差距出现两极化；另一方面，自由放任理念开始由促进经济增长转向抑制经济增长，首要的表现就是规制缺失导致金融资本变得越来越具有投机性，不断偏离为生产性活动融资的功能，直至发展到金融部门与实体经济几乎完全脱离，形成巨大的泡沫。事实上，每次技术革命的导入期在到达高潮时都会产生巨大的泡沫，继而出现泡沫破灭和经济衰退。1790 年代的水运过热发展以大恐慌结束，1840 年代的铁路投资过热以经济衰退结束，1890 年代的第一次全球化泡沫在阿根廷、澳大利亚、美国等国破灭，"兴旺的 20 年代"（Roaring Twenties）则以 1929 年爆发的大危机终结。基于此，佩雷斯认为，2008 年的国际金融危机是信息通信技术革命导入期发展到高潮的标志，其爆发有一定的必然性。

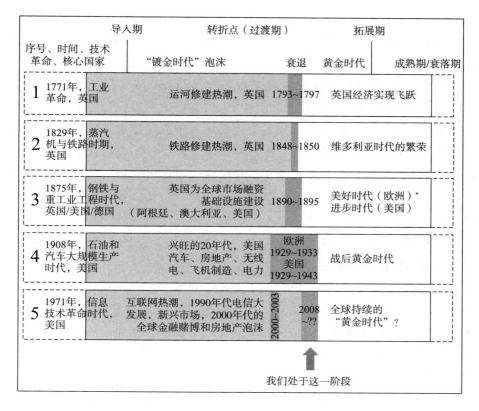

图 1-3　五次技术革命的核心内容和阶段性特征

注：＊欧洲第三次技术革命的拓展期和第四次技术革命的导入期之间存在 10 年左右的重叠。

资料来源：Carlota Perez，"Capitalism, Technology and a Green Global Golden Age: The Role of History in Helping to Shape the Future", in Michael Jacobs and Mariana Mazzucato（eds.），*Rethinking Capitalism: Economics and Policy for Sustainable and Inclusive Growth*, Wiley-Blackwell, 2016, p. 195.

基于此，佩雷斯继续总结，伴随着泡沫破灭出现的经济衰退，新范式扩散开始进入拓展期。她强调，拓展期的发展方向并非事先预定好的，其如何演进高度依赖既有环境，存在多种新的可能性。纵观历史，其最终发展方向取决于多种因素的交叉影响，包括新技术促成的塑造生活方式的产品和服务创新、企业和政府对新产品发展潜力的认知能力、对拓展期有重要影响的人所持的政治理念、政治理念产生的社会－历史环境等，可以说是一种有意识的社会－政治选择。1929 年经济大危机之后，希特勒领导的德国、斯大林领导的苏联和实行"凯恩斯式政策＋民主"的其他欧美国家，就在拓展期做出了全然不同的选择。总体而言，拓展期往往伴随着经济和谐增长的"黄金时代"的到来。

对于 2008 年国际金融危机爆发后的发展趋势，佩雷斯认为，当前资本主义社会正处在与 1930 年代和 1940 年代类似的阶段，信息通信技术革命刚刚走完导入期。信息通信技术大规模导入带来了消费模式的变化，但是其驱动全部产业和经济活动发生转型的能力尚处于初期阶段。根据历史经验，未来应该有二十年至三十年的拓展期，而各国缺少的是一个回应当前经济环境和已经导入的技术创新的适当方向。对此，佩雷斯提出，欧美国家应有意识地选择信息通信技术驱动的"绿色增长"作为拓展期的发展方向，并进行适当的政策倾斜。之所以"绿色增长"的方向最有发展前景，是因为它能够有效应对第四次技术革命形成的经济－社会范式所带来的负面影响，也即石油和大规模生产造成的环境恶化和资源短缺。这里的"绿色增长"是个广义的概念，不仅指发展可再生能源和可持续的产品，或旨在节约资源的创新，而是试图将信息通信技术合理地应用于全部生产与生活环节，从而达到自然资源被充分有效利用的目标，推动全球进入"绿色增长"的黄金时代。

总之，与前述三种阐释认为当前人类正处于新产业革命的开端不同，佩雷斯认为资本主义世界刚刚经历第五次技术革命——信息通信技术革命的转折点，目前正处于信息通信技术革命拓展期的开端。她提出，资本主义世界（欧美发达国家）如果能够尽快确定信息通信技术驱动的"绿色增长"这一发展方向，将有望引领全球经济进入新的和谐增长的黄金时代。

第六节　小结

本章首先基于熊彼特的"连续产业革命"理论给出了弗里曼和苏特等重

要创新经济学家对于 20 世纪末之前历次产业革命及其核心特征的总结，之后从能源体系、制造业生产方式、技术变革和资本主义发展等四个角度给出了近几年国际学界有关新产业革命的代表性阐释。

总体而言，以上对新产业革命的四种论述皆非学术界的定论，而是侧重于某个视角的阐释和展望。应该说，这四个版本的阐释不仅不矛盾，而且是高度互补的，近年来世界主要国家推进新产业革命的实践几乎都是这四种阐释和展望的不同程度的结合。归结起来，以系统性的科技创新推动工业部门的智能化、网络化、绿色化发展以及服务业的高端化发展似乎可较好地概括当前这一轮产业革命的核心特征。

虽然学者们对于当前这一轮产业革命是人类历史上第几次产业革命存在认识上的分歧，但是的确在一个问题上有广泛共识，那就是当前新一轮产业革命尚处于开端阶段，在未来相当长的一段时期内，人们将亲身参与和见证新产业革命的全面推进，人类的生产生活方式也将发生前所未有的深刻改变。正如弗里曼和苏特在《工业创新经济学》一书中指出的，要实现新投资和就业的重大经济回升和转变，必须在新基础结构上有众多技术创新在推广。这种新基础结构以及相应的大量技术创新有个前期孕育阶段，时间可能长达数十年。[①] 佩雷斯的观点略有不同，她认为当前人类正处于第五次技术革命——信息通信技术革命拓展期的开端，但是这个拓展期也将持续二十年到三十年，同时她提出的欧美国家应大力促进信息通信技术驱动的"绿色增长"的主张本质上也是要推动经济的智能化、网络化和绿色化发展，这与其他版本的阐释在核心内容上殊途同归。值得注意的是，四个版本的阐释和展望都高度推崇创新的作用，认为在新产业革命时代，科技创新与企业和经济增长的关系比以往任何时候都更加直接和密切，因此促进创新应成为政府政策的重中之重。

最后，需要特别说明的是，"Industrial Revolution"在多部英文著作的中文版中均被译为"工业革命"，本章所做的理论综述也引用这一译法在多处使用"工业革命"、"新工业革命"和"第三/第四次工业革命"等说法。然而，实际上，无论是上述英文专著还是本章的讨论，涉及的行业覆盖范围都

---

① Chris Freeman and Luc Soete, *The Economics of Industrial Innovation*, Third Edition, The MIT Press, 1997, pp. 21 – 22.

不止于工业部门。或许是为了强调这一"革命"远不限于工业领域，国内学界更多地用"产业革命"和"新产业革命"的说法。为便于与国内学界交流，除个别情况外，本书后面各章节将一律使用"产业革命"和"新产业革命"的说法。

第二章　欧盟的新产业战略

——再工业化

第一章给出了国际学界对近年来迅速兴起的新产业革命的几个代表性阐释，得出工业智能化、网络化、绿色化发展以及服务业高端化发展这一轮新产业革命的核心特征。受到新产业革命大潮的推动，同时出于积极应对国际金融危机及其后续影响的考虑，近年来欧盟及其主要成员国纷纷出台新的产业发展战略。在欧盟层面，自 2008 年国际金融危机爆发以来，欧盟委员会分别于 2010 年、2012 年、2014 年和 2017 年陆续发布了四份产业政策通报，旨在推出和不断完善新的产业发展战略——"再工业化"战略。总体而言，2012 年通报正式发布了"再工业化"战略，而 2017 年通报则正式更新了"再工业化"战略。因此，这两份通报的重要性相对更为突出。本章将集中剖析近年来欧盟层面提出的"再工业化"战略，旨在给出新产业革命和国际金融危机背景下欧盟产业政策和产业战略新发展的整体图景。

第一节　欧盟产业政策的发展历程

需要指出的是，"再工业化"战略是欧盟委员会在产业政策的框架下提出的，因此，要更好地理解该战略的出台背景和政策内容，有必要对欧盟层面的产业政策（或称欧盟委员会的产业政策，以下简称欧盟产业政策）做一概述，尤其有必要对其发展历程做一梳理。

欧盟产业政策于 1990 年正式启动，其标志是欧共体委员会于 1990 年 10 月公布了第一份产业政策通报"开放与竞争环境下的产业政策：共同体行动的指导方针"。① 1992 年签署的《马斯特里赫特条约》（以下简称《马约》）将产业政策正式写入欧盟条约，并授权共同体委员会具体执行产业政策。经过一系列条约的修订，现为欧盟条约（即《里斯本条约》）第十七编第 173 条（Title XVII：Industry，Article 173）。笔者曾结合欧盟的政策实践对第 173 条做出详细解读，得出了欧盟产业政策的几个关键要素。第一，其目标是保持和提升欧盟工业的竞争力；第二，其基本理念是市场导向的，强调为提升工业竞争力创造良好的条件，反对传统的部门干预；第三，没有独立的政策工具，需要借助欧盟层面的"其他政策和行动"实现其目标；第四，没有固定的决策程序，实际决策过程中的适用程序只能视所借助的具体政策而定；第五，政策覆盖面是工业部门，且特别强调针对制造业的政策。基于此，笔者给出了欧盟产业政策的定义，即"由欧盟委员会实行的，针对欧盟内的工业部门，且主要目的在于提高工业竞争力的各项政策之有机集合"。其中的"针对工业部门"（针对性）和"主要目的"（目的性）是界定这一概念的内涵性要素，而"各项政策之有机集合"则暗含了这一概念的外延。② 结合近年来欧盟产业政策的新发展不难发现，至今这一定义仍具有较强的适用性。

虽然欧盟超国家层面的产业政策最早可以追溯到在煤钢共同体框架下对煤和钢铁业的干预，但是当时的产业政策主要是出于政治目的——也即保障战后欧洲和平的考虑，而不只是为了发展煤和钢铁业采取的主动措施，同时，这些干预措施具有明显的部门独立性，并不是在正式、系统的欧盟产业政策的框架下采取的。鉴于此，本节的梳理将不考虑煤钢共同体的政策，而是追踪自 1960 年代末六国关税同盟建成至今，欧盟产业政策出台和发展的大致脉络。纵观该政策的发展历程，大致可划分为以下四个阶段。③

一 早期尝试阶段：1960 年代末至 1980 年代中期

自从 1968 年六国关税同盟建成、工业品基本实现自由流动开始，协调

---

① European Commission, "Industrial Policy in an Open and Competitive Environment：Guidelines for a Community Approach", COM（90）556, Oct. 16, 1990. 由于该通报是在"班格曼报告Ⅰ"［在欧洲共同体委员会时任副主席马丁·班格曼（Martin Bangemann）的领导下撰写］的基础上形成的，因此也被称为"班格曼通报"。

② 参见孙彦红：《欧盟产业政策研究》，北京：社会科学文献出版社，2012，第 15～23 页。

③ 参见孙彦红：《欧盟产业政策研究》，北京：社会科学文献出版社，2012，第 26～32 页。

各国工业生产和结构的任务就开始进入了欧共体委员会的视野。在 1970 年 3 月的一份备忘录中，欧共体委员会首次正式提出了在共同体层面协调各国工业发展的想法。随后两年的欧共体首脑会议和部长理事会都对相关问题做了讨论，并提出了共同体产业政策的初步指导方针。然而，随后的石油危机和全球经济衰退使得欧共体不得不暂时搁置协调工业发展的"雄心"，其工作重点被迫转移到应对钢铁、造船、纺织等部门的困境上来。1981 年，欧共体委员会公布了一份试图重新启动共同体产业政策的通报，建议将共同市场转变为"真正的欧洲工业统一体，且应给予委员会在公共干预领域的优先权"。[①] 然而，由于成员国存在意见分歧，部长理事会并未对此做出积极回应。1980 年代中期，欧洲钢铁业和造船业再次陷入困境，共同体产业政策又被搁置。这样，直到 1980 年代中期以前，欧共体委员会尝试启动共同体层面产业政策的努力都归于失败了。除去经济大环境的影响之外，失败的另一个重要原因在于未能在成员国层面获得广泛共识。受当时主流经济思想和政策取向的影响，[②] 加之在煤钢共同体和共同农业政策领域的长期直接干预实践，当时委员会对产业政策的设想带有较强的干预色彩，而大多数成员国不愿接受共同体层面在工业领域的任何干预。[③] 但是，当钢铁、纺织等部门受到危机冲击时，共同体又不得不在成员国的压力下去"救火"，要么采取临时性贸易保护措施，要么批准成员国针对这些部门的紧急国家援助，因此，如果说在这一阶段欧共体有产业政策的话，那么称之为"防御性产业政策"似乎更为贴切。[④]

二　启动与缓慢发展阶段：1980 年代中后期至 20 世纪末

从 1980 年代中后期开始，上述状况逐渐发生了变化。首先，西欧各国

---

① European Commission, "The European Community's Industrial Strategy", COM (81) 639, Nov. 3, 1981.

② 虽然 1957 年签订的《罗马条约》已明确提出要建立共同市场，也即意味着要减少可能扭曲共同市场的政府干预，但是直到 1980 年代初之前，西欧大部分国家一直很重视政府干预在经济发展中的作用。

③ Laurens Kuyper, "A Policy for the Competitiveness of European Industry", in Michael Darmer and Laurens Kuyper (eds.), *Industry and the European Union: Analysing Policies for Business*, 2000, p. 29.

④ Ibid., p. 29.

对政府功能的认识逐步发生了转变。通过总结 1970 年代和 1980 年代初部门干预的实践经验，人们逐渐意识到，政府干预微观经济往往收效甚微，但是在创造良好的产业发展环境方面可以发挥重要作用。[1] 其次，随着欧洲内部大市场的启动并逐步取得进展，加之国际经济竞争日趋激烈，各成员国对于仅依靠自身调整工业结构和应对全球竞争开始力不从心，逐渐能够接受共同体层面的产业政策作为指导和补充。在此背景下，欧共体委员会于 1990 年 10 月公布了一份政策通报，即"开放与竞争环境下的产业政策：共同体行动的指导方针"。[2] 这份通报明确指出，过去的部门干预式的产业政策在促进结构变革上效果不好，工业部门的结构性问题应该通过横向措施来解决。进而，该通报明确了欧共体产业政策的三个指导性原则：第一，开放性（Openness），即保证共同体内外部的开放的市场竞争秩序；第二，横向性（Horizontal），强调为所有或多数工业部门的发展创造有利的环境，避免回到部门干预的老路上去；第三，辅助性（Subsidiarity），共同体行动仅作为成员国政策的必要补充而存在。这些指导性原则一直适用至今。1992 年签署的《马约》巩固了 1990 年通报的成果，正式确立了共同体产业政策的法律基础，并授权共同体委员会具体执行产业政策。之后不久，欧盟委员会专门发起成立了竞争力顾问小组（Competitiveness Advisory Group），该小组自 1994 年起开始撰写并向欧盟委员会提交欧洲制造业竞争力年度报告，以作为制定产业政策的重要基础。[3]

自《马约》签署至 20 世纪末，欧盟产业政策已经具备了法律基础，也相继出台了几个政策通报，[4] 通过了一些相关的政策提案。然而，应该看到，这段时期欧盟的政策重心集中于建设内部统一大市场和启动经济货币联盟，

---

① Laurens Kuyper, "A Policy for the Competitiveness of European Industry", in Michael Darmer and Laurens Kuyper (eds.), *Industry and the European Union: Analysing Policies for Business*, 2000, pp. 29 – 30.

② European Commission, "Industrial Policy in an Open and Competitive Environment: Guidelines for a Community Approach", COM (90) 556, Oct. 16, 1990.

③ 自 1997 年起，制造业竞争力状况评估被纳入《欧盟竞争力年度报告》之内。

④ 这些政策通报主要包括：European Commission, "An Industrial Competitiveness Policy for the European Union", COM (94) 319, Sep. 14, 1994；European Commission, "Action Programme to Strengthen the Competitiveness of European Industry", COM (95) 87, 1995；European Commission, "Structural Change and Adjustment in European Manufacturing", COM (99) 465, 1999。

针对工业（或制造业）的产业政策实际上并未成为其经济政策的优先内容。

三　快速发展阶段：世纪之交至国际金融危机爆发前

世纪之交，欧盟工业自身的发展和经济的整体竞争力状况都向欧盟产业政策提出了新的挑战。从工业自身的发展来看，就内部而言，随着统一大市场的逐步完善以及经济货币联盟的初步建成，欧洲经济一体化的不断深化提出了从整体上协调和促进工业发展的客观要求，而 2004 年吸纳 10 个中东欧国家入盟使得这一要求更加紧迫；就外部而言，全球化进程加速导致国际经济竞争日趋激烈，作为参与国际经济竞争的主体部门，欧洲工业（尤其是制造业）的结构也表现出诸多的不适应，面临着严峻挑战。从整体经济的角度看，自 1990 年代中期至世纪之交，欧盟的"竞争力问题"变得突出起来，网络型产业自由化进程、国有部门的私有化和放松管制（Deregulation）等措施，并未如预期那样推动经济的快速增长。在此背景下，欧盟于 2000 年提出了旨在推进经济社会改革、加速经济复兴的里斯本战略。工业（尤其是制造业）是欧盟经济中最具外向性、最直接参与国际竞争的部门，欧盟经济整体竞争力的提升自然离不开制造业竞争力的巩固和提升，在这一背景下，欧盟产业政策再次走到前台，并在执行里斯本战略的过程中被赋予了重要地位。2002 年至 2005 年，欧盟委员会每年公布一份产业政策通报，分别为：2002 年的"扩大后的欧盟的产业政策"、2003 年的"欧洲竞争力的一些关键问题——通向综合性方法"、2004 年的"培育结构变革：扩大后的欧盟的产业政策"以及 2005 年的"执行里斯本议程：提高欧盟制造业竞争力的政策框架——通向更具综合性的产业政策"。[①] 2007 年欧盟委员会又专门对 2005 年通报公布后的产业政策实施情况做了评估，并确定了下一步工作的重点。[②]

---

① European Commission，"Industrial Policy in an Enlarged Europe"，COM（2002）714，2002；European Commission，"Some Key Issues in Europe's Competitiveness-Towards an Integrated Approach"，COM（2003）704，2003；European Commission，"Fostering Structural Changes：An Industrial Policy for an Enlarged Europe"，COM（2004）274，2004；European Commission，"Implementing the Community Lisbon Programme：A Policy Framework to Strengthen EU Manufacturing-Towards a More Integrated Approach for Industrial Policy"，COM（2005）474，2005.

② European Commission，"Mid-term Review of Industrial Policy：A Contribution to the EU's Growth and Jobs Strategy"，COM（2007）374，2007.

四 进入战略层面阶段：国际金融危机爆发以来

2008 年下半年，发端于美国的次贷危机演变为席卷全球的国际金融风暴。受其冲击，世界各大经济体的实体经济遭受重创，欧盟诸多成员国也纷纷陷入二战结束以来最严重的经济衰退之中。作为实体经济中最核心也最具外向性的部分，欧盟工业不可避免地受到危机的强烈冲击，诸多行业在短期内因需求锐减、融资困难、产出下降等一系列连锁反应而迅速陷入困境乃至危机。[①] 为了拉动工业部门与经济复苏，同时配合"欧洲 2020 战略"的推进，欧盟委员会于 2010 年 10 月发布了一份产业政策通报"全球化时代的综合性产业政策——将竞争力与可持续发展置于核心位置"。[②] 此后，随着"新产业革命"概念的迅速兴起，同时出于促进经济重回可持续增长轨道的考虑，经过两年的酝酿，欧盟委员会于 2012 年 10 月发布了题为"指向增长与经济复苏的更强大的欧洲工业"的产业政策通报，正式提出"再工业化"战略。[③] 之后，欧盟委员会又于 2014 年 1 月和 2017 年 9 月分别发布了两份产业政策通报，旨在进一步巩固和完善"再工业化"战略。上述四份产业政策通报的陆续发布，标志着欧盟已将产业政策提升至经济战略层面，产业政策受到空前的重视。本书对近年来欧盟层面新产业战略的考察将主要聚焦于这一阶段，也即以新产业革命为背景，聚焦于国际金融危机爆发以来欧盟产业政策的新发展——"再工业化"战略，重点分析该战略的出台背景、主要内容和进展等，并尝试从理论层面做出探讨。

需要说明的是，欧盟"再工业化"战略通过 2012 年产业政策通报正式提出，该通报可谓该战略的纲领性文件，因此，本章第二节和第三节对该战略的分析将主要基于 2012 年通报展开。为把握该战略的最新进展，第四节还将专门对 2014 年和 2017 年通报的核心内容做一梳理和分析。

---

① 孙彦红：《欧盟产业政策研究》，北京：社会科学文献出版社，2012，第 169～170 页。

② European Commission, "An Integrated Industrial Policy for the Globalisation Era-Putting Competitiveness and Sustainability at Centre Stage", COM (2010) 614, Brussels, Oct. 2010.

③ European Commission, "A Stronger European Industry for Growth and Economic Recovery", COM (2012) 582 final, Brussels, Oct. 2012.

第二节　欧盟"再工业化"战略出台的背景

国际金融危机爆发和新产业革命兴起这两个重要动向是近年来世界主要经济体纷纷出台新产业战略的共同背景，就欧盟而言，出台"再工业化"战略的背景与原因还有其特殊性。回顾近年来欧盟调整产业结构的种种努力不难发现，该战略的提出并非危机中的仓促决策，而是欧盟结合自身实际情况与全球产业发展趋势做出的现实选择，而国际金融危机发挥的作用更多的是促进了与此相关的反思，从而加快了战略出台的步伐。本节将分别从对工业地位认识的转变、新产业革命、经济复苏与增长三个方面对欧盟出台"再工业化"战略的背景与原因做出解读。

第一，从产业结构定位上看，近年来欧盟对工业与制造业的重视程度不断提高，由21世纪之初对"去工业化"的担忧逐步发展为如今提出"再工业化"，凸显了其产业结构调整方向上某种程度的"质变"。

战后以来，欧盟层面及其多数成员国对于工业与制造业经济地位的主流认识经历了较大转变，可大致划分为具有典型特征的四个阶段。第一阶段从战后到1980年代中后期，其间在经历1950年代与1960年代的繁荣发展后，自1980年代初开始，欧洲工业与制造业增加值占GDP的比重开始迅速降低，1989年时各国制造业增加值比重已普遍低于25%。然而，在这一阶段，欧盟整体上对于工业与制造业保持着高度重视，始终将其视为拉动经济增长与保持竞争力的发动机。第二阶段自1990年代初至世纪之交，随着各成员国"去工业化"的进一步发展，尤其是1990年代中期所谓"知识经济"的兴起，欧盟层面及多数成员国普遍产生了轻视工业的倾向，认为工业已是明日黄花，欧盟的竞争力将完全依赖于服务业与研发活动。第三阶段自21世纪初至国际金融危机爆发前，全球化进程加速导致国际经济竞争日趋激烈，欧盟整体及其主要成员国的"竞争力"问题变得突出起来。基于对1990年代发展服务业的经验与教训之总结，工业作为最具外向性与创新能力的部门，对于充分挖掘经济增长潜力与保持欧盟国际经济地位的关键作用再次获得认可。尤其是自巴罗佐委员会起，旨在提高工业竞争力的欧盟产业政策获得了较快发展。[1] 第四阶段自 2008 年底至今，国际金融危机的爆发进一步促动了欧盟及其成员国对于实体经济与虚拟经济、工业与服务业关系的深刻反思，工业的地位进一步得到认可，相应的政策也更加受到重视。在"欧洲 2020 战略"的框架下，欧盟委员会于 2010 年发布产业政策通报"全球化时代的综合性产业政策"，[2] 几乎与此同时，西欧多国纷纷明确表达了重振工业的决心。而 2012 年欧盟"再工业化"战略的提出则表明欧盟层面已将工业的地位提升至经济战略层面。

可见，就对待工业的态度而言，欧盟提出"再工业化"战略并非一时起意，而是基于过去几十年产业结构调整的经验及相应的认识转变做出的战略决策。

第二，力图抓住新产业革命先机，在新一轮全球经济竞争中占据有利地位，是欧盟提出"再工业化"战略的一个重要考虑。

"新产业革命"的概念在欧盟已兴起多年。早在 2007 年，欧洲议会即围绕里夫金提出的第三次工业革命展开过广泛讨论。国际金融危机爆发后，欧盟委员会加快了对新产业革命发展趋势的研究，并于 2012 年初正式提出"新产业革命"的说法，认为已经到来的工业革命性变革将由绿色能源、清洁运输、新型生产技术、新型材料以及智能通信系统等引领，这场革命将最终改变世界工业版图。基于这一战略判断，欧盟认为必须及时抓住这一机遇，才有可能弥补此前没能搭上"IT 革命"头班列车的损失，而"再工业化"战略正是为应对新产业革命而制定的系统性规划。可以说，"再工业化"战略是欧盟版新产业革命在当前及未来一段时期的核心内容。

值得一提的是，就新产业革命的技术发展路径和愿景而言，欧盟明显受到了里夫金新产业革命思想的重要影响。虽然里夫金是一位美国经济学家，

---

① 2005 年，欧盟委员会时任副主席、企业与产业委员京特·费尔霍伊根（Günter Verheugen）在一次访谈中提到，"直到上届欧盟委员会仍存在一些轻视工业的倾向，……但是，现在欧盟已认识到这种观念是完全错误的。工业仍然在欧盟经济中发挥着不可替代的作用，远远超出其产值的贡献。工业与服务业之间的密切联系使得忽视工业基础将付出巨大的代价，包括导致劳动力市场乃至社会关系方面的非常严重的后果。"参见 Interview with Günter Verheugen, Vice-president and Commissioner for Enterprise and Industry, http://www.euractiv.com/en/innovation/interview-gunter-verheugen-vice-president-commissioner-enterprise-industry/article–143183。

② European Commission, "An Integrated Industrial Policy for the Globalisation Era-Putting Competitiveness and Sustainability at Centre Stage", COM (2010) 614, Brussels, Oct. 2010.

但是他提出的"第三次工业革命"以及"可再生能源互联网"的构想是在积极研究和参与欧盟国家发展可再生能源的实践中逐步确立和完善的，其构想反过来又深刻地影响了欧盟对于新产业革命方向的把握。前文述及的欧洲议会于2007年围绕第三次工业革命的讨论，实际上就是由里夫金在欧盟的支持者大力推动而开展的。此外，里夫金还曾参与欧盟委员会及欧盟多个重要成员国政府有关第三次工业革命实践的设计，为诸多领导人提供政策咨询，包括欧盟委员会时任主席巴罗佐、德国总理默克尔、意大利总理普罗迪、西班牙首相萨帕特罗，等等。正因为如此，与美国在推进新产业革命的实践上更加注重先进制造技术和工业的数字化、网络化发展有所区别，欧盟"再工业化"战略立足于自身的发展理念与既有优势，特别强调可再生能源与先进制造技术齐头并进的发展思路，相对而言更加全面均衡。后文将对此做较为详尽的论述。

第三，试图摆脱危机困扰、刺激经济复苏、开辟新的可持续增长空间是欧盟"再工业化"战略出台的另一重要原因。

经济增长乏力对于欧盟来说并非新课题。实际上，自1970年代受石油危机冲击陷入滞胀后，欧盟国家长期备受经济增长低迷的困扰。继整个1970年代与1980年代几乎未能走出滞胀泥潭之后，1990年代欧盟的经济增长状况更加令人失望，尤其是与同期美国的"新经济周期"形成鲜明反差。[1] 进入21世纪之后，受"里斯本战略"取得一些成效、美国遭遇"9·11"事件以及欧美经济周期差异等因素影响，欧盟的经济增长率在2000年至2007年曾两次高于美国，但是经济增速缓慢的趋势并未得到根本扭转。究其原因，以下两个方面不容忽视。首先，欧盟未能抓住始于1970年代的新一轮技术（信息技术、生物技术、新材料等）浪潮的机遇，在技术创新及应用上落后于美国，导致全要素生产率增长缓慢；其次，随着1990年代后期内部统一大市场扩张效应的逐步减弱，欧盟在市场深化方面已触及瓶颈，难以继续拉动经济增长。[2] 国际金融危机爆发后，欧盟经济在经历了2009年的大幅衰退

---

① 1990年代，原欧盟15国的年均经济增长率为2.1%，而同期美国的年均增长率高达3.2%。
② 欧盟委员会认为，统一大市场的第一轮扩张效应至1990年代末已基本上释放殆尽，而2008年国际金融危机爆发前欧洲生产能力的快速扩张主要受到所谓"非理性繁荣"的驱动。参见 European Commission, Commission Staff Working Document Accompanying the Document "A Stronger European Industry for Growth and Economic Recovery", SWD（2012）297 final, Brussels, Oct. 2012, p. 16.

（增长率为 -4.4%）与 2010 年的微弱复苏之后，2011 年再次陷入衰退。摆脱战后以来最为严重的经济危机、开启新的增长通道成为欧盟面临的迫切任务。

在此背景下，欧盟在 2012 年产业政策通报的开篇即点明了"再工业化"战略所肩负的经济增长重任："欧盟需要在 21 世纪扭转工业角色的弱化趋势。这是实现可持续增长、创造高附加值就业以及解决我们面临的社会问题的唯一道路。"[1] 具体而言，从经济增长的角度看，欧盟出台"再工业化"战略主要基于两方面的考虑。首先，工业是生产率提高最快的部门，又能通过投资与就业渠道对其他经济部门起到关键性的带动作用，因而是拉动经济可持续增长的核心部门。其次，随着债务危机导致的政府财政纪律不断加强，可用的宏观经济刺激措施捉襟见肘，欧盟寻求通过结构性手段实现经济复苏与增长的意图愈益明显。如果说金融危机前的"非理性繁荣"延误了欧盟切实推进产业结构升级的努力的话，那么危机的"洗礼"则使得产业结构优化与经济增长之间的关系更加明朗，从而为"再工业化"战略的出台创造了契机。

总之，正是对工业地位认识的某种程度的"质变"，试图抓住新产业革命机遇的紧迫感，以及在危机中寻找新的经济增长点的现实需要等重要因素，共同促成了欧盟"再工业化"战略的适时出台，同时也在相当大程度上决定了其内容与实施框架。

第三节　欧盟"再工业化"战略的内容与实施框架

欧盟"再工业化"战略设定的总体目标是到 2020 年将欧盟制造业增加值占 GDP 的比重提升至 20%（2011 年为 15.6%）。需要强调的是，虽然这一目标带有明确的指标性，但是并非简单地基于现有产业结构提高制造业与工业比重，而是试图推动一批新兴产业诞生与发展，同时加强对已有产业高附加值环节的再造，核心在于抓住新产业革命的机遇重构制造业与工业产业链。

要实现"再工业化"战略描绘的蓝图，致力于产业结构升级的源源不断

---

[1]　European Commission, "A Stronger European Industry for Growth and Economic Recovery", COM (2012) 582 final, Brussels, Oct. 2012, p. 1.

的投资必不可少。鉴于此，欧盟委员会围绕在危机冲击后的低迷经济形势下"如何启动投资"、"如何将投资与产业结构升级相结合"做了大量研究，并据此为"再工业化"战略设计了一套较为全面系统的实施框架。这一实施框架可简要归纳为"四大支柱"与"六大优先领域"，以下逐一梳理分析。

一　四大支柱

欧盟委员会认为，商业信心、市场需求、资金来源与劳动者技能是决定工业投资的四个关键要素，并基于此为实施"再工业化"战略设计了四大支柱，分别是鼓励新技术研发与创新、改善市场条件、增加融资机会、培育人力资本与技能转型，旨在形成合力，共同支撑起可持续的"投资通道"。

第一，大力鼓励新技术研发与创新。欧盟提出，在"再工业化"战略的框架下，研发与创新除发挥以往强调的提升产业竞争力与拉动经济增长的作用之外，还肩负着保证欧盟在新产业革命中抢占先机这一更重要的使命。经验表明，在一项重大新技术采用与扩散的最初阶段投资，往往会令投资的企业（或国家）获得技术"先行优势"，而这又会通过提高生产率、资源效率与市场份额促成产业优势。作为前几次产业革命的发源地和主要发生地，欧盟国家对于"先行优势"的理解尤为深刻。基于此，除配合"欧洲2020战略"强调继续增加研发投入之外，欧盟"再工业化"战略还确定了未来若干年加强技术创新与应用的六大优先领域，意在激发投资者参与新产业革命的热情，提振商业信心。后文将对这六大领域逐一梳理。

第二，改善内外部市场环境，鼓励创业与创新，培育对新技术及相关产品服务的需求。就内部而言，欧盟认为当务之急是推动新一轮的统一大市场深化。对此，着重从三个方面做出努力：（1）进一步促进产品市场统一，力图制定一个内部市场产品规则改革路线图，尤其是在快速发展的新技术及相关产品上尽快协调成员国的技术规则，尽量避免造成需求方的认知混乱。（2）培育企业家精神，增进内部市场活力。针对欧洲中小企业的成长明显慢于美国的状况，欧盟提出了一个"培育企业家行动计划"（Entrepreneurship Action Plan），为企业创立、转让、初期运营提供制度便利，同时改进企业破产程序，以便于二次创业。另外，欧盟还致力于结合"单一数字市场"（Digital Single Market）的建设减少中小企业跨境电子运营的行政成本。（3）推进欧洲专利整合步伐，进一步加强知识产权保护。这方面最值得关注的进展是

2012 年达成的欧洲专利制度一揽子方案，该方案的落实将大大降低欧洲企业（尤其是中小企业）保护知识产权的成本。就外部而言，进一步开拓国际市场被欧盟视为推动产业结构升级的重要途径，其行动主要在 2010 年出台的新贸易与投资框架下开展，[①] 包括促进欧洲企业利用世界贸易组织《技术贸易壁垒协议》（WTO TBT）的通报程序扩大对第三国的市场准入，开展"原材料外交"，实施中小企业国际化战略，[②] 推动第三国加强对欧盟产品的知识产权保护，等等。

第三，改善融资环境，增加企业融资机会。欧洲的金融体系整体上由银行业主导，国际金融危机爆发后，"去杠杆化"、债务重组等纠偏过程严重影响了银行的放贷能力，企业融资环境异常艰难，中小企业尤甚。基于此，"再工业化"战略从公共资金支持与活跃资本市场两方面入手改善企业的融资条件。首先，通过三个重要渠道提供公共资金支持，以期带动私人投资：（1）除继续利用第七科技框架计划外，欧盟还在新一期多年度财政框架（2014~2020 年）下通过"地平线 2020 计划"（Horizon 2020)[③] 与"企业与中小企业竞争力项目"（简称 COSME 项目）为工业技术研发与应用提供支持，以减少企业在技术研发与扩散初期承担的风险。（2）利用凝聚政策支持中小企业的创新活动，尤其是在 2014~2020 年度财政框架下，欧盟的新凝聚政策工具强调"灵巧（智慧）专业化"（Smart Specialization），将向符合地区经济发展需要与新产业革命潮流的中小企业创新活动倾斜。（3）欧洲投资银行（EIB）的放贷目标也将适度向新产业革命倾斜，特别是将大力支持中小企业和提高资源效率的创新活动。[④] 其次，欧盟提出将充分利用 2011 年

---

① European Commission, "Trade, Growth and World Affairs: Trade Policy as a Core Component of the EU's 2020 Strategy", COM (2010) 612, Brussels, 2010.

② 欧盟中小企业国际化战略于 2011 年出台，见 European Commission, "Small Business, Big World-A New Partnership to Help SMEs Seize Global Opportunities", COM (2011) 702, Brussels, 2011。

③ 在 2014~2020 年财政框架下，欧盟将当前所有的研发支持基金都整合至"地平线 2020 计划"下，包括原有的科技框架计划（FP）、竞争力与创新框架计划（CIP）中与创新相关的活动以及欧洲创新与技术研究所（EIT）的活动等。"地平线 2020 计划"的详细内容，参见欧盟委员会网站的介绍：http://ec. europa. eu/research/horizon2020/index_en. cfm? pg = h2020。

④ European Commission & EIB, "EIB Lending Priorities Associated with a Capital Increase", *A Joint European Commission and European Investment Bank Report to the European Council*，参见 http://www. eib. org/attachments/lending-policy-associated-with-a-capital-increase-final. pdf。

12月出台的"中小企业融资便利化行动计划",改善欧洲风险资本市场整体不活跃的现状,该计划包括创建真正的欧洲风险资本单一市场、创立欧洲社会企业家基金、效仿美国做法允许保险与养老基金直接为工业提供资金(不再以银行为中介)等重要内容。另外,其他融资方式如供应链金融(Supply Chain Finance)、资产融资(Asset-based Financing)、保理或发票贴现(Factoring or Invoice Discounting)、租赁、天使投资(Business Angels)、个人对个人借贷(Peer-to-peer Lending)等也受到支持。①

第四,培育人力资本与技能转型。为实现"再工业化"的目标,较为充分的就业与适应转型的劳动技能不可或缺。为此,欧盟将相关措施集中于两个方向上:其一,促进就业创造,以应对危机造成的失业压力。这方面将继续落实2012年4月欧盟委员会通过的就业一揽子措施,针对劳动力市场分割(主要是临时合同与永久合同间的市场分割)、妇女与青年就业、成员国间的劳动力流动、不同部门就业受危机影响的差异等多方面采取措施,促进就业岗位的增加。② 其二,从高等教育与职业教育体系入手增加技能与培训投资,有预见性地推动劳动者的技能转型与升级。为此,欧盟相继成立了欧洲部门技能委员会(European Sector Skills Council)和部门技能联盟(Sectors Skills Alliances),旨在对未来若干年的劳动技能结构做出预估,促进不同行为体间以合作方式共同提高劳动技能。此外,还专门建立了培训生质量框架(Quality Framework for Traineeships),通过适当的资金支持引导和鼓励企业加强对青年雇员的培训。③

二 六大优先领域

为配合"欧洲2020战略"与新产业革命的推进,欧盟"再工业化"战略明确提出了未来若干年的六大优先发展领域:清洁生产的先进制造技术、关键使能技术、生物基产品、可持续建筑材料与原材料、清洁车辆与船舶、

---

① European Commission, "An Action Plan to Improve Access to Finance for SMEs", COM (2011) 870 final, Brussels, Dec. 2011.

② European Commission, "Towards a Job Rich Recovery", COM (2012) 173 final, Strasburg, April 2012.

③ European Commission, Commission Staff Working Document Accompanying the Document "A Stronger European Industry for Growth and Economic Recovery", SWD (2012) 297 final, Brussels, Oct. 2012, p. 16.

智能电网。以下逐一对欧盟在各领域的发展状况做简要梳理。

1. 清洁生产的先进制造技术 (Advanced Manufacturing Technologies for Clean Production)

开发与应用可实现清洁生产的先进制造技术是欧盟版新产业革命的核心内容。根据欧盟的归纳,这些技术主要包括以下领域:以 3D 打印为代表的新制造技术与工艺,旨在使制造过程更加智能、更加节能环保的先进控制与监控技术,借助信息通信技术实现更高级的信息处理与传输手段,优化各类处理系统与产品设计的建模、模拟与预测方法,能够大幅度降低能耗的先进能源管理系统,等等。2007 年,上述领域的全球市场规模约为 3800 亿欧元,据欧盟估计,到 2020 年将增至 7650 亿欧元。2012 年,欧盟在这些领域拥有 35% 的全球市场份额和超过 50% 的全球专利份额,已具备较为明显的优势。[1]

2. 关键使能技术 (Key Enabling Technologies, KETs)

目前国际上尚没有关于"使能技术"的严格定义。一般而言,"使能技术"是指一项或一系列具有多学科特性的关键技术,这些关键技术能够被广泛应用于各个产业,并能协助现有科技实现重大进步。在 2009 年公布的一份通报中,欧盟将纳米技术、微纳米与纳米电子技术(包括半导体)、光电技术、先进材料、工业生物技术以及融合上述技术的先进制造系统等六大领域认定为"关键使能技术"。[2] 2008 年,上述技术的全球市场规模约为 6400 亿欧元。欧盟委员会预计,2015 年将达到 1 万亿欧元,其中增长最为迅速的纳米技术的市场规模年均增长率可能会达到 30%。整体上看,欧盟在这些技术领域具有一定的优势,2012 年,欧盟拥有 25% 的全球市场份额和约 30% 的全球专利份额。[3]

3. 生物基产品 (Bio-based Products)

生物基产品涵盖一系列中间产品与半成品,包括生物塑料、生物润滑

---

[1] European Commission, "A Stronger European Industry for Growth and Economic Recovery", COM (2012) 582 final, Brussels, Oct. 2012, p. 8.

[2] European Commission, "Preparing for Our Future: Developing a Common Strategy for Key Enabling Technologies in the EU", COM (2009) 512/3, Brussels, 2009.

[3] European Commission, "A Stronger European Industry for Growth and Economic Recovery", COM (2012) 582 final, Brussels, Oct. 2012, p. 9.

油、生物溶剂、生物纺织纤维、生物表面活性剂，等等。生物基产品的主要特点是使用可再生资源作为原料或者在生产过程中使用生物技术与工艺。与传统产品相比，生物基产品的生产流程消耗能源更少，排放的二氧化碳和挥发性有机化合物更少，产生的有毒废物也更少，因此既能降低生产成本，又能提高环保绩效，是低碳导向的新产业革命的重要内容。据估计，到2020年欧盟生物基产品的市场规模将达到400亿欧元，仅生物化学产业就能提供超过9万个工作岗位。[1]

4. 可持续建筑材料与原材料（Sustainable Construction and Raw Materials）

根据欧盟委员会的研究，2011年，各类建筑（包括住宅、商业和公共建筑）所消耗的能源占到欧盟总能源消耗的42%，是二氧化碳排放的第一大来源，占到欧盟总排放量的35%。[2] 近年来，欧盟一直致力于降低建筑物能耗，尤其注重推广高能效的建筑材料，并将此作为推进新产业革命的重点方向。当前欧盟各国用于开发与推广提高能效的建筑材料的投资增长迅速，预计在2020年之前年均投资额将达到250亿至350亿欧元。[3] 此外，欧盟还特别重视非能源、非农业原材料对其工业竞争力的重要影响，并希望通过促进创新开发先进萃取和加工方法，生产便于循环利用的高质量的原材料。

5. 清洁车辆与船舶（Clean Vehicles and Vessels）

在清洁车辆领域，欧盟"再工业化"战略将汽车燃料多样化作为重要目标，并再次重申了《欧盟可再生能源条例》确立的到2020年实现10%的交通运输工具使用可再生能源的目标。[4] 对于可再生能源汽车的发展趋势，欧盟预计，2020年之前插电式混合动力汽车将获得较快发展，2020年之后电池电动汽车与燃料电池电动汽车将相继获得发展空间，至2025年时，燃料电池电动汽车的市场份额很可能将与电池电动汽车大致相当。清洁船舶的发

---

[1] European Commission, Commission Staff Working Document Accompanying the Document "A Stronger European Industry for Growth and Economic Recovery", SWD (2012) 297 final, Brussels, Oct. 2012, pp. 31 – 32.

[2] European Commission, Commission Staff Working Document Accompanying the Document "Strategy for the Sustainable Competitiveness of the Construction Sector and Its Enterprises", SWD (2012) 236 final, 2012, p. 2.

[3] European Commission, "Impact Assessment of Energy Efficiency Directive", SEC (2011) 779, June 2011, p. 6.

[4] 《欧盟可再生能源条例》（Directive 2009/28/EC）的内容参见欧盟官方网站的介绍：http://eur-lex. europa. eu/LexUriServ/LexUriServ. do? uri = CELEX：32009L0028：EN：NOT。

展路线图与之类似。此外，欧盟还将在智能电网和跨欧洲运输网络的建设中升级换代充电/加油基础设施，以适应清洁车辆和船舶的快速发展。

6. 智能电网 （Smart Grids）

从基础设施升级的角度看，智能电网的建设能否跟上可再生能源发展的步伐是欧盟版新产业革命的愿景能否真正实现的重要决定性因素。简言之，智能电网是一个可整合所有供电商和用户的所有行为的电力传输网络，能有效提供持续、经济和安全的电力。智能电网由很多部分组成，包括智能发电系统、新型储能系统、智能调度系统、智能变电站、智能配电网、智能电能表、智能交互终端、智能用电楼宇、智能家电，等等。根据欧盟委员会 2011 年发布的一份智能电网建设规划，至 2020 年，欧盟相关投资将达到 600 亿欧元，2035 年前将增至 4800 亿欧元。[①]

总结欧盟 "再工业化" 战略针对上述六大领域的发展规划，以下几个特点值得关注：第一，近年来上述领域都处于快速发展中，且欧盟大都具备了一定的技术基础，因此，相关投资既能为危机后的经济复苏做出贡献，也有助于为长期的可持续增长打好基础。第二，在实施上，欧盟在针对各领域分别制定发展规划的同时，又通过四大支柱将其联系起来，协同推进。第三，鉴于这些领域的高度创新性与前沿性，欧盟尤其重视新标准与规则制定对未来竞争力的影响，因而不遗余力地开展内部市场与国际标准制定工作。[②] 第四，鉴于研发投资的高风险性，欧盟特别强调启动一批示范项目的必要性，也即通过欧盟层面的相关预算和成员国的研发支持基金等，支持示范项目以引导与带动私人投资，适当降低后者的投资风险，进而向更大的范围推广。

总之，上述实施框架既着眼于长远，又与国际金融危机后欧盟对自身工业及宏观经济现状的认识密切相关。经历几年的危机冲击后，2012 年，欧盟工业产出仅相当于 2004 年的水平，而从经济内部循环上看，工业部门投资难以恢复恰恰是整体经济复苏乏力的症结所在。因此，"再工业化" 战略除从整体上向投资者释放积极信号以提振信心外，还通过上述实施框架从重点领域、市场、融资、人力资本等多方面入手，试图提供一个初始推动力，使

---

① European Commission, "Smart Grids: from Innovation to Deployment", COM （2011） 202 final, Brussels, April 2011.

② 自 2011 年起，欧洲标准化委员会 （CEN） 开始在生物燃料与生物产品、可持续的建筑材料、智能电网等领域积极地开展工作。

工业投资重新进入良性轨道,推动产业结构升级,进而实现提升竞争力与经济持续增长的最终目标。作为总结,用图 2 - 1 大致表示欧盟"再工业化"战略的目标与实施框架及其内在的逻辑关系。

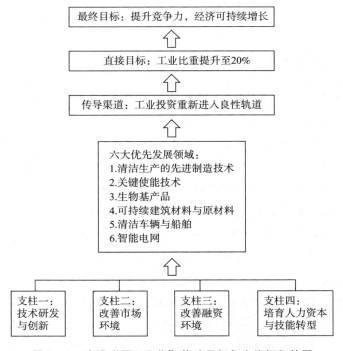

图 2 - 1　欧盟"再工业化"战略目标与实施框架简图

第四节　欧盟"再工业化"战略的新发展

2012 年产业政策通报发布时,欧盟仍在国际金融危机造成的二战后最为严重的经济衰退中挣扎。此后,其经济形势逐步好转。根据欧洲统计局(Eurostat)的数据,2013 年,欧盟 28 国的经济增长率为 0.3%,开始进入复苏轨道,2014 年达到 1.7%;2014 年,欧元区经济也实现复苏,经济增长率达到 1.3%。2015 年至 2017 年,欧盟 28 国的经济增长率一直稳定在 2% 左右,分别为 2.3%、1.9% 和 2.4%。随着经济形势逐步发生变化,欧盟的产业战略也开始面临调整与更新的压力。在此背景下,欧盟委员会于 2014 年 1 月和 2017 年 9 月相继发布了两份产业政策通报,旨在完善和更新"再工业化"战略。总体而言，经过这两份通报的调整与补充，欧盟"再工业化"战略的总体目标和优先发展领域并未发生大的变化，但是其具体举措的侧重点已由拉动经济复苏逐步转向巩固经济复苏成果和促进经济长期可持续增长。以下将基于这两份政策通报，梳理剖析近几年欧盟"再工业化"战略的新发展。

一 2014 年产业政策通报的新进展

2014 年 1 月，欧盟委员会发布了题为"指向欧洲工业复兴"的产业政策通报，意在进一步巩固与夯实再工业化战略。[①] 该通报开篇即指出，欧盟正在从战后最为严重的经济衰退中复苏，但是无论从投资还是从就业看，复苏势头并不强劲。欧盟及其成员国政府工作的优先日程应该由应对危机转到通过提升经济竞争力巩固经济复苏、进而实现"欧洲 2020 战略"的目标上来，而一个强大的工业基础是实现这些目标的关键所在。虽然欧盟工业在危机中表现出良好的韧性，2012 年制造业的年度贸易顺差仍高达 3650 亿欧元，但是危机的冲击也使得之前存在的结构性问题更加突出：2008 年至 2013 年，欧盟制造业流失了约 350 万个就业岗位，生产率表现明显落后于主要竞争对手，工业研发创新投入偏低阻碍了工业基础现代化的步伐，等等。尤其令人担忧的是，"去工业化"不仅未得到缓解，反而有加剧的趋势。2008 年至 2013 年，欧盟制造业增加值占 GDP 的比重由 15.4% 下降至 15.1%，这显然有悖于"再工业化"战略的目标。

在此背景下，欧盟委员会认为有必要释放继续推进"再工业化"和促进欧洲工业基础现代化的明确信号。这正是欧盟委员会发布 2014 年产业政策通报的主旨。对该政策通报做一梳理，可将其主要内容——特别是在 2012 年产业政策通报基础上的新发展归结为以下几个方面。

第一，该通报再次重申了"再工业化"战略的总体目标，即到 2020 年将制造业增加值占 GDP 的比重提升至 20%。通报回顾了 2012 年以来欧盟已经采取的行动，并且提出加速落实该战略的新行动计划。通报指出，近两年产业政策与欧盟其他政策之间的相互渗透融合日益深化，未来尤为紧迫的任

---

① European Commission, "For a European Industrial Renaissance", COM (2014) 14 final, Brussels, Jan. 2014.

务是在欧盟范围内全面有效地执行产业政策，同时进一步促进各项政策之间的协同，在制定和实施其他政策的过程中尽可能挖掘其中有助于提高工业竞争力的因素。从决策主体上看，通报一方面呼吁欧盟最高政治层面给予"再工业化"战略充分关注并给出政策引导，另一方面也呼吁成员国政府认识到工业对于欧盟提升竞争力和实现可持续增长的重要性。

第二，基于 2012 年通报确定的四大支柱之一"改善市场条件"，进一步提出深化内部大市场的一系列新动议。主要包括：（1）更新升级现有基础设施，推进欧盟范围内基础设施的互联互通，促进内部大市场真正实现无缝运转，具体包括进一步开放欧盟铁路修建和经营市场、简化海运通关手续、促进欧盟范围内能源基础设施的联通等。（2）促进产品和服务内部大市场的进一步深化，尤其是更加注重推进生产性服务业内部大市场的完善，以此促进工业竞争力的提升。（3）进一步优化内部大市场的规制框架和公共管理，欧盟委员会还专门提出"增长友好型公共管理"动议，旨在促进成员国在公共管理领域的经验共享。

第三，将促进创新、新技术、生产性投入和技能的动议整合到"工业现代化"的大框架下，并提出一系列新举措。这些新举措包括：（1）继续刺激创新与新技术投资。欧盟层面一方面继续将 2012 年通报提出的六大优先领域作为重点给予资金支持，另一方面也试图修改针对成员国在研发创新领域给予国家援助的监管框架，同时考虑改革欧盟范围内的政府采购规则以便成员国政府从需求方促进研发创新。（2）为工业获得价格更加合理的生产性投入创造便利条件，包括为中小企业提供融资便利、通过多种渠道降低能源成本、拓展企业获得生产原料的途径、提高资源使用效率等。（3）通过培训、学徒制、促进专业型人才在成员国间流动提升劳动者技能，为工业变革打造人才基础。

第四，再次强调促进中小企业发展和培育企业家精神。自 2010 年政策通报首次明确将中小企业视为产业政策的核心关注对象起，欧盟在促进中小企业发展方面做出了大量努力，尤其是针对中小企业因危机冲击而面临的融资难问题采取了诸多措施，也取得了一定成效。2014 年通报提出继续贯彻"优先考虑中小企业"（Think Small First）原则，并执行"中小企业宪章"（Small Business Act）。在 2014～2020 年多年度财政框架下，欧盟委员会专门拨出 23 亿欧元用于支持企业家精神和中小企业的 COSME 项目。考虑到欧盟中小企业规模与美国相比偏小的状况，欧盟委员会提出要鼓励支持中小企业依托产业集群提高生存能力和竞争力。

第五，更加注重产业政策的国际维度，提出将尽可能为欧盟制造业企业融入全球价值链进而提升竞争力提供便利，同时保证欧盟企业以更加有利的条件进入全球市场。随着近年来世界贸易组织（WTO）的角色相对弱化，与重要贸易伙伴签订双边自由贸易协定（FTA）逐步成为欧盟为其企业进入全球市场提供制度保证的主要手段。此外，积极将欧洲内部大市场的工业技术标准和市场规则推向外部世界、积极参与国际经济规则与技术标准制定、参与构建国际规制框架、支持欧盟企业在国际范围内保护知识产权等，也是欧盟支持自身企业融入全球价值链并尽可能从中获益的重要努力方向。

二 2017 年产业政策通报：更新版"再工业化"战略

2014 年 11 月，容克委员会接替巴罗佐委员会正式上任。随着欧盟与欧元区经济复苏进一步趋稳，容克委员会提出了旨在促进中长期经济增长的几大优先日程，包括就业、增长与投资，数字单一市场，能源联盟，深化内部大市场，更深入、更公平的经济货币联盟，面向全球化的更加平衡和积极的贸易政策等。[①] 在此背景下，欧盟产业政策的着眼点开始正式由中短期转向中长期，也即由应对危机和巩固经济复苏转向提升工业竞争力和促进可持续的经济增长。2017 年 9 月，欧盟委员会发布了题为"投资于智慧、创新与可持续的工业：更新版的欧盟产业政策战略"的通报，正式提出更新版的"再工业化"战略。[②] 该通报再次阐释了工业在欧盟经济中的基础性与关键地位，并强调这一认识是欧盟委员会与欧洲议会的共识。在重申了至 2020 年将制造业增加值占欧盟 GDP 的比重提升至 20% 这一总体目标的同时，该通报根据过去几年欧盟推进"再工业化"取得的成绩、内外部经济环境的变化以及新产业革命的最新进展，同时结合容克委员会的经济政策优先日程，对欧盟"再工业化"战略的实施方式做了调整，将此前的"四大支柱 + 六大优先领

---

① 容克委员会上任后提出了十大优先政策日程，除此处列出的经济领域的六项优先日程之外，还包括公正与基本权利、移民、塑造更强大的全球行为体、民主改进（Democratic Change）等其他四项日程。

② European Commission, "Investing in a Smart, Innovative and Sustainable Industry: A Renewed EU Industrial Policy Strategy", COM (2017) 479 final, September 2017.

域"的实施框架整合扩展为一个新的综合性实施框架（见图 2－2）。简言之，这个新的综合性实施框架可概括为"六个维度"和"一个支撑"。以下做简要梳理。

图 2－2　更新版欧盟"再工业化"战略的实施框架

资料来源：European Commission，"Investing in a Smart，Innovative and Sustainable Industry：A Renewed EU Industrial Policy Strategy"，COM（2017）479 final，September 2017，p. 6.

"六个维度"旨在将容克委员会的政策优先日程与"再工业化"的目标结合起来，深挖其中有利于提高工业竞争力和促进长期经济增长的潜力。第一个维度是建设更深化和更公平的统一大市场，赋予劳动者和企业更强的竞争力。这个维度的主要政策方向包括：促进共享经济等新的商业模式发展以提高经济资源利用效率；推动标准化体系的现代化以提高企业在新兴细分市场的竞争力；通过落实服务一揽子方案（Services Package）促进人员和服务的自由流动；简化和协调欧盟内部 500 多个国家级市场监督部门的工作；通过"欧盟技能议程"提高劳动者的基本技能水平，培训高级技能；利用欧洲社会基金应对劳动力市场调整带来的压力和挑战。

第二个维度是面向数字时代促进工业升级。欧盟委员会提出，向数字化转型是正在进行的新产业革命的核心内容，而当前只有约五分之一的欧盟企业实现了高度数字化，中小企业对数字化的接受程度更低。为改变这一状况，欧盟于 2016 年发布"欧洲工业数字化综合战略"，力图在全欧盟范围内推进工业向数字化转型升级。①具体而言，促进数字工业平台（如工业互联网和工业数据平台）发展、落实数字单一市场战略、通过"全面网络安全一揽子方案"提高欧盟在数据安全和数据保护方面的竞争力、克服障碍全力推进5G等数字基础设施布局等，是当前和未来几年欧盟的重要努力方向。

第三个维度是夯实欧洲在低碳和循环经济领域的领导地位。长期以来，欧盟一直是全球低碳和循环经济领域的先行者和领导者，未来将继续依托和强化这一优势，实现具有欧盟特色的低碳的"再工业化"。具体包括以下几个努力方向：提出和落实一系列促进循环经济发展的新举措；在"欧盟原材料倡议"（EU Raw Materials Initiative）的框架下采取各种行动以确保原材料供应安全；通过欧盟气候政策提供直接支持工业低碳化创新的工具；落实新的"清洁能源一揽子方案"（Clean Energy Package）；支持电池研发，促进清洁交通工具的发展；大力发展可持续金融（Sustainable Finance），为低碳和循环经济提供资金支持。

第四个维度是促进面向未来的工业投资。在关键基础设施和新技术领域投资是推动工业结构转型升级的重要前提。虽然欧盟整体投资水平在逐步回升，但是在创新和其他无形资产方面的投资仍低于主要竞争对手。从多渠道促进面向未来的工业投资始终是欧盟推进"再工业化"战略的重点努力方向，未来将从以下几个方面努力：充分利用欧洲战略投资基金（EFSI）拉动私人部门在数字基础设施、能源、研究、运输、开发和创新项目等领域的投资；通过资本市场联盟建设，缓解创新型公司发展初期的融资难问题；推动金融技术创新，培育众筹等创新性融资工具；启动欧洲防务基金，将其与增强欧洲工业基础相结合；改革"欧洲学期"（European Semester）机制②，改善工业投资的框架条件，等等。

第五个维度是从基础层面支持工业创新，支持创新型企业成长。欧盟在许多技术领域都拥有出色的研究成果，但是能够成功地创造市场并成为行业

---

① European Commission, "Digitising European Industry: Reaping the Full Benefits of a Digital Single Market", COM (2016) 180 final, Brussels, April 2016.

② "欧洲学期"机制是希腊主权债务危机发生后欧盟推出的一项深化和扩大政策协调的重要改革举措，旨在使欧盟层面及时掌握成员国的公共财政状况与推进"欧洲2020战略"的经济改革进展，以便及早发现问题，向各国提出有针对性的指导意见，并对各国政策进行协调。该机制的出台背景与制度设计等内容可参考周茂荣、杨继梅："'欧洲学期'机制探析"，《欧洲研究》2012年第3期，第17~27页。

内的市场领导者的创新型企业不多。欧盟委员会认为，欧洲工业创新存在的问题不在企业初创环节，而是创立之后的生存和发展阶段，并基于此提出了几个重点努力方向：通过落实资本市场联盟积极发展风险资本投资以支持创新型成长；进一步发挥欧洲创新与技术研究院（European Institute of Innovation and Technology，EIT）的作用；更好地发挥欧盟竞争政策的作用；推进成员国税制简化和公平化，为建设"单一欧盟增值税区"（Single EU VAT Area）做准备；通过"地平线 2020 计划"为初创企业成长提供资金支持；继续大力支持关键使能技术（KETs）的研发与应用。

第六个维度是从国际层面为实现"再工业化"创造条件。支持开放且尊重规则的贸易是欧盟努力推动全球化的重要方向，也是其力图开辟国际市场、提升自身工业竞争力的核心内容。此外，欧盟对于如何利用外资支持内部工业发展也有新的考虑和举措。总体而言，当前阶段欧盟在国际层面的努力方向主要包括：继续推进与重要贸易伙伴（主要是加拿大和日本）之间自由贸易协定（FTA）的谈判工作或积极落实已生效的协定；针对不公平贸易行为，欧盟委员会将更充分地运用贸易防御工具；积极推动主要贸易伙伴向欧盟开放政府采购市场；针对外资（特别是外国国有企业）收购具有战略意义的欧洲技术企业，尤其是可能对安全或公共秩序造成威胁时，欧盟将出台更严厉的审查措施。

"一个支撑"指的是欧盟委员会要与成员国、地区、城市、私人部门等各层面保持伙伴关系，做到多层面行为体相互配合。2017 年通报强调，欧盟层面必须考虑不同地区和城市的差异，并且与成员国的努力相配合，才有可能实现复兴欧洲工业的雄心。欧盟委员会将继续通过"欧洲学期"机制与成员国合作，特别是在改善投资框架条件、提高资源分配效率和改善营商环境等方面，尽可能地发挥成员国、地区乃至城市的积极作用。此外，欧盟委员会还将继续以"欧洲工业日"（European Industry Day）①的形式组织包括政策制定者、企业家、工会和其他利益相关者共同参与的开放式论坛，以鼓励多方互动合作，跟踪欧盟产业政策的落实情况，为下一步决策提供咨询

---

① 为了更好地制定和执行欧盟产业政策，自 2017 年起，欧盟委员会专门发起"欧洲工业日"，以年度论坛的形式召集政策制定者、工业界、工会和其他利益相关团体代表共同讨论欧盟产业政策取得的进展和未来面临的挑战，旨在为政策执行和必要的调整提供参考。论坛每年 2 月在布鲁塞尔举行。

意见。

综上，更新版的"再工业化"战略所体现的欧盟层面认识上的两个变化尤为值得关注。

第一，2017 年通报标志着欧盟层面看待"再工业化"战略已由以应对危机为主的中短期视角转向展望后危机时代的中长期视角。此外，更新版的"再工业化"战略特别强调与容克委员会的各项经济政策优先日程相结合，充分利用后者中有助于提升工业竞争力的内容，这体现了产业政策已跻身欧盟经济政策框架的核心位置。

第二，欧盟更新版的"再工业化"战略仍然高度重视工业投资，但是其背后的逻辑由被动应对危机冲击下的经济衰退逐步转向主动抓住新产业革命带来的机遇。基于这一逻辑，欧盟的相关举措也更多地转到刺激中长期投资上来，尤其注重对于重大基础设施和工业研发创新投资的支持。值得一提的是，欧盟委员会在发布 2017 年产业政策通报时，除了依照惯例报送欧洲议会、欧洲理事会、欧洲经济与社会委员会以及欧洲地区委员会之外，还首次专门报送给欧洲投资银行，这也体现了对工业投资的重视。

第五节　小结

本章立足于新产业革命的背景，围绕国际金融危机爆发以来欧盟委员会发布的四个产业政策通报，较为深入地剖析了欧盟层面的新产业战略——"再工业化"，包括其出台背景、内容与实施框架以及最新进展，等等。结合前文论述，可以得出有关欧盟"再工业化"战略的几点基本认识。

第一，欧盟提出"再工业化"战略并非一时起意，而是基于过去几十年产业结构调整的经验及相应的认识转变做出的战略决策。"再工业化"的提出标志着欧盟已将工业的地位提升至战略层面，这一转变基于欧盟对新产业革命发展趋势的战略判断，同时也体现了其在国际金融危机后寻求通过结构性手段促进经济复苏与可持续增长的意图。2010 年、2012 年、2014 年和 2017 年四份产业政策通报的陆续发布，标志着产业政策在欧盟层面受到空前重视，已逐步跻身欧盟经济政策框架的核心位置。

第二，欧盟"再工业化"战略的总体目标是到 2020 年将制造业增加值占欧盟 GDP 的比重提升至 20%，但是并非简单地基于现有产业结构提高制造业与工业所占比重，而是要抓住新产业革命机遇重构工业与制造业产业链。与第一章总结的新产业革命的核心内容一致，欧盟"再工业化"战略的方向可归结为促进工业的智能化、网络化和绿色化发展，而且特别强调工业绿色化发展的重要性，具有典型的"欧盟特色"。此外，欧盟"再工业化"战略确定的优先发展领域既涵盖了重大前沿技术和关键材料，也包括核心基础设施，体现了欧盟系统性地应对新产业革命挑战的努力。

第三，从正式提出以来，欧盟"再工业化"战略始终将鼓励研发创新置于首要地位。如果说研发创新长期以来被欧盟视为提升产业竞争力与拉动经济增长的关键的话，那么如今更肩负着保证欧盟在新产业革命中抢占先机的重要使命。具体而言，从 2012 年通报确定六大优先领域，到 2014 年和 2017 年通报进一步出台细化措施，欧盟鼓励研发创新的做法也发生了值得关注的变化，由起初的集中支持技术研发逐步向支持技术研发与市场化应用并重乃至更加注重支持研发成果的市场化应用转变，这表明欧盟层面对于创新传导机制的认识正在发生转变。

第四，无论是 2012 年通报提出的"再工业化"战略，还是 2017 年通报提出的更新版"再工业化"战略，都将刺激工业投资作为实现战略目标的最重要的传导渠道。2012 年通报设计了一套包括"四大支柱"与"六大优先领域"的实施框架，旨在重启国际金融危机冲击后低迷的工业投资并使之与产业结构升级相结合；2017 年通报则设计了一套包括"六个维度"和"一个支撑"的更具综合性的实施框架，以促进有助于升级重大基础设施和研发创新的工业投资。

以上给出了新产业革命背景下欧盟的新产业战略——"再工业化"战略的整体框架。为了尽可能使研究落到实处，更加全面深入地把握欧盟"再工业化"战略的推进情况，有必要从更具体的部门视角切入做进一步剖析。鉴于此，后文第三、第四章将选取该战略确定的六大优先领域中的两个——关键使能技术和智能电网做较为细致的研究。

第三章　欧盟关键使能技术发展战略

目前，国内外对于何为"使能技术"（Enabling Technologies）并无普遍共识。"使能"，顾名思义，为"使之能够"之意。目前对于使能技术的一个较为宽泛的定义是：一系列的、应用面广、具有多学科特性、对于完成既定任务与实现既定目标起到关键推动或/和催化作用的技术。从技术与产品创新链的角度看，使能技术处于基础研究与产品开发之间，属于应用研究的范畴，其任务是通过使能技术的创新，来推动创新链下游的产品开发、产业化等环节的实现。① 总体而言，使能技术有两个重要特点：其一，它是一系列技术的集合，各项技术的应用层次不同，应用领域往往交叉重叠；其二，应用行业众多，几乎涉及农业、工业、服务业在内的所有经济部门。近年来，随着微电子、纳米、光电等技术的创新与推广，"使能技术"作为一个技术集合越来越受到世界各国的重视。在相关政策方面，欧盟是最为积极的推动者之一。尤其值得注意的是，国际金融危机爆发后，欧盟于 2009 年率先提出了"关键使能技术"（Key Enabling Technologies，KETs）的概念，并将其确定为未来若干年产业结构升级的重点发展领域之一。在 2010 年 3 月发布的"欧洲 2020 战略"中，欧盟在"创新联盟"和"全球化时代的产业政策"两大旗舰计划之下都强调了发展关键使能技术的重要性。2012 年 6 月，欧盟委员会发布了题为"欧盟关键使能技术战略——通往增长与就业的桥梁"的政策通报，正式启动关键使能技术发展战略。② 在 2012 年提出的

---

① 许端阳、徐峰："典型国际（地区）使能技术发展战略的共性特征分析及对我国的启示"，《科技管理研究》2011 年第 14 期，第 19~23 页。

② European Commission，"A European Strategy for Key Enabling Technologies-A Bridge to Growth and Jobs"，COM（2012）341 final，Brussels.

"再工业化"战略中，欧盟委员会将关键使能技术列为重点发展的六大优先领域之一。在 2017 年发布的更新版"再工业化"战略中，欧盟委员会再次强调了促进关键使能技术创新与应用的重要性。

如第二章所述，欧盟"再工业化"战略确定的优先发展领域既涵盖了重大前沿技术和关键材料，也包括核心基础设施，因此，要更加全面深入地理解该战略，有必要选取其中一个或两个领域做较为深入细致的研究。鉴于近年来欧盟委员会一直将"关键使能技术"这一技术集合作为推进"再工业化"的重大前沿技术的代表，长期致力于推动这一领域的技术创新和应用，本章将对近年来欧盟的关键使能技术发展战略做较为深入的剖析。

第一节　欧盟对关键使能技术的界定

2009 年，欧盟委员会发布了第一份以使能技术为主题的政策通报"为未来做准备：制定欧洲关键使能技术发展的共同战略"。[①] 该通报首次提出"关键使能技术"的概念，并将其特点总结为"知识密集化、研发强度高、创新周期短、资本投入大、技能要求高；使得经济活动中的工艺、产品和服务创新能够实现，对于经济活动具有系统相关性；是跨学科、跨部门的技术，且日益呈现出联合应用趋势；能够协助技术领先者利用既有研究成果向其他领域拓展"。[②] 基于这一总结，同时依据技术应用的市场潜力、知识密集度、初期投资的资本密集度、对于解决欧盟社会问题的重要性等标准，欧盟认定了六大类关键使能技术，分别是纳米技术（Nanotechnology）、微电子与纳米电子技术（包括半导体技术）（Micro-/nanoelectronics）、光电技术（Photonics）、先进材料、工业生物技术以及融合上述技术的先进制造系统。

欧盟提出"关键使能技术"的概念主要有三个用意：第一，将一些具有突出重要性、相互间交叉联合应用趋势不断增强的使能技术划归一大类，通过一个特定名称来提高企业与公众的关注度，提升社会的重视程度。第二，

---

① European Commission, "Preparing for Our Future: Developing a Common Strategy for Key Enabling Technologies in the EU", COM (2009) 512 final, Brussels, September 30th, 2009.

② European Commission, "Current Situation of Key Enabling Technologies in Europe", Commission Staff Working Document SEC (2009) 1257, p. 10.

不仅突出了其中每类技术的地位，更重要的是，还强调了各类技术协同发展与应用的重要性，便于厘清政策支持范围，为欧盟层面与成员国出台更具综合性的政策指明方向。第三，旨在有针对性地制定出一个发展使能技术的"欧洲框架"，通过欧盟层面的引导与支持，更好地协调成员国的相关政策，促进欧洲整体科技与产业竞争力的提高。[①]

从应用的角度看，"关键使能技术"与其他使能技术的区别主要在于两点。首先，它们相互交叉融合，内嵌于大多数高端创新型产品的核心部件中。例如，在一辆电动汽车中，电池的生产需要用到先进材料，电力控制系统需要用到微电子组件，低能耗照明需要用到光电技术，低摩擦轮胎需要用到工业生物技术，等等；又如，一部智能手机的生产包括用于通信的微电子芯片，基于光电技术的相机与光学部件，使用纳米技术的存储器，使用先进材料的触摸屏，等等；再如，近年来问世的禽流感实时测试仪的核心部件融合了生物技术、微电子技术、光电技术和纳米技术等，这些技术的综合运用是该测试仪实现功能的关键所在。[②] 可见，是否掌握关键使能技术，决定着欧洲是否有能力生产面向未来的创新型产品，保证其产业竞争力，同时对于欧洲应对诸如"低碳运输"和人口老龄化引起的社会挑战也有重大意义。其次，它们对于巩固欧洲的产业链（价值链）优势具有战略关键性。关键使能技术都是具有系统相关性（Systemic Relevance）的技术，在诸多产业的价值链中发挥着不同的关键作用。图3-1给出了关键使能技术在汽车业、照明、纳米电子三个行业价值链上的应用情况。不难发现，在诸多高端创新产品的整条价值链上，关键使能技术的联合应用都不可或缺。应用关键使能技术制造的产品具有极高的附加值，往往又作为中间品用于生产更复杂的终端产品，或构成更复杂的生产系统，而这些都被欧洲视为经济增长与竞争力的主要源泉。

---

① 2009年之前，虽然欧盟不少成员国都针对一些重要的使能技术制定了支持政策，但是鉴于技术优劣势与应用情况的差异，各国在"何为关键使能技术"的认识上存在明显分歧，而对于是否需要协同促进多项技术发展的看法也有较大差异。参见 European Commission, "Preparing for Our Future: Developing a Common Strategy for Key Enabling Technologies in the EU", p. 2。

② 参见 European Commission, Final Report of High-level Expert Group on Key Enabling Technologies, Brussels, June 2011, pp. 10 – 11。

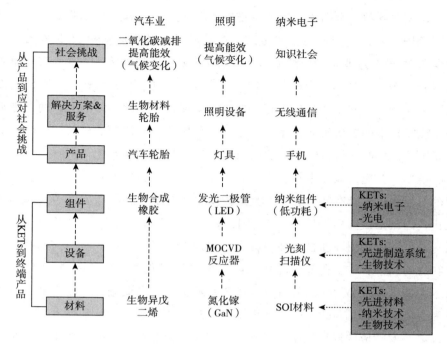

图 3 – 1　关键使能技术在三个行业价值链上的应用

资料来源：European Commission, *Final Report of High-level Expert Group on Key Enabling Technologies*, Brussels, June 2011, p. 11.

第二节　欧盟重视发展关键使能技术的特殊背景

欧盟近年来特别重视推动关键使能技术的发展与应用，除顺应世界技术与产业发展潮流的大趋势之外，还有其特殊而深刻的经济、社会、环境等方面的考虑。

一　经济方面

第一，关键使能技术是知识密集型的前沿技术，市场应用潜力巨大。2008 年前后，基于关键使能技术生产的产品的全球市场规模约为 6460 亿欧元。欧盟委员会曾预测，至 2015 年这一指标将达到 1 万亿欧元，其中纳米技术全球市场规模的年均增长率将达到 16%，微电子与纳米电子技术将达到

13%，其他各项技术的年均增长率都在 5% 以上。① 实际上，到 2013 年，仅欧盟范围内基于关键使能技术生产的产品的产值就已达到 9535 亿欧元，占到欧盟 28 国制造业总产值的 19.2%。② 近年来，虽然欧盟的主要经济竞争对手（包括美国、日本、中国、韩国等）并未专门提出类似于"关键使能技术"的概念，但是都纷纷出台了发展其中多项技术的政策。因此，通过把握关键使能技术的发展机遇，保持全球技术领先地位，拉动危机后的经济复苏和促进后危机时代可持续的经济增长，受到欧盟的高度重视。

第二，关键使能技术具有广泛适用性和系统相关性，对于保持和提高欧盟的产业竞争力具有特殊意义。大量数据与研究显示，与主要竞争对手美国相比，近年来欧洲经济竞争力问题日益突出的要害在于技术创新与应用不足：一方面，欧洲高新技术部门所占比重偏低；另一方面，包括高新技术行业在内的几乎所有工业部门的技术创新与应用水平都明显落后。③ 关键使能技术大都具有跨部门应用的特点，对全要素生产率的促进作用较之其他技术更为明显，因而受到欧盟的格外重视，且先于其他国家与地区提出"关键使能技术"及相应的发展战略。另外，当前关键使能技术在欧洲的主要应用部门包括汽车、食品、化学、电子、能源、环保、制药、建筑、航空、纺织、通信，等等，这些部门大多是欧盟的优势产业，关键使能技术的发展与应用对其能否继续在全球竞争中保持竞争力至关重要。

二 社会方面

关键使能技术对于缓解欧盟面临的社会问题亦有不容忽视的贡献。

首先，通过就业渠道起到稳定社会、减缓危机冲击的作用。2008 年国际金融危机爆发后，欧洲国家的失业率曾一路走高，直到 2014 年才开始逐步回落。根据欧洲统计局的数据，欧盟 27 国（不包括 2013 年加入的克罗地

---

① 如果考虑到关键使能技术的应用领域之广，其间接的市场创造能力更加庞大。参见 European Commission, "A European Strategy for Key Enabling Technologies-A Bridge to Growth and Jobs", COM (2012) 341 final, Brussels, p. 3; European Commission, Final Report of High-level Expert Group on Key Enabling Technologies, p. 12。

② 2013 年欧盟关键使能技术产品产值数据来自欧盟委员会官方网站：https://ec.europa.eu/growth/tools-databases/kets-tools/kets-observatory。

③ European Commission, European Competitiveness Report 2013-Towards Knowledge-driven Reindustrialisation, Commission Staff Working Document SWD (2013) 347 final, pp. 9, 16.

亚）的失业率由 2008 年的 7% 攀升至 2013 年的 10.8%，同期欧元区失业率由 7.6% 攀升至 12%，青年失业率更是达到 20% 以上，对社会稳定的潜在威胁不容忽视。除出台一些临时性的社会救助举措之外，借助产业结构升级创造新的就业被欧盟视为解决失业问题的长远之计。具体到关键使能技术，其发展不仅有助于挖掘新的市场潜力从而创造和稳定就业，还能通过促进生产率提高收入水平，通过与地区发展相结合减少贫困，而后者也符合"欧洲 2020 战略"提出的包容性增长的目标。

其次，通过提供产品与解决方案，缓解欧盟面临的社会难题。例如，随着人口老龄化的加剧,[①] 如何在提高医疗服务质量的同时控制成本是欧盟面临的一大挑战。据估算，光电技术与微电子技术在医疗领域的联合应用可将潜在的医护成本降低 20%。纳米技术与生物技术的结合可大大优化药物的配方与生产过程，而多项关键使能技术联合应用于检测、诊断、治疗与跟踪监护，则能明显降低公共医疗系统的成本。[②]

三 环境与能源方面

欧洲自然资源与能源短缺，长期以来其经济发展注重环境与能源的可持续性。总体上看，欧洲解决资源与能源瓶颈的方案分为并行的三个方面：（1）短期任务是开发与应用循环技术；（2）中期任务是将"可循环"标准纳入产品设计；（3）长期任务是开发可替代材料，减少自然资源与能源消耗。[③] 目前，欧洲在循环技术开发与应用方面已取得显著成绩，中期和长期任务将在未来若干年获得更多推动。在此过程中，关键使能技术将大有用武之地，例如，大量人工合成的先进材料将替代自然资源，利用光电技术发展的太阳能是重要的可再生能源，利用微电子技术的智能仪表技术将有助于节能，而利用生物技术制造的产品可明显减少对环境的污染，等等。

综上所述，对于欧盟而言，关键使能技术对于拉动危机后的经济复苏、

---

① 根据欧盟委员会的估计，到 2050 年时，欧盟范围内 65 岁以上（包含 65 岁）的人数将增加 70%，80 岁以上的老年人数将增加 170%。

② European Commission, Final Report of High-level Expert Group on Key Enabling Technologies, pp. 12 – 13.

③ European Commission, Final Report of High-level Expert Group on Key Enabling Technologies, p. 14.

促进后危机时代可持续的经济增长、保持技术领先地位与产业竞争力、维护其经济社会环境可持续发展都具有独特而重要的意义。

第三节　欧盟发展与应用关键使能技术的优劣势分析

为了有的放矢地出台相应的战略，欧盟委员会对欧盟发展与应用关键使能技术的优劣势做了较为细致的分析，本节将对此进行梳理与归纳。

总体而言，欧盟在发展关键使能技术及其相关产业上有以下两个方面的基础与优势。

第一，得益于良好的研究与工业基础，欧盟国家在关键使能技术的研发与知识生产上处于世界领先地位。从专利数据上看，欧洲具有明显优势：（1）六项关键使能技术的专利拥有均位于世界前列；（2）1991年至2008年，欧盟在关键使能技术的专利申请上始终处于世界领先地位，其间在全球专利申请中所占的份额几乎无变化，至2008年仍为32%，同期美国的份额持续降低至27%。在欧盟内部，德国的技术研发能力最为突出，所有六项关键使能技术的专利申请都遥遥领先，占欧盟的份额都在30%以上，其次是法国、英国、荷兰、意大利、奥地利等国。[①] 图3-2给出了欧盟及其主要成员国在光电技术领域占有的国际专利份额，时间跨度为2000年至2010年。其他几项技术的专利情况虽不尽相同，但是大致呈现出类似的趋势。

第二，内部大市场是欧洲发展关键使能技术的另一优势。首先，规模达5亿人，而且集中了全世界约一半"高端"需求的欧洲内部大市场为关键使能技术的发展与应用提供了广阔的潜在空间。欧盟国家在汽车、航空航天、医疗、能源、食品、化学等关键使能技术的主要应用部门都有较强的竞争力，对相关的技术研发有着源源不断的高质量的需求，反过来，技术创新又有助于强化相关行业的优势。先进材料在汽车业和航空航天业的应用，光电技术在光伏产业的应用等，都已在相当程度上形成了良性循环。其次，经过几十年的发展，欧洲内部大市场已经形成了由各类规模企业通过横、纵向联

---

① 《欧洲竞争力报告2013》将世界划分为欧盟、美国、亚洲和其他地区，将关键使能技术的发展与应用在四个地区之间进行比较，其中包括日本、中国、韩国在内的亚洲地区的专利申请份额始终处于上升态势。参见 European Commission, European Competitiveness Report 2013- Towards Knowledge-driven Reindustrialisation, pp. 157 - 187。

系而形成的产业集群与生产网络，这些集群和网络越来越成为企业间交流与合作的平台，同时也成为企业、科研机构与政府部门之间互动的重要渠道，这也是关键使能技术发展与联合应用的有利条件。

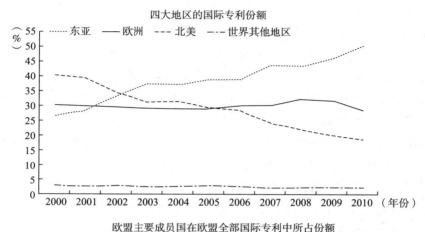

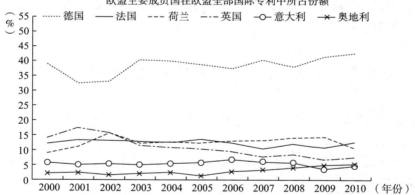

图 3 - 2　2000 ~ 2010 年欧盟及其主要成员国在光电技术领域的国际专利份额比较

资料来源：European Commission, European Competitiveness Report 2013, Commission Staff Working Document SWD (2013) 347 final, p. 161, Figure 5. 2.

然而，如何将上述优势转化为实实在在的产业竞争力，却是欧盟发展关键使能技术遇到的最大障碍。诸多研究表明，欧盟国家在关键使能技术的知识生产与市场应用之间衔接得并不好，未能很好地将知识与技术优势转化为市场可接受的产品与服务，也未打造出与之相称的企业竞争力。例如，在纳米技术领域，在专利申请上居世界前十位的欧洲企业多达 3 家，然而在市场份额上居世界前十位的却无一家欧洲企业；在光电技术领域，在专利申请上位列前十的欧洲企业也有 3 家，市场份额上位列前十的仅 1 家。再如，在生物乙醇技术（属于工业生物技术）领域，欧盟与美国的全球专利份额分别为 36% 和 34%，但是两者生物乙醇产量的全球市场份额却分别为 5% 和 54%，对比之悬殊也说明欧盟将技术转化为产品的能力不足。① 欧盟所做的一系列研究都得出了类似的结论，认为欧洲与关键使能技术相关的制造业正在萎缩，同时欧洲专利的市场化过程越来越多地在其他地区得以完成。② 欧盟委员会将上述障碍形象地称为"死亡之谷"（Valley of Death），且一再强调这是欧盟发展关键使能技术要克服的最突出困难。③

存在"死亡之谷"的原因，可简要归纳为以下几点：（1）欧盟之前对于协同发展各类关键使能技术的认识不足；（2）公共资源过于偏重技术研发，对市场化应用阶段的支持不足；（3）公众对于关键使能技术的认知和理解不够，存在伦理、环境、健康与安全等方面的担忧；（4）可用的风险资本与私人投资相对不足；④（5）缺乏适应关键使能技术发展的具备跨学科技能的劳动力；（6）成员国市场分割，针对关键使能技术的政策各自为政，难以发挥协同效应。⑤

第四节　欧盟关键使能技术发展战略的框架与内容

在 2009 年正式提出"关键使能技术"之后，欧盟委员会开展了紧锣密

---

① European Commission, Final Report of High-level Expert Group on Key Enabling Technologies, p. 22.

② 2009 年欧盟委员会针对关键使能技术的通报、2010 年关键使能技术高层小组的报告，以及 2011 年欧盟委员会的创新计分板（Innovation Scoreboard）都对关键使能技术的发展与应用情况做了较为详尽的研究。参见 European Commission, "Preparing for Our Future: Developing a Common Strategy for Key Enabling Technologies in the EU", COM (2009) 512 final, Brussels, September 30th, 2009; European Commission, Final Report of High-level Expert Group on Key Enabling Technologies, Brussels, June 2011; European Commission, Innovation Union Scoreboard 2011, Brussels, 2012。

③ European Commission, "A European Strategy for Key Enabling Technologies-A Bridge to Growth and Jobs", p. 4.

④ 例如，在纳米技术领域，全球超过 80% 的风险投资发生在美国。参见 European Commission, "Preparing for Our Future: Developing a Common Strategy for Key Enabling Technologies in the EU"。

⑤ European Commission, "A European Strategy for Key Enabling Technologies-A Bridge to Growth and Jobs", pp. 5 – 6.

鼓的政策筹备工作。在 2010 年 3 月发布的"欧洲 2020 战略"中，欧盟在"创新联盟"和"全球化时代的产业政策"两大旗舰计划之下都强调了发展关键使能技术的重要性。2010 年 7 月，关键使能技术高层小组成立，该高层小组的评估报告于 2011 年完成并发布。另外，《欧洲竞争力报告 2010》专辟一章分析欧盟关键使能技术的发展与竞争力状况。2011 年，受欧盟委员会委托，多家独立研究机构联合完成并发布研究报告"各国关键使能技术产业政策影响的跨部门分析"，对欧盟成员国与美国、日本、韩国、中国等主要竞争对手的相关政策做了较为详尽的对比。[1] 基于上述一系列动议与研究，欧盟于 2012 年 6 月发布了题为"欧盟关键使能技术战略——通往增长与就业的桥梁"的通报，制定出一套较为系统的发展战略。[2] 2012 年 10 月，在欧盟委员会提出的"再工业化"战略中，又将关键使能技术列入优先发展的六大领域之一。2013 年 2 月，第二届关键使能技术高层小组成立，旨在就欧盟关键使能技术发展战略的执行向欧盟委员会提供建议。2015 年 6 月，该高层小组发布最终评估与建议报告，评估了自 2012 年战略发布以来欧盟发展关键使能技术的成绩与不足，给出了关于未来几年工作重点的建议。2017 年，欧盟委员会在更新版"再工业化"战略了中再次强调了促进关键使能技术创新与应用的紧迫性。

总体而言，近年来欧盟围绕关键使能技术发展的相关政策举措，大体上是在 2012 年战略的框架下开展的，此后又根据 2015 年高层小组报告做了一些调整与补充。以下做简要梳理。

一　2012 年欧盟关键使能技术发展战略的主要内容

在 2012 年发布的关键使能技术发展战略中，欧盟确定的首要任务是跨越"死亡之谷"，也即技术研发与市场化应用之间的鸿沟，并强调如无法跨越这一鸿沟，其他政策都势必继续造成公共资源的浪费，事倍功半。鉴于

---

[1] Danish Technological Institute with IDEA Consult, "Cross-sectoral Analysis of the Impact of International Industrial Policy on Key Enabling Technologies", within the Framework Contract Sectoral Competitiveness ENTR/06/054 with European Commission, published by European Commission, Copenhagen, March 2011.

[2] European Commission, "A European Strategy for Key Enabling Technologies-A Bridge to Growth and Jobs".

此，欧盟明确强调不会增加公共投资，而是重在引导公共资金朝着更高效、更具生产性的方向配置。为此，欧盟专门设计了一个包含三个支柱的战略框架：（1）技术研究；（2）产品示范；（3）有竞争力的制造活动。[①] 三个支柱并重，明确体现了欧盟将在技术成果的市场化试验乃至最终生产上加大支持力度的决心。

为推进上述战略，欧盟确定了一套以支持关键使能技术研发创新融资为主，并辅以一系列必要的配套措施的综合实施框架。这一实施框架主要包括七个努力方向。第一个努力方向是为关键使能技术研发创新提供公共资金。关键使能技术的研发创新前景存在高度不确定性且需要高额资金投入，企业研发创新的意愿不强，鉴于此，欧盟委员会承诺从以下三个渠道，以承担部分风险的形式支持关键使能技术的研发创新及其应用。（1）在 2014 ~ 2020 年度财政框架的"地平线 2020 计划"之下，欧盟专门指定 66.63 亿欧元用于关键使能技术的开发与工业应用，尤其注重支持试制生产线（Pilot Lines）和示范项目（Demonstration Projects），支持六项关键使能技术的联合应用；（2）通过欧洲技术平台（ETPs）和联合技术倡议（JTIs）等形式将关键使能技术各领域的重要利益相关者聚集起来，形成跨领域的发展规划，并结合欧洲创新与技术研究院（EIT）和结构基金的项目加以落实；（3）积极发展以创新为导向的政府与私人部门合作（Public-Private Partnership，PPP），以公共资金拉动私人投资，并支持包括最终用户在内的所有利益相关者在整个价值链上的合作。

第二个努力方向是利用凝聚政策，借助"灵巧（智慧）专业化"对地区发展的支持，促进关键使能技术的创新与应用。为了更好地发挥欧洲凝聚政策的作用，欧盟委员会提出在 2014 ~ 2020 年度财政框架下对欧洲地区与发展基金（ERDF）的运作方式做出调整。尤其是，该基金将通过"灵巧（智慧）专业化"的渠道为地区层面关键使能技术的研发和应用提供支持，包括"技术和应用研究、试制生产线、早期产品验证、先进制造能力和首次生产"等几乎所有关键阶段。

第三个努力方向是鼓励成员国在不违背欧盟竞争政策的前提下通过国家

---

① European Commission, "A European Strategy for Key Enabling Technologies-A Bridge to Growth and Jobs", pp. 4 – 6.

援助支持关键使能技术的创新与应用。欧盟委员会明确提出，成员国可充分利用 2006 年提出的"用于研究、开发和创新的国家援助的共同体框架"[①] 支持关键使能技术发展，包括向技术可行性研究、工业研究与试验性开发、中小企业保护知识产权、青年创业者和产业集群等提供支持。此外，2014 年 5 月，欧盟委员会以通报形式发布了针对"关乎欧洲共同利益的重要项目"（IPCEIs）的成员国公共资金支持的审查标准，[②] 这也为成员国支持关键使能技术发展开辟了新空间。

第四个努力方向是利用欧洲投资银行的贷款，通过示范项目带动其他公共投资与私人投资（尤其是创新型中小企业），加大对关键使能技术研发与应用的投入。[③]

第五个努力方向是加强有助于发展关键使能技术的国际合作。欧盟委员会正在努力改善关键使能技术相关产品参与国际竞争的双边与多边环境，包括促进第三国的市场准入和投资机会、加强知识产权保护（减少欧洲专利在其他地区被盗用）、促进与贸易伙伴间在政府采购领域的互惠等。

第六个努力方向是培养适应关键使能技术发展需要的专业技能。尤其是，通过"地平线 2020 计划"等吸引年轻人选择相关领域作为专业或职业，通过"玛丽·居里行动计划"支持科研人员参加关键使能技术领域的培训与职业发展等。

第七个努力方向是搜集关键使能技术的市场数据，建立跟踪观察机制，定期评估与调整相关政策。此外，从 2012 年起，欧盟委员会还定期发布欧盟 28 国和部分成员国关键使能技术发展的简况报告，为战略的执行和调整提供参考。

总体上看，上述战略为欧盟发展关键使能技术确定了大方向，使得欧盟层面的支持更加系统，尤其是明确了联合发展六项关键使能技术和向支持市

---

① European Union, Community Framework for State Aid for Research and Development and Innovation, OJC 323, December 2006.

② European Commission, "Criteria for the Analysis of the Compatibility with the Internal Market of State Aid to Promote the Execution of Important Projects of Common European Interest", 2014/C 188/02, 2014.

③ 根据欧盟委员会的数据，2000 年至 2011 年，欧洲投资银行为关键使能技术领域提供的贷款约为每年 10 亿欧元。参见 European Commission, "A European Strategy for Key Enabling Technologies-A Bridge to Growth and Jobs", p. 13.

场化应用倾斜的新思路。有关这一战略的内容和实施方式，有两点值得注意：第一，欧盟委员会始终强调，从政策的角度看，仅仅依靠欧盟层面的努力是不够的，还需要来自成员国和地区层面的积极配合，因而鼓励成员国和地区层面出台相应的促进措施；第二，欧盟委员会明确强调，公共资金只能用于应对阻碍关键使能技术发展和应用的"市场失灵"，必须高效使用，不能扭曲市场竞争，不能挤出私人投资，尤其不能用于维持低效企业的运转。[①]

至于战略落实的前景，由于各成员国的国情不同，也会表现出路径上的国别差异，整体效果尚待观察。在几个最重要的成员国中，德国在关键使能技术的绝大多数领域都具有技术优势，其相关政策与欧盟的战略框架也最为契合，预期能较好地利用欧盟政策促进自身技术发展与应用。法国与英国在关键使能技术的不同领域各有优势，近两年也在积极制定相关政策，效果需进一步观察。意大利的技术基础相对较弱，同时又缺乏长期的战略规划，落实欧盟战略的前景不容乐观。[②]

二 欧盟关键使能技术发展战略的调整方向

2012 年战略公布后至今，欧盟并未正式更新其关键使能技术发展战略。然而，2015 年关键使能技术高层小组的报告以及 2017 年 4 月欧盟委员会委托的独立咨询机构发布的相关报告却给出了欧盟调整关键使能技术发展战略的系统而具体的建议。鉴于这两份报告必将对欧盟关键使能技术发展战略的调整产生较大影响，以下将其内容做简要概括。

关键使能技术高层小组于 2015 年 6 月发布了题为"关键使能技术：是时候行动了"的最终评估与建议报告。[③] 该报告首先指出，自 2012 年战略发布以来，欧盟在发展关键使能技术的多个努力方向上均取得了不少成绩，但是在执行上仍有很大挖掘空间，要抓住新产业革命的机遇，必须加速该战略的执行，并且以合适方式加强各项政策之间和不同决策层面之间的协调。基

---

① European Commission, "A European Strategy for Key Enabling Technologies-A Bridge to Growth and Jobs", 2012, p. 8.

② 参见 Danish Technological Institute with IDEA Consult, "Cross-sectoral Analysis of the Impact of International Industrial Policy on Key Enabling Technologies", within the Framework Contract Sectoral Competitiveness ENTR/06/054 with European Commission, pp. 143 – 214。

③ European Commission, "KETs：Time to Act", Final Report of High-level Expert Group on Key Enabling Technologies, June 2015.

于此，该报告向欧盟委员会提出了继续促进关键使能技术创新和应用的八条建议：（1）提升欧洲的技术基础设施；（2）加强对关键使能技术试制生产线和示范项目的支持力度；（3）通过欧洲战略投资基金等新渠道拉动基于关键使能技术的制造领域的投资；（4）推动"灵巧（智慧）专业化"由地区层面升级至整个欧盟层面；（5）引导关键使能技术发展进一步与应对欧洲的社会挑战相结合；（6）令相关贸易和投资协定充分保障欧洲的利益；（7）充分挖掘关键使能技术的应用潜力；（8）通过投资促进关键使能技术领域劳动者技能的提升，培育欧洲的创新潜力。

为了响应 2015 年高层小组报告的建议，欧盟委员会委托意大利、荷兰、法国和英国的几家独立咨询机构联合对关键使能技术的应用潜力做了深入系统的研究，后者于 2017 年 1 月发布了研究报告。[①] 该报告根据关键使能技术应用的现状与欧盟经济、社会、科技、民用、国防等领域发展的切实需求，确定了 38 个亟待进一步应用关键使能技术的领域。这 38 个领域可划归七个不同的主题：（1）用于运输工具的能源；（2）关键材料与零部件的自给；（3）医疗与卫生体系，包括应对来自化学、生物、放射、核与常规武器的威胁（CBRN-E Threats）；（4）通信、航海与监控系统；（5）辅助人类与机器人技术；（6）安全与网络安全系统；（7）生产与供应链解决方案。

综合上述两份报告的主要内容不难预见，未来欧盟关键使能技术发展战略将朝着更加具体细化的方向调整。

第五节　小结

本章选择了欧盟"再工业化"战略确定的六大优先领域之一——关键使能技术，围绕近年来欧盟发展该领域的战略做了较为细致的梳理和剖析。总结前文，可以得出几点基本认识。

第一，近年来欧盟率先提出"关键使能技术"的概念，并制定出一套较为系统的发展战略，而后者也成为"欧洲 2020 战略"与欧盟推进"再工业

---

① Tanya Scalia, Alessandro Di Mezza, et al., "Study on the Dual-Use Potential of Key Enabling Technologies（KETs）", Final Technical Report, Study commissioned by European Commission, Directorate-General for Internal Market, Industry, Enterpreneurship and SMEs, Contract nr. EASME/COSME/2014/019, Jan. 2017.

化"战略的重要内容。除顺应世界技术与产业发展潮流之外，欧盟重视关键使能技术还有其特殊而又深刻的经济、社会、环境等方面的考虑。尤其是，从经济角度看，关键使能技术既能推动一批新兴产业诞生与发展，也能助推已有产业向高附加值环节提升，对于欧盟摆脱国际金融危机后的经济困境和抓住新产业革命机遇促进后危机时代可持续的经济增长具有重要意义。

第二，欧盟发展关键使能技术面临的最大障碍是技术研发与市场化应用之间存在巨大的鸿沟。为跨越这一"死亡之谷"，欧盟制定了包括技术研究、产品示范和制造活动等三个支柱的战略框架，强调各项使能技术的联合应用，尤其注重采用新的政策手段大力支持技术成果的市场化。值得注意的是，欧盟不仅用一个整体概念将六项使能技术"捆绑"起来，还专门提出了融合各项技术的"先进制造系统"，这体现了欧盟对未来技术发展与应用趋势的敏锐性，以及借此提高多数工业部门的技术创新与应用能力的愿望。鉴于各成员国的国情不同，上述战略的具体落实也会表现出路径上的国别差异，整体效果尚待进一步观察。

第三，在政策措施方面，促进创新性投资始终是欧盟关键使能技术发展战略的最重要的努力方向。考虑到这一领域涉及的技术创新和应用大多具有研发周期长、投资风险大的特征，欧盟投入了大量公共资金，用以支持重要项目启动，同时吸引私人投资者进入。"地平线 2020 计划"、欧洲地区与发展基金、欧洲投资银行以及成员国的国家援助都在这方面发挥了重要作用。

总之，作为"欧洲 2020 战略"和欧盟"再工业化"战略确定的未来若干年欧盟产业结构升级的重点发展领域，关键使能技术为我们观察欧盟经济的结构性变化和把握欧盟经济前景提供了重要视角，有必要跟踪研究欧盟相关战略的进展。

第四章　欧盟智能电网发展政策

近年来，作为新产业革命倡导的核心基础设施，同时也是工业智能化、网络化、绿色化发展高度结合的代表性部门，智能电网（Smart Grids）受到普遍的高度重视，越来越成为世界各国竞相发展的关键领域。由于经济发展状况、能源结构、电网发展水平及相关技术条件不同，各国发展智能电网的侧重点与远景规划不尽相同，对智能电网概念的描述也存在较大差异，目前国内外尚无公认的智能电网的定义。当前国内认可度较高的一个概念是：智能电网即电网的智能化，它是建立在集成的、双向高速通信网络的基础上，通过先进的传感和测量技术、先进的设备、先进的控制方法以及先进的决策支持系统的应用，实现电网的可靠、安全、经济、高效、环境友好和使用安全的目标。[1] 总体上看，这一概念较好地兼顾了各国发展智能电网的目标与技术方向，突出了智能电网具有的安全、高效、双向互动与环境友好等核心特点。

综观发达国家（与地区）发展智能电网的计划与政策，美国与欧盟的规划最具战略性与系统性。迄今为止，国内围绕美国智能电网发展战略的研究已较为丰富，对于欧盟的研究则相对少得多。实际上，美国与欧盟的智能电网建设各具特色。与美国侧重于电网的自动化智能化升级相比，欧盟更加注重与可再生能源发展相适应的电网的绿色化升级，同时力求实现智能化与绿色化的高度融合。[2] 鉴于此，对于欧盟建设智能电网的进展与经验，应给予

---

[1]　丁孝华主编《智能电网与电动汽车》，北京：中国电力出版社，2014，第 2~3 页。

[2]　有关美国与欧盟发展智能电网的不同侧重点的概述，可参见刘振亚主编《智能电网知识读本》，北京：中国电力出版社，2010，第 22~24 页。

更多的关注。

值得注意的是，与世界其他地区主要以单一国家为主体推进智能电网建设不同，欧洲智能电网的发展由欧盟层面主导，由其制定整体目标与政策框架，并与成员国政府联合提供相应的启动资金。2012 年，欧盟委员会正式将智能电网确定为"再工业化"战略的六大优先发展领域之一。本章试图以新产业革命为背景，集中考察近年来欧盟发展智能电网的政策及落实，期望以小见大，洞察欧盟"再工业化"战略的进展与前景。

第一节 欧盟发展智能电网与推进新产业革命之联系

世纪之交以来，随着以低碳为导向的能源结构转型在世界范围内蓬勃兴起，以及信息、自动化、网络等先进技术向能源基础设施领域的迅速渗透，建立在传统化石能源基础上的电力系统的变革逐步提上日程。在此背景下，美国率先提出了智能电网的概念，并于 2003 年发布了"Grid 2030"（2030年电网）远景规划，随后又通过一系列法案，以法律形式确立了发展智能电网的国策地位。相比之下，欧盟及其成员国针对智能电网的研究工作起步较晚，相关的政策制定也稍显落后。虽然欧盟委员会于 2005 年发起成立了"欧洲未来电力网络技术平台"，也称"欧洲智能电网技术平台"（ETP SG），但是直到 2008 年，除德国之外，欧盟层面与其他主要成员国都未就发展智能电网出台系统的政策规划。国际金融危机爆发后，新产业革命迅速兴起，作为欧盟确认的引领新产业革命的核心领域之一，智能电网的发展也获得了前所未有的强劲动力。

对于欧盟而言，发展智能电网与推进新产业革命之间有着密切而深刻的内在联系，这些联系部分地体现了新一轮产业革命的共性特征，更多地则凸显出欧盟结合自身现实推进新产业革命的独特之处。以下从三个方面进行剖析。

第一，新产业革命以新技术革命为依托，同时又是一项系统性工程，而智能电网恰好处于新一轮技术革命与产业系统性变革的核心位置。

第一章述及，虽然研究界对于历次产业革命的起止时间划分始终存在争议，但是有一点不容置疑，那就是产业革命都以技术革命为依托。根据熊彼特的理论，"连续产业革命"的基础是通过新技术实现经济的质的转化，而不是个别产业的量的简单增长。换言之，产业革命难以通过个别的技术突破或个别部门的增长而实现，其推进必须依靠大量的新技术的集中创新与广泛应用，同时依赖众多新产业部门的蓬勃兴起。从这个意义上说，发展智能电网对于推进新产业革命的确具有直接的综合效果。

从技术的角度看，智能电网是对现有电网的全面升级，将融合可再生能源、传感器、网络通信、互联网、新材料、电子电力和电化学储能等高新技术，且需要在广泛继承与开发现有技术的基础上，进行系统集成，整体推进。发展智能电网有望促发大量新技术的集中突破与应用，从而为推进新产业革命做充分的技术储备，也为各国在新一轮产业竞争中抢占技术制高点创造了机遇。

从产业链的角度看，智能电网的运行需要很多部分相互配合，包括智能发电系统、新型储能系统、智能变电站、智能配电网、智能调度系统、智能电表、智能交互终端、智能用电建筑，等等。如此长的产业链使得发展智能电网对于产业结构升级的拉动作用不容忽视：一方面将带动上下游和相关衍生产业发展，推动电力和其他产业的结构调整，促进技术与设备升级；另一方面，将为电动汽车、智能家居、智能楼宇等相关产业提供友好高效的运转平台，促进关联产业良性发展与新兴产业的涌现。① 以新产业革命倡导的另一重要领域——电动汽车为例，随着世界主要工业国纷纷提出电动汽车发展规划，如何在保持电网安全、稳定、高效运行的同时，保证大量新的充放电设施自由接入电网成为前沿课题，解决上述问题无疑有赖于发展智能电网。此外，发展智能家居，建设智慧城市，也都离不开智能电网的支撑。可见，智能电网的确处于新产业革命这一系统性工程的核心位置。智能电网的发展，以及由其衍生出来或者与其同步发展的其他产业部门的大量涌现，是新产业革命由愿景逐步成为现实的关键所在。

第二，对于欧盟而言，新产业革命还是一场能源革命，持续发展可再生能源的战略目标决定了欧盟建设智能电网的紧迫性，同时也决定了其注重分布式发电的智能电网发展思路。

第一章在梳理近年来有关新产业革命的阐释时，专门归纳了美国趋势经济学家里夫金对于能源系统变革前景的论述与构想。值得注意的是，就新产

---

① 参见刘振亚主编《智能电网知识读本》，北京：中国电力出版社，2010，第35页。

业革命的技术发展路径和愿景而言，欧盟明显受到了里夫金新产业革命思想的重要影响。里夫金特别强调可再生能源互联网的发展前景，他提出，所谓"第三次工业革命"就是能源互联网与可再生能源结合推动人类生产生活与社会经济的重大变革。在围绕可再生能源互联网的论述中，里夫金一再呼吁各国升级能源基础设施，以适应未来以分散式间歇式的可再生能源发电为主导的能源发展趋势，并且反复强调了智能电网的广阔发展前景。[①] 早在 2007 年，欧洲议会即围绕里夫金提出的第三次工业革命展开过广泛讨论。此后，欧盟委员会于 2012 年初正式提出"新产业革命"的说法，并将绿色能源列为引领新产业革命的核心部门之首，特别强调可再生能源与先进制造技术齐头并进的发展思路。就发展智能电网而言，虽然欧盟出台相关政策规划晚于美国，但是其注重可再生能源分布式发电的智能电网发展思路与里夫金的构想十分接近，而这正是欧盟基于自身可再生能源的发展状况与目标做出的现实选择。

就发展状况而言，由于传统能源短缺，加之两次石油危机的强烈冲击，欧盟主要国家自 1970 年代起即开始积极发展可再生能源。根据欧洲统计局的数据，2014 年，欧盟 28 国可再生能源占最终能源消耗的比重已达 27%，可再生能源发电量占总发电量的 15%，居世界领先地位。值得注意的是，与美国主要依靠大规模水力发电不同，欧盟的可再生能源发电以分散的中小规模的太阳能、风能、生物质能、地热为主，因而发展基于分布式发电的智能电网更加符合其现实需要。[②]

从目标上看，持续发展可再生能源将长期处于欧盟发展战略的重要位置。近年来，欧盟出台了一系列气候与能源战略，提出到 2020 年将可再生能源占最终能源消耗的比重提升至 20%，到 2030 年提升至 27% 的目标。[③] 要实现上述目标，首先要保证可再生能源发电快捷安全地接入电网，这就要

---

① 参见〔美〕杰里米·里夫金：《第三次工业革命：新经济模式如何改变世界》，张体伟、孙豫宁译，北京：中信出版社，2012。

② 2014 年，美国可再生能源占最终能源消耗的比重为 13%，可再生能源发电量占总发电量的 11%，其中水力发电量占可再生能源发电量的比重高达 55%。参见 US Energy Information Administration, *Energy Monthly*, Nov. 2014。

③ 近年来，欧盟出台的气候与能源战略主要包括 2008 年的"能源气候一揽子计划协议"，2010 年的"欧盟能源 2020 战略"和 2014 年的"欧盟 2030 年气候与能源政策框架"。

求尽快突破现有电网的功能瓶颈，发展智能电网是当务之急。[①] 基于此，欧盟将以分布式发电为基础的智能电网认定为"未来低碳能源系统的骨干与支柱"。[②] 可见，对于强调新产业革命"能源内涵"的欧盟来说，发展智能电网具有不可或缺的重要意义。

　　第三，对于欧盟而言，新产业革命还具有独特的"市场内涵"，通过发展智能电网加快欧洲能源市场一体化进程，助力能源联盟建设，对于促进新产业革命与市场之间的良性互动具有重要的先导性意义。

　　纵观过去两百多年的世界经济发展史，产业革命总是与市场的扩大与深化互为前提、相辅相成。具体而言，产业革命的推进要以一定规模与自由度的市场为前提，反过来又会促进市场规模的扩大与自由度的提升。作为历次产业革命的主要发生地，欧洲熟知这一逻辑联系，因而格外重视在新产业革命与市场之间建立起良性互动。对于欧盟而言，在继续开辟世界市场的同时，更重要的手段在于进一步挖掘欧洲内部统一大市场的潜力。1990 年代后期以来，欧洲统一大市场的扩张效应逐步减弱，难以为经济持续增长提供动力，也越来越难以满足系统性技术创新与应用所需的市场条件。近几年，随着新产业革命的兴起，加快欧洲内部市场一体化建设的紧迫性日益凸显。在此背景下，加快欧洲经济一体化的关键领域——能源市场一体化成为欧盟的首要任务之一，而发展智能电网又是完成这一任务的必要途径。

　　虽然战后的欧洲一体化最初始于能源部门的合作，[③] 但是直到 1990 年代，作为欧盟主要能源的电力与天然气部门的一体化才正式启动，并陆续取得一些实质性进展。就电力部门一体化而言，自 1990 年代中期以来，欧盟先后颁布了三个电力改革指令，旨在启动与深化成员国电力市场化改革，进而推进欧盟统一电力市场建设。尤其是，2009 年的电力市场指令（Drective 2009/72/EC）第一次提出促进成员国电网互联，在推进电力市场一体化方面更进了一步。随着电力市场一体化不断取得进展，全面推进欧洲能源市场一

---

① 实际上，在一些成员国，已出现由于电网升级滞后，可再生能源发电局部过剩，进而被迫放缓发展速度的情况。意大利的情况可参见 Government of Italy, *Italy's National Energy Strategy: for a More Competitive and Sustainable Energy*, March 2013, p. 87。

② European Commission, "Smart Grids: from Innovation to Deployment", COM （2011） 202 final, Dec. 2011, p. 2.

③ 指 1950 年代成立的欧洲煤钢共同体与欧洲原子能共同体。

体化提上日程。2015 年 2 月，新一届欧盟委员会上台伊始即正式启动了"能源联盟"（Energy Union）建设，并将其作为本届委员会的优先行动之一。"能源联盟"的总体目标是通过能源市场一体化建设，降低欧盟整体对进口能源的依赖，推动成员国实现能源类型与来源多样化，最终将形成统一的欧盟能源政策。[①]

简言之，建设能源联盟，尤其是继续推进统一电力市场，关键在于两个方面：其一是成员国能源基础设施实现互联互通，可称之为"硬件"条件；其二是成员国能源部门规则规制的协调与统一，可称之为"软件"条件。目前，欧盟多数成员国存在电网老旧的问题，互联互通也有待加强，同时各成员国的电网运营模式差异较大，在技术标准上也存在不兼容的问题。要突破上述"硬件"与"软件"的约束，在整个欧盟范围内发展智能电网的紧迫性不言而喻。为此，欧盟委员会在能源联盟政策通报中也多次强调发展智能电网的必要性。可见，从欧盟推进新产业革命的市场维度来看，智能电网发挥着重要的先导性作用，一方面将通过促进能源及相关领域的一体化为新产业革命准备必要的市场条件，另一方面也会因新产业革命的市场创造效应而获得更多发展动力。

综上，无论从技术创新、能源转型还是统一大市场的深化方面看，智能电网对于欧盟抓住新产业革命的机遇，应对自身面临的内外部挑战，都具有独特而重要的意义。近几年，正是在新产业革命迅速升温的推动下，欧盟加快了出台智能电网发展政策的步伐。

第二节　欧盟智能电网发展政策及其主要内容

2009 年，欧盟委员会成立了"智能电网特别工作组"（Smart Grids Task Force），专门为出台智能电网发展政策进行筹备。成立当年，特别工作组即给出了欧盟智能电网的简明定义，即通过采用创新性产品与服务，结合智能检测、控制、通信与自愈技术，高效整合接入电网的发电方、用电方以及同时具有发电与用电特征的行为体的行动，以实现电力供应的持续可靠、经

---

① European Commission, "A Framework Strategy for a Resilient Energy Union with a Forward-looking Climate Change Policy", COM（2015）80 final, Feb. 2015.

济、安全与环境友好等目标。基于这一定义，特别工作组给出欧盟发展智能电网的七个具体目标：（1）使不同规模与技术特征的发电方更加便利地接入电网；（2）使消费者在电网体系优化过程中发挥作用；（3）为消费者用电提供更多信息与选择；（4）大幅降低整个电网体系的环境影响；（5）保持并不断提高现有电网体系的可靠性、质量与供应安全；（6）保持与提升现有服务的质量；（7）促成成员国市场融合，构建欧洲统一电力市场。[①] 经过一系列的准备工作，欧盟委员会于 2011 年 4 月正式发布了第一份发展智能电网的政策通报，题为"智能电网：从创新到部署"，该通报确立了欧盟全面部署智能电网的努力方向，并提出了相应的行动计划。[②] 2012 年，欧盟委员会又将智能电网列为其"再工业化"战略的六大优先发展领域之一，将发展智能电网提升至整体产业结构升级的战略高度，也将其纳入了欧盟推进新产业革命的政策框架之中。总体而言，当前欧盟发展智能电网的政策大体上是在 2011 年通报和"再工业化"战略的框架下推行的。

　　基于自身电网系统的发展状况以及新产业革命倡导的智能化、网络化、绿色化的发展趋势，欧盟将发展智能电网的政策聚焦于五个方面，分别是：（1）开发欧盟共同的技术标准；（2）应对数据隐私问题与安全风险；（3）完善规制以推动智能电网的全面部署；（4）构建欧盟范围内的竞争性电力零售市场；（5）大力支持技术创新及其应用。

　　第一，开发欧盟共同的技术标准。由于电网技术与信息技术等都具有网络性特征，各类新型电网设备与服务之间存在兼容性（Compatibility）的问题，同时各成员国电网之间又要互联互通，因此标准化建设对于欧盟全面部署智能电网并借此推进能源市场一体化尤为关键。此外，由于智能电网汇集了众多前沿技术，开发共同的技术标准有利于欧盟在新一轮国际技术标准制定中占据主动权。基于此，欧盟将开发共同的技术标准作为发展智能电网的首要努力方向。

　　欧盟智能电网领域的标准化工作启动较早。2009 年 3 月，欧盟委员会即向 3 家欧洲官方标准化组织——欧洲标准化委员会（CEN）、欧洲电工标准

[①] European Commission, "Definition, Expected Services, Functionalities and Benefits of Smart Grids", SEC（2011）463 final, 2011, p. 2.

[②] European Commission, "Smart Grids: from innovation to deployment", COM（2011）202 final, Dec. 2011.

化委员会（CENELEC）和欧洲电信标准协会（ETSI）发出授权指令，要求为欧盟范围内公共事业（包括电力、天然气、供水与供热）的智能测量仪表制定统一标准，其中包括智能电表的统一技术标准。2010 年 6 月，欧盟委员会又向欧洲电信标准协会发出授权指令，要求开发出一套新技术标准，令所有电动汽车充电器实现兼容，保证在欧盟全境可使用同一种接口为电动汽车充电。2011 年，欧盟委员会又向欧洲电信标准协会发出授权指令，要求在2012 年底之前开发出一套保证高水平智能电网服务的技术标准。① 此外，欧盟委员会还密切关注国际技术标准化的相关进展，并据此调整自身的政策。

第二，应对数据隐私问题与安全风险。随着电网互动水平的提高与电网通信技术的大规模应用，信息安全防护的难度大增，如何保证所有接入用户的隐私与信息安全，成为发展智能电网面临的一大挑战。欧盟的智能电网发展政策特别强调保护消费者隐私与信息安全。

早在欧洲统一大市场初步建成不久，欧盟即通过了专门针对数据处理与流动过程中如何保护个人隐私的指令（Directive 95/46/EC）。该指令至今仍是欧盟保护个人数据隐私与安全的核心立法文件，适用于包括智能电网在内的所有部门。针对智能电网发展中数据与信息保护面临的新情况，当前欧盟主要从两个方面做出努力：（1）欧盟委员会与欧洲数据保护监管局（European Data Protection Supervisor）等机构密切合作，适时制定与智能电网相关的法律与规制，保证用户既能自由灵活地接入电网，又可避免数据与信息泄露造成损失。（2）由欧盟层面进行协调，保证成员国在智能电网领域出台的数据保护立法与欧盟立法相一致，逐步形成统一的规制体系。

第三，完善规制，为全面部署电网提供激励。智能电网是新生事物，适应其发展的商业模式仍处于摸索之中，其全面部署离不开适当的规制激励。欧盟认为，部署智能电网的关键在于投资持续增加到一定水平，形成规模经济，从而使电网具备自我扩张的内在动力，因此相关的激励措施应以鼓励企业投资——尤其是电网运营商的投资为主。从投资方向上看，欧盟提出，新规制将逐步弱化电网运营商对电量销售的依赖，鼓励其更加注重提高效率与

---

① 上述三条指令分别为 M/441 EN，M/468 EN 与 M/490 EN。

服务质量，也即从"数量型"商业模式向"质量与效率型"商业模式转变。① 此外，新规制还将鼓励能源供应商与信息通信技术（ICT）供应商从可再生能源发电及其管理中获益。

目前，欧盟完善规制方面的主要工作包括：（1）修改能源服务指令（Directive 2006/32/EC）的相关条款，要求成员国放弃针对电网运营企业的数量型激励措施，转向效率型激励。（2）出台指导性方针，引导成员国部署智能计量系统（Smart Metering System）。（3）通过相关指令，要求成员国简化升级电网的审批程序，清除地区层面的规制障碍。（4）加强对成员国智能电网部署的协调。

第四，逐步构建欧盟范围内的竞争性电力零售市场。智能电网具有典型的网络产业特征，用户规模不断扩大以至形成网络效应，对其部署进度与前景至关重要。对于如何培育需求，欧盟坚持市场化原则，强调以逐步构建竞争性的电力零售市场促进供需良性互动，最终形成以需求响应为导向的智能电网发展模式。从供给方看，形成高度竞争的电力零售市场，为新进入者（包括能源服务企业与信息通信技术供应商等）创造公平的竞争环境，有助于激励各方提供多样化、高水平的服务，吸引更多电力用户的体验与参与。从需求方看，只有获得更多的消费选择，电力用户才会逐渐改变消费行为，形成新的"智能"电力消费模式。

目前，欧盟在这方面的工作主要有两个方向：（1）引导成员国安装智能计量系统，实现供电企业与用户之间的实时信息互动，同时逐步实行分时段电价，鼓励用户积极体验新的消费模式。（2）在保证电力用户信息安全的同时，给予配电商（DSOs）一定的自由度，鼓励其为用户提供量身定制的电力服务解决方案。

第五，大力支持技术创新及其应用。发展智能电网涉及大量技术研发与创新活动，而后者又具有明显的外部性，因此支持技术创新及其应用始终是欧盟智能电网发展政策的工作重点。2001 年至 2010 年，欧盟委员会通过第五、第六和第七科技框架计划共出资约 3 亿欧元，用于支持一系列升级电网的技术研发项目与小规模示范项目，旨在评估智能电网的实际运行效果与预

① European Commission, "Smart Grids: from Innovation to Deployment", COM（2011）202 final, Dec. 2011, p. 8.

期收益。[①] 在 2014～2020 年度财政框架的"地平线 2020 计划"之下，与"统一的欧洲智能电网"相关的技术创新与突破继续受到欧盟的高度重视。[②] 根据"欧洲智能电网技术平台"于 2012 年发布的"2035 年智能电网战略研究日程"，当前及未来一段时期欧盟智能电网发展的技术优先方向包括：中小规模分布式储能系统、实时能源消费计量系统、电网状态实时监测系统、适应新电网结构与电力消费模式的电网建模技术、电网通信技术、大规模可再生能源发电并网保护系统等。[③]

值得注意的是，随着智能电网进入实际部署阶段，欧盟对于加快技术创新成果的应用也更加重视。2010 年，欧盟委员会正式启动了"欧洲电力网络动议"（EEGI），该动议主要支持大规模研发与示范项目，旨在探索适应欧盟智能电网发展的技术融合路线。此外，该动议还强调要促进成员国研发机构之间的信息交流，尽可能减少研发资源的浪费与错配。[④]

总体上看，上述五个努力方向各有侧重，既体现了欧盟在智能电网的技术发展路线与商业模式上的积极探索，也表明其建设欧洲统一电力市场乃至能源联盟的长远考虑，同时兼顾保护公民隐私与信息安全等社会责任，从多个角度共同勾勒出一个较系统且特色鲜明的政策框架。

值得注意的是，在欧盟酝酿与出台智能电网发展政策前后，其主要成员国纷纷开展相关研究，并相继提出了本国的发展计划与政策。2008 年，德国率先提出"E-Energy"（信息化能源）促进计划，目标是通过技术创新与应用，建立起能基本实现自我调控的智能化电力系统。该计划被称为德国版的智能电网计划，且被德国联邦政府定位为"灯塔项目"。[⑤] 2010 年，英国政府发布"智能电网发展路线图"，分"2010 年至 2020 年"与"2020 年至 2050 年"两个阶段对智能电网建设做出具体部署。[⑥] 其他成员国虽然尚未提

---

① European Commission, "Smart Grids: from Innovation to Deployment", COM (2011) 202 final, Dec. 2011, p. 10.

② 参见 European Commission, "Horizon 2020-The Framework Programme for Research and Innovation", COM (2011) 808 final, 2011。

③ 参见 European Technology Platform SmartGrids, "SmartGrids SRA 2035", March 2012, p. 22。

④ 有关"欧洲电力网络动议"的情况，可参见欧盟官方网站的介绍：http://www.smartgrids.eu/European-Electricity-Grid-Initiative。

⑤ 有关德国"E-Energy"计划的内容，可参见德国联邦经济与技术部网站的介绍：http://www.e-energie.info/en/12.php。

⑥ Electricity Networks Strategic Group (ENSG), "A Smart Grid Routemap", Feb. 2010.

出国家层面的系统规划，但是也相继出台了一系列促进措施。2011 年欧盟发展智能电网的政策通报发布后，成员国也随之调整自身的政策与措施，同时在落实方面更加注重相互间的协同配合。

第三节　欧盟建设智能电网的基础与困难

上文梳理与归纳了欧盟智能电网发展政策的主要内容与实施框架，那么，欧盟落实上述政策的基础或优势有哪些？又面临着哪些困难？本节试图对此做出剖析。

就欧盟落实智能电网发展政策的基础与优势而言，以下两个方面颇为重要。

首先，在节能环保与发展可再生能源方面，不仅目标明确，而且具备坚实的民意与技术基础，这是欧盟推动智能电网发展的重要优势。由于传统化石能源短缺及对环境保护的长期关注，节能环保与开发可再生能源的理念在欧盟早已深入人心。作为接纳可再生能源发电入网的"高速公路"，智能电网建设对于欧盟持续推进能源结构转型的重要性也得到了广泛认可。尤其是，经过多年积累，德国、意大利、丹麦、瑞典等国的可再生能源开发与利用技术已具备世界领先优势，这为欧盟进一步发展注重分布式发电的智能电网奠定了基础。

其次，相关配套产业与领域的同步快速发展，也是支撑欧盟智能电网发展的重要动力。近年来，欧盟将电动汽车、智能家居与智慧城市作为发展重点，且取得较大进展：各国纷纷出台电动汽车促进计划；由白色家电智能化主导的智能家居越来越成为欧盟国家的新消费趋势；随着欧盟提出将智慧城市作为未来城市化建设的主导方向，作为其重要组成部分的智能交通与智能建筑获得了发展机遇。显然，上述领域的发展都离不开智能电网的支撑，同时也为智能电网发展创造了巨大的需求。总之，智能电网与上述领域协同发展，更易取得系统性创新成果，亦符合新产业革命需要系统性推进的内在要求。

当然，未来欧盟发展智能电网也面临着困难与挑战，尤以两个方面最为突出。

首先，拉动私人投资存在较大困难。就欧盟发展智能电网的资金来源而言，公共部门投资在"量"与"质"上长期起着主导作用，私人投资明显不足。[1] 究其原因，两个方面的掣肘不容忽视。其一，近年来欧盟工业投资受危机冲击始终踯躅不前。根据欧洲统计局的数据，虽然自 2013 年以来欧盟非金融部门的整体投资率有所回升，但是仍低于 2008 年危机前的峰值，甚至未达到 2004 年的水平。其二，市场化的投资模式尚未形成，私人投资的盈利前景存在诸多不确定性。作为主要的潜在投资者，电网运营商与设备供应商需要在短期成本与长期收益之间权衡，还要基于整个价值链形成一个相对公平合理的成本分担模式，这一过程需要以更加确定的技术发展路线、适当的技术标准和消费者的积极参与为前提，仍有待摸索。[2] 要在短期内突破上述两个制约因素并非易事。

其次，成员国同步协调发展难度较大。要建设欧盟范围内的统一智能电网，就要求成员国齐头并进地协同发展。虽然欧盟委员会已提出总体目标与政策框架，但是并不具有强制性，其最终落实更多地依赖成员国及产业界自身的行动。鉴于各国的经济技术发展水平、能源结构以及电网运行模式各不相同，协同发展的实际难度不容忽视。事实上，这些困难已经在一些领域显现出来。例如，虽然欧盟委员会于 2009 年即提出了至 2020 年智能电表覆盖率达到 80% 的目标，但是成员国落实与否取决于复杂的成本 - 收益分析，直到 2014 年，包括德国在内的 7 个国家仍未公布具体安装计划。再如，在开展智能电网项目上，成员国的步调也明显不一致，绝大多数项目集中在欧盟原 15 国，而 2004 年后入盟的新成员国大多发展滞后。[3] 如何更好地协调成员国的行动是欧盟需要应对的挑战。

第四节　小结

前文以新产业革命为背景和主线，对欧盟智能电网发展政策的出台原

---

① 根据欧盟联合研究中心（JRC）的数据，至 2015 年，欧盟智能电网项目的运营仍主要依靠欧盟层面与成员国公共部门的协调与支持。有关欧盟智能电网政策的落实进展，可参见后文第十章的论述。

② European Commission，"Smart Grids：from Innovation to Deployment"，COM（2011）202 final，Dec. 2011，p. 4.

③ Vicenzo Gordano，Flavia Gangale，et al.，"Smart Grid Projects in Europe：Lessons Learned and Current Developments"，JRC Reference Reports，European Commission，2011，p. 59.

因、政策内容、落实前景做了较为详尽的分析与评估，基于此，可得出几点重要的结论和启示。

第一，近年来，在新产业革命的积极推动下，欧盟越来越重视发展智能电网，并逐步将其提升至整体产业结构升级的战略高度。作为新产业革命倡导的核心基础设施，同时也是工业智能化、网络化、绿色化发展高度结合的代表性部门，智能电网同时承载着欧盟新产业革命的"技术内涵"、"能源内涵"与"市场内涵"，对于欧盟从整体上推进新产业革命意义重大。正是基于新产业革命倡导的智能化、网络化、绿色化发展趋势以及自身的现实基础，欧盟出台了较为系统的智能电网发展政策，将其纳入"再工业化"战略的六大优先发展领域，并确立了涵盖标准化、数据安全、规制激励、促进竞争与研发创新等五个努力方向的实施框架。

第二，虽然欧盟一再强调市场化原则，但是现阶段其智能电网发展的主导力量仍是政府与公共部门，未来如何确立适当的商业模式，转向以私人部门为主导的市场化运作值得关注。智能电网属于典型的网络型公共基础设施，同时其部署工作涵盖大量技术研发活动，具有明显的外部性，因此其发展过程（至少在部署的初级阶段）离不开政府的引导与资金支持。进一步看，欧盟如何在推进新产业革命的进程中处理政府与市场的关系，如何逐步摸索出合理的市场化运作模式，值得关注与思考。这一点将在第十一章做专门探讨。

第三，注重可再生能源分布式发电的智能电网发展思路体现了欧盟倡导的经济社会环境可持续发展模式的重要影响，具有典型的"欧盟特色"。实际上，由于可再生能源发电大多具有间歇性和波动性的特点，发展基于可再生能源的智能电网也意味着更高水平的管理调度与更大的技术攻关难度。总体而言，欧盟规划的智能电网愿景并非基于短期的利益考量，而是立足于持续发展可再生能源，进而推动整体经济的低碳化转型所做的战略选择。这一发展思路彰显了欧盟长期倡导的"可持续"、"低碳"与"绿色"经济理念，可以预见，上述理念还将继续成为欧盟推进新产业革命和"再工业化"战略的鲜明特色。

总之，欧盟智能电网发展政策为我们观察与把握欧盟版新产业革命和欧盟"再工业化"战略的方向提供了一个重要视角。未来其智能电网发展政策如何演变与落实，能否引领新产业革命在欧盟取得全局性突破，有待跟踪观察。

第五章 德国：工业 4.0 战略

前文论述了新产业革命和国际金融危机背景下欧盟"再工业化"战略以及欧盟层面在关键使能技术和智能电网领域的发展战略，勾勒出了近几年欧盟新产业战略的整体图景。自本章起，将进入对欧盟主要成员国新产业战略的论述，期望从成员国层面丰富国内对于欧盟新一轮产业结构调整升级的认识。本章将聚焦于德国工业 4.0 战略。

观察近几年欧盟主要国家的新产业战略，德国工业 4.0 这一视角必不可少。德国是欧盟第一经济大国和第一工业强国，也是公认的世界工业强国。自 19 世纪晚期成为第二次产业革命的引领者和主要发生地以来，德国一直保持着世界工业强国地位，且在车辆制造、电子技术、化学和制药以及机械制造等领域累积了颇为稳固的竞争优势。自 1980 年代初开始，西欧各国工业和制造业增加值占 GDP 比重开始迅速降低，出现了明显的"去工业化"趋势，以至于到 1990 年代欧盟层面及其不少成员国出现了轻视工业的倾向，但是德国始终重视工业在国民经济中的核心地位。根据世界银行（World Bank）的统计数据，在欧盟委员会提出"再工业化"战略的 2012 年，欧盟 28 国的工业增加值占 GDP 的比重为 24.74%（制造业增加值比重为 15.43%），同年法国工业增加值占 GDP 比重为 19.69%（制造业增加值比重为 11.38%），英国工业增加值占 GDP 比重为 20.06%（制造业增加值比重为 9.86%），意大利工业增加值占 GDP 的比重为 23.87%（制造业增加值比重为 15.39%），而德国的工业增加值占 GDP 的比重仍高达 30.71%，制造业增加值比重为 22.73%（见图 5-1），是名副其实的欧盟第一大工业国。[①]

---

① 按照国际标准产业分类，除制造业之外，工业部门还包括水、电和天然气供应行业，以及采掘业和建筑业。此处欧盟及其主要成员国工业与制造业增加值占 GDP 的比重的数据来自世界银行网站：https://data.worldbank.org/indicator。

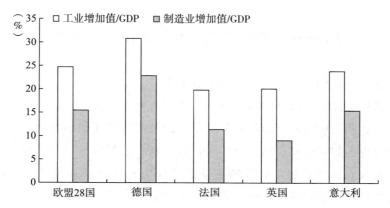

图 5-1 2012 年欧盟及其主要成员国工业/制造业增加值占 GDP 的比重

资料来源：笔者根据世界银行统计数据制作。

在保证工业和制造业核心地位的同时，德国始终注重推动工业和制造业结构升级。尤其是德国政府、产业界和行业协会在坚持发展制造业方面高度一致，并通过技术创新使德国制造业产品长期呈现耐用、可靠、安全、精密等高品质特征，保持和不断夯实"德国制造"（Made in Germany）的国际竞争力。基于对工业的重视和自身工业部门的优势，德国一直是欧盟层面提高工业竞争力的产业政策的积极推动者。可以说，欧盟委员会 2012 年提出的"再工业化"战略在很大程度上也得益于德国的倡议和推动。①

就德国自身而言，如果说 2010 年 9 月提出的"能源方案"长期战略有促进工业朝绿色化发展的间接目的的话，那么 2013 年的工业 4.0 战略则是德国联邦政府充分结合新产业革命大潮下工业智能化、网络化和绿色化发展的新趋势和新需求提出的直接针对工业部门的新发展战略。德国工业 4.0 战略提出后，引起了世界主要经济体的广泛重视，并且推动各国纷纷推出新产业战略。可以说，德国工业 4.0 是为应对新产业革命的挑战而出台的，却也在很大程度上引领和塑造了近年来欧洲乃至全球新产业革命的发展方向，因此，其主要内容和进展值得关注。目前国内外已有不少围绕德国工业 4.0 的著述，本章将基于对现有文献的梳理，对该战略做较为全面细致的剖析。

---

① 前文述及，欧盟对于新产业革命方向的把握受到美国著名趋势经济学家杰里米·里夫金的《第三次工业革命：新经济模式如何改变世界》思想的深刻影响。实际上，在欧盟提出"再工业化"战略之前的多年里，里夫金一直担任德国总理默克尔的经济顾问。

第一节 德国工业 4.0 战略出台的背景

总体上看，德国联邦政府提出工业 4.0 的主要目的是从战略上为本国经济的未来指出方向。具体而言，以下几方面的考虑和原因不容忽视。

第一，积极顺应乃至引领新产业革命的浪潮，是德国出台工业 4.0 战略的首要考虑。如第一章所述，近年来，有关新产业革命的内容与愿景，涌现出诸多有代表性的论述，有的侧重于能源部门与经济发展模式的低碳化转型，有的则侧重于制造业生产方式的根本性变革。从制造业生产方式演变的角度看，虽然各国对于工业生产将朝着智能化、网络化、绿色化发展的大趋势达成了共识，但是对于以此为特征的新一轮产业革命究竟是第三次还是第四次产业革命持不同的看法。在欧盟层面和讲英语的国家，人们通常称之为第三次工业革命，而德国则认为是第四次工业革命。[1] 这两种看法的主要分歧在于，德国将始于 1970 年代并一直延续至今、基于电子与信息技术广泛应用而形成的制造加工自动化过程视为一次独立的产业革命（即第三次工业革命），而欧盟层面和英语国家则认为，这一过程仅是第三次工业革命的前奏或开端，而当前正在推进的工业智能化、网络化、绿色化发展才是第三次工业革命的核心内容。可以说，德国对这一问题的认识独树一帜，一方面是基于自身在制造自动化领域的竞争优势以及由此积累的重要经验，另一方面也体现了德国作为工业强国对于工业生产方式演变及未来发展趋势的独特理解。换言之，提出工业 4.0 和"第四次工业革命"的概念并界定了其大致内容，本身也是德国对世界工业发展做出的创新性贡献。

第二，巩固并依托自身在工程与机械制造领域的优势，不断提升"德国制造"的国际竞争力，是德国提出工业 4.0 的另一重要动因。德国社会生产体系在威廉帝国时期奠基，核心是 19 世纪晚期在机械制造、电子技术工业和化工业领域形成的多样化优质生产。[2] 如今，作为公认的世界制造强国，德国在机械与设备制造领域的优势尤为突出。从技术上看，强大的机械和设

---

[1] Federal Ministry of Education and Research（BMBF），"Securing the Future of German Manufacturing Industry-Recommendations for Implementing the Strategic Initiative INDUSTRIE 4.0"，final report of the Industrie 4.0 Working Group，April 2013，p. 80.

[2] 史世伟："工匠精神为何在德国根深叶茂"，《上海证券报》2016 年 5 月 4 日第 12 版。

备制造能力、全球领先的信息技术应用能力、在嵌入式系统（Embedded System）和自动化工程领域的技术诀窍，加之政府和企业在研发创新上坚持不懈的投入，共同造就了德国在机械与设备制造领域的强大竞争力。从产业组织形式上看，除西门子、博世和蒂森克虏伯等享誉全球的大企业之外，德国还拥有数量众多的"隐形冠军"，也即在制造业（特别是装备制造业）的某一细分领域和小众市场占据全球领导地位的中小企业。2012 年，德国最具竞争力的 100 家中小企业中，有 22 家是机械和设备制造商，其中有 3 家位居前十名之列。① 这种大企业与中小企业互补协作的产业组织结构使得德国机械与设备制造企业充满活力，产业竞争力颇为坚实。为了巩固上述独特优势，进一步深挖自身在工程与机械制造领域的潜力，将物联网与服务广泛地应用于制造领域，并试图以此塑造新产业革命的方向，保证本国企业与产业的长期竞争力，德国适时推出工业 4.0 战略。正如德国国家科学与工程院教授、工业 4.0 工作组联合主席亨宁·卡格曼（Henning Kagermann）所言，"工业 4.0 可为德国创造机会，进一步提升其作为（全球）制造业基地、设备供应商和 IT 业务解决方案供应商的地位"。② 此外，德国联邦经济与能源部（BMWi）时任国务秘书布尔巴赫（Ernst Burgbacher）也表示，"德国经济以其强大的工业基础为特征，特别是机械与设备制造、汽车工业和能源工业。工业 4.0 的实施绝对是未来发展的关键——因为我们不能容忍国家的工业陷入停滞状态"。③

第三，弥补本国制造业竞争力的"短板"，突破对既有优势产业的路径依赖，打造面向未来的新型生产制造模式，是德国出台工业 4.0 战略的另一考虑。德国在传统制造业领域成就显著，但是在信息通信技术、生物工程等尖端和前沿科技领域，与美国、英国等世界最高水平相比仍有差距。④ 无论

① BMBF, "Securing the Future of German Manufacturing Industry-Recommendations for Implementing the Strategic Initiative INDUSTRIE 4.0", final report of the Industrie 4.0 Working Group, April 2013, p. 14.

② BMBF, "Securing the Future of German Manufacturing Industry-Recommendations for Implementing the Strategic Initiative INDUSTRIE 4.0", final report of the Industrie 4.0 Working Group, April 2013, p. 9.

③ BMBF, "Securing the Future of German Manufacturing Industry-Recommendations for Implementing the Strategic Initiative INDUSTRIE 4.0", final report of the Industrie 4.0 Working Group, April 2013, p. 30.

④ 史世伟："德国制造为何胜出日本制造"，《解放日报》2014 年 10 月 20 日第 W06 版。

从创新投入还是创新产出上看，德国都是世界上最具创新性的国家之一；然而，在国际竞争中，德国的创新活动也存在一些问题，尤其是在决定未来竞争力的高新技术产业和知识密集型的服务业上，德国的创新能力明显不足。例如，在信息通信技术领域，虽然德国的创新能力提高较快，但是与领先国家仍存在差距，既缺乏国际知名的通信设备企业，也缺少有竞争力的互联网企业。根据德国研究与创新专家委员会（EFI）2014 年发布的报告，德国陷入了"能力陷阱"（Competence Trap），也就是说，在既有优势产业不断吸引研发投资和优秀科研人员时，新兴产业却无法获得充分发展，甚至会失去优秀人才。① 长期以来，这种对既有优势产业的路径依赖在一定程度上限制了德国在新兴技术领域的突破性创新。1970 年代以来，德国没能搭上信息通信技术领域的头班列车也是这一"路径依赖"的体现。除此之外，严峻的人口老龄化形势是制约德国制造业未来发展的另一短板。目前德国人口的平均年龄高居世界第二位，仅低于日本。在许多德国制造业企业，员工的平均年龄都在 40 岁以上。年轻员工的数量不断下降，某些行业的熟练技工和学徒申请者已出现短缺。② 为弥补上述短板，提高自身在信息通信技术领域的创新与应用能力，尤其是将信息通信技术与制造业深度融合的能力，持续提高劳动生产率以克服人口老龄化的弊端，德国提出工业 4.0 战略的重要目的就是推动工业的智能化与网络化发展。

第四，积极回应美国和中国等重要竞争对手提出的新产业战略，试图在新一轮国际产业竞争中处于有利地位，也是德国提出工业 4.0 战略的一个重要原因。德国并非在新一轮全球产业结构调整中第一个提出新产业战略的大国。早在 2009 年 12 月，美国奥巴马政府就通过"重振美国制造业框架"启动了"再工业化"战略。③ 2011 年 6 月和 2012 年 2 月，美国政府相继推出"先进制造业伙伴计划"和"先进制造业国家战略计划"，试图通过积极的产业政策，鼓励制造业企业重返美国，重振美国制造业。2013 年 1 月，美国

① 寇蔻、史世伟："德国创新体系对区域创新绩效的影响"，《欧洲研究》2017 年第 4 期，第 121~122 页。

② BMBF, "Securing the Future of German Manufacturing Industry-Recommendations for Implementing the Strategic Initiative INDUSTRIE 4.0", final report of the Industrie 4.0 Working Group, April 2013, p. 23.

③ Executive Office of the President, A Framework for Revitalizing American Manufacturing, December 2019.

总统办公室、国家科学技术委员会、国家先进制造业项目办公室联合发布"国家制造业创新网络计划"。2010 年，中国在第十二个五年计划中提出要减少对国外技术的依赖，大力发展高端装备制造业，同时提出了未来重点发展的 7 个战略性新兴产业，包括节能环保、新一代信息技术、生物、高端装备制造、新能源、新材料和新能源汽车等。美国和中国不仅较早提出了新的产业发展战略，而且也较早地开始重视物联网的发展。早在 2006 年，德国工业 4.0 的核心内容——信息物理系统（Cyber Physical System，CPS）就被美国国家科学基金会（NSF）确定为关键研究领域。2010 年前后，时任中国政府总理温家宝也在多次讲话中强调了物联网作为一项关键技术的重要性。对于美国、中国和其他重要国家提出的新产业战略，德国政府高度重视，专门做了跟踪研究，并在此基础上提出了颇具系统性的工业 4.0 战略。

正是出于上述几方面的考虑，德国率先在全球范围内提出工业 4.0 的概念，不仅是欧盟成员国中较早提出新产业战略的国家，而且对欧盟层面"再工业化"战略的形成与出台起到了重要的推动作用。

第二节 德国高科技战略与工业 4.0

一 德国高科技战略 2020

工业 4.0 战略是"德国高科技战略 2020"确定的十大未来项目之一。在梳理归纳工业 4.0 战略的主要内容之前，有必要对"德国高科技战略 2020"做一扼要介绍。

世纪之交以来，德国面临的以知识经济为基础的创新竞争愈发激烈。一方面，美国和日本在前沿科技领域的创新投入令德国倍感压力，另一方面德国又面临着来自新兴工业化国家的追赶挑战。为应对上述新形势，德国联邦政府于 2006 年推出了"德国高科技战略（2006–2009）"，对科技创新促进政策统领、集中和协调，在信息通信、能源、生物、环保、健康医药和纳米技术等 17 个重点行业促进企业开展研发活动。① 这是德国联邦政府出台的第一个自上而下的国家高科技战略。2010 年 7 月，德国联邦政府发布更加全面

---

① BMBF, *The High-Tech Strategy for Germany*, 2006.

系统的"思想、创新、繁荣：德国高科技战略 2020"，整合了联邦政府各部门的研究和创新促进措施，重点推出 11 个"未来项目"（Forward-looking Projects），并提出到 2015 年将教育和研发投入总和提高到 GDP 的 10%，其中研发投入要达到 GDP 的 3%。① 2012 年，德国政府发布了"德国高科技战略 2020 行动计划"，将 11 个"未来项目"压缩至 10 个。

2014 年 8 月，德国政府再次更新高科技战略，发布了"新高科技战略——为德国而创新"。② 如果说 2006 年出台的第一个高科技战略主要聚焦于开发具体技术领域的市场潜力，那么 2010 年和 2014 年提出的高科技战略则将视野转向对未来问题的解决方案上，重点是将上一期高科技战略中确定的优先行业组合起来，并对政府的科研与创新政策进行全面整合，力图使创新构想能迅速转化为创新产品或服务，强化德国作为创新领先国家的地位。③ "新高科技战略——为德国而创新"旨在打造包含五个核心要素的完整一贯的创新政策：（1）关乎价值创造和生活质量的优先"未来课题"；（2）网络化与成果转化；（3）以创新带动工业发展；（4）营造创新友好型的框架条件；（5）提高透明度与公众参与。基于此，新战略确定了围绕能源、健康、交通、工业、安全等主题的十大未来项目，其中就包括工业 4.0 战略，目的在于支持工业领域新一代革命性技术的研发与创新。

实际上，德国联邦政府 2012 年发布的"高科技战略 2020 行动计划"即提及工业 4.0，这也是"工业 4.0"一词第一次出现在德国官方文件中。随后，德国产业 - 科学研究联盟联合德国国家科学与工程院开始制定工业 4.0 战略，并于 2012 年 10 月形成了初步实施建议，经完善和扩展后由德国联邦政府教育与科研部（BMBF）于 2013 年 4 月发布，即"保障德国制造业的未来：工业 4.0 战略的实施建议"（以下简称"实施建议"）。④ 基于这一建议，2013 年 4 月，德国联邦政府在汉诺威工业博览会上正式发布工业 4.0 战略，并宣布由德国机械设备制造商协会（VDMA），德国信息技术、电信和新媒

---

① BMBF, *Ideas. Innovation. Prosperity*: *High-Tech Strategy 2020 for Germany*, 2010.

② BMBF, *The New High-Tech Strategy*: *Innovations for Germany*, 2014.

③ 史世伟、向渝："高科技战略下的德国中小企业创新促进政策研究"，《德国研究》2015 年第 4 期，第 99 页。

④ BMBF, "Securing the Future of German Manufacturing Industry-Recommendations for Implementing the Strategic Initiative INDUSTRIE 4.0", final report of the Industrie 4.0 Working Group, April 2013.

体协会（BITKOM）以及德国电气和电子制造商协会（ZVEI）等三大行业协会组成秘书处，联合其他机构共同组建工业 4.0 平台，负责协调该战略的实施。① 随后，工业 4.0 平台正式启动。

截至目前，德国工业 4.0 战略大体是在 2013 年 4 月发布的"实施建议"和过去几年工业 4.0 平台发布的一系列动议的框架下推进的，以下对其主要内容做一梳理。

二 德国工业 4.0 的核心技术与应用潜力

2013 年的"实施建议"对工业 4.0 做了界定。根据德国政府与产业界的理解，自人类进入工业化社会以来，制造业生产方式经历了三次革命，分别是 18 世纪末以引入蒸汽机动力为标志的第一次工业革命，19 世纪末使用电力实现大批量生产的第二次工业革命，以及 1970 年代开始的使用电子和信息技术，使工业生产进一步自动化的第三次工业革命。如今工业生产面临又一次变革：随着互联网的发展，工业与信息产品将进一步深度融合，生产将全面实现数据化和智能化。这就是第四次工业革命，也即工业 4.0 的愿景。此外，除工业生产系统越来越精密和复杂之外，每一次工业革命都基于一种核心技术的使用和推广，前三次工业革命依次为蒸汽机、电动机以及逻辑程序控制器，而工业 4.0 的核心技术是信息物理系统（CPS）。信息物理系统是一种通过传感器直接收集生产过程中物质对象信息、通过促动器直接对生产过程发布指令的嵌入式系统，这些由智能硬件和软件操控生产和提供服务的过程通过物联网、数据网络和服务网络实现直接的数字化连接，从而可以在生产过程中使用全球范围内采集的数据和服务，实现多方式的人机和机机互动。通过信息物理系统，数字化的虚拟世界与人类生产和消费所需要的物质世界将实现完美结合。因此，从本质上讲，工业 4.0 的实现就是将信息物理系统大规模地推广和应用于制造业和物流行业。而嵌入式系统由封闭系统升级至开放的网络化系统，再进一步发展至更高水平的信息物理系统，在技术创新和应用上，还有一段很长的路要走。工业 4.0 不是简单的"互联网＋工业"，而是"工业互联网"，即通过互联网和嵌入式系统实现生产过

---

① 有关德国工业 4.0 平台的组建过程与人员构成，可参见该平台官方网站的介绍：https://www. plattform－i40. de/I40/Navigation/EN/Home/home. html。

程中全面的人机和机机互动。①

　　根据 2013 年 "实施建议" 的归纳，工业 4.0 有着巨大的应用潜力，可以满足一系列未来需求。第一，它可以使生产高度智能化和灵活化，更好地满足个性化需求。在当前的工业生产模式下，大批量生产容易造成产品供给过剩，而消费者需求越来越朝着个性化、定制化方向发展，两者的矛盾日益明显。而工业 4.0 基于信息物理系统的网络可以动态识别和调整业务过程的不同方面（如质量、时间、风险、稳健性、价格和生态友好性等），从而对原料和供应链进行连续 "微调"，允许在设计、配置、订购、规划、制造和运营等环节充分考虑客户的特殊需求，即使在最后阶段仍能做调整。这样，既能更大限度地满足消费者的个性化需求，又能创造出小批量定制化生产（甚至一次性生产且产量很低）仍可获利的商业模式。第二，通过对生产过程的智能控制，可以优化生产决策，大幅提高资源和能源生产率与利用效率。为了在全球市场上取得成功，在短时间内能够做出正确决策变得尤为关键。工业 4.0 使得生产可以实现端到端的实时透明，并且可以对同一家企业不同工厂的生产活动进行全局优化。此外，工业 4.0 可以通过实时微调，以不必停产但是间歇地关闭某些设备的方式持续提高生产过程中的资源和能源使用效率，以实现清洁、可持续的绿色生产。第三，工业 4.0 将使生产与生活的组织方式发生深刻变革。它将通过智能化的辅助系统，使得人与技术系统之间的互动合作为企业提供新的发展空间，延长人们的劳动生涯，并且保持生产能力，以此应对人口老龄化的挑战。此外，工业 4.0 的目标是使德国保持作为信息物理系统供应商和主导市场的地位，从而继续保持 "高工资 + 高竞争力" 的优势。② 可以说，德国工业 4.0 既是一项综合考虑了智能化、网络化和绿色化等新趋势的工业发展战略，又是一项旨在推动生产生活方式全面变革、开启全新的经济社会互动模式的积极尝试。

---

① BMBF, "Securing the Future of German Manufacturing Industry-Recommendations for Implementing the Strategic Initiative INDUSTRIE 4.0", final report of the Industrie 4.0 Working Group, April 2013, pp. 13 – 15；史世伟："实施工业 4.0 对于德国经济的意义及其对中国制造业转型的启示"，《当代世界》2016 年第 1 期，第 52 页。

② BMBF, "Securing the Future of German Manufacturing Industry-Recommendations for Implementing the Strategic Initiative INDUSTRIE 4.0", final report of the Industrie 4.0 Working Group, April 2013, pp. 15 – 16.

第三节　德国工业 4.0 战略的实施框架与内容

一　德国工业 4.0 的目标、双元战略和关键行动领域

根据德国联邦政府为工业 4.0 战略设定的预期目标，到 2020 年，83% 的德国企业的价值链将实现高度数字化；2020 年之前，德国产业界计划每年为工业 4.0 投入 400 亿欧元，预计共产生 1530 亿欧元的额外增加值。[①]

根据 2013 年的"实施建议"，德国在推进工业 4.0 战略中实施双元战略（Dual Strategy），既要保持德国作为全球设备供应商的领先地位，又要成为信息物理系统技术及相关产品的主导市场。具体而言，领先的供应商战略是基于设备供应商的视角，推动德国的装备制造业企业不断将信息和通信技术集成到传统的高技术领域，在保持自身竞争力的同时，进一步成为全球智能制造技术和产品的主要供应商。主导市场战略指的是在德国国内培育信息物理系统技术和产品的主导市场。为了培育和成功扩展这一主导市场，需要在不同地点的商务活动之间建立紧密的网络联系，企业之间也需要建立更加密切的合作关系。为落实上述双元战略，德国工业 4.0 战略确定了三个重要途径：（1）通过横向集成发展企业间的价值链网络；（2）在产品与相关制造体系的全价值链上实现数字化的端到端贯通；（3）通过纵向集成，在企业内部实现灵活可重构的制造系统。具体而言，工业 4.0 在战略层面要创建横向价值网络，在业务流程层面提供贯穿全价值链的端到端集成，在工业系统中则要形成纵向集成和网络化设计。长期来看，这种由技术驱动且专注于制造系统应用的研究会提高企业间或行业间的跨学科合作，也将有力助推中小型机械和设备制造企业提高自身的需求应对能力，确保其在新型产品、服务和商业模式方面的主要供应商地位。

对于政府与企业的角色分工，德国联邦政府明确提出，工业 4.0 的实现主要依靠企业的努力，同时需要适当的产业政策加以引导和协调。为此，联邦教育与科研部提出需要政府积极采取行动的八个优先领域，并基于各领域面临的挑战分别给出了行动建议。

---

① https://www.bmwi.de/Redaktion/DE/Dossier/industrie-40.html, last accessed on 30 April 2018.

第一，构建工业4.0标准化体系和参考体系。工业4.0将涉及价值链上不同企业的网络连接和集成，无论是制造过程中的加工和运输功能、制造系统中特定的网络设备，还是制造环境中软件的应用和制造系统的工程方面，只有逐步开发出一套单一的共同标准，企业间的合作伙伴关系才可能形成。对此，德国认为，工业4.0标准化体系的构建将是一个长期过程，首先有必要将现有标准（如自动化领域、工业通信、建模、IT安全、设备集成、数字化工厂等）纳入一个新的全球参考体系。因为需要整合不同的领域，这一全球参考体系不能以自上而下的方式发展，只能从不同的领域出发推动其渐进性发展。此外，还应注重适时建立旗舰项目，以展示参考体系的早期成果。

第二，提升管理复杂系统的能力。随着工业4.0的推进，受产品功能增加、用户特定需求增加、交付要求频繁变化、不同技术学科和组织日益融合以及公司间合作形式迅速变化的影响，产品及相关的制造系统变得越来越复杂。为了适应日益复杂的生产系统带来的挑战，建模正在成为一种全新的管理手段。具体而言，规划性模型和解释性模型可为管理不断提升的复杂性提供基础。因此，工程师们要具备开发这些模型所需的方法和工具，中小企业尤其要尽快引入建模方法。

第三，为工业发展提供全覆盖的宽带基础设施。以可靠、全面和高质量的通信网络满足信息物理系统广泛应用的需求是推进工业4.0的关键。因此，不论是德国内部，还是在德国与其他伙伴国家之间，都需要大规模扩展宽带互联网基础设施。

第四，做好充分的安全与保障工作。安全和保障对于智能制造系统的成功至关重要。一方面，要确保生产设施和产品本身不能对人和环境构成威胁；另一方面，需要对生产设施和产品，尤其是其中包含的数据和信息加以保护，防止滥用和未经授权的获取。这需要从一开始就将与安全相关的所有重要内容设计到信息物理系统中去，还需要部署统一的安全保障架构和独特的标识符。总之，要逐步提高目前工业3.0设施（仍将继续使用相当长时间）的安全性，并且为转换到工业4.0做好准备。

第五，数字化工业时代的工作组织与工作设计。在工业4.0时代的智能工厂，工人的角色将发生显著变化。工作中的实时控制将越来越多，这将改变工作内容、工作流程和工作环境。在工作组织中应用一种"社会技术方法"将使工人有机会承担更大责任，同时有助于公认的职业发展。要实现这一目标，政府和企业就要设置针对工人的参与性工作设计和终身学习方案。总之，通过技术和组织创新创造"更好而不是更便宜的工作岗位"是德国工业 4.0 战略在就业方面的目标，且被认为是确保德国工业成为未来领导者的关键。

第六，培训和可持续的职业发展。工业 4.0 将极大地改变工人的工作方式和技能。因此，有必要执行合适的培训战略，并且以促进学习、促进终身学习和基于工作场所的职业发展计划等方式来组织工作。为实现这一目标，应推动示范项目和"最佳实践网络"，其中德国"学院立方体"（Academy Cube）的经验值得推广。

第七，完善相关的规制框架。工业 4.0 中新的制造工艺和横向业务网络既需要遵守现有规制，也需要不断调整现有立法以适应创新带来的挑战。这些挑战包括保护企业数据、责任问题、处理个人数据资料以及贸易限制等。这不仅需要立法，也需要针对企业层面的行动做出调整，包括指导方针、示范合同和公司协议，或者审计等自我监管措施。德国认为，工业 4.0 提出的挑战之一在于，当技术发展到设计法规层面时，必定需要跨学科的研究，而这需要确保在研发最初阶段就让法律专家参与进来。

第八，提高资源生产率和利用效率。即便抛开高成本不谈，制造业消耗大量的原材料和能源，也会对环境和供应安全造成威胁。虽然工业 4.0 有助于提高资源的生产率和利用效率，但是其实现路径还需进一步研究。未来既要研究如何减少工业生产过程中的原材料消耗，也要研究如何降低生产中机械和设备的能耗。[①] 尤其是，要进一步推广德国联邦教育与科研部和德国机械设备制造商协会倡议的"效率工厂"（Effizienzfabrik）经验。

二　德国工业 4.0 的研发支持措施

德国工业 4.0 战略将支持研发创新置于首要地位。要落实"实施建议"确定的双元战略，需要大量研发活动的支撑。从技术创新的角度看，工业 4.0 带来的革命性的应用将主要是信息通信技术与制造业和自动化技术相结

---

① 在 2013 年的"实施建议"中，专门给出了未来汽车车身生产线的案例，阐述如何通过间歇性地关闭机器和各种设备达到降低能耗的目的。参见 BMBF，"Securing the Future of German Manufacturing Industry-Recommendations for Implementing the Strategic Initiative INDUSTRIE 4.0"，final report of the Industrie 4.0 Working Group，April 2013，p. 27.

合的结果。这就需要机械和设备制造商具有类似于系统集成商的能力,能将信息通信技术和自动化产业集成,并建立有针对性的创新开发过程,用于创建新的信息物理系统。由于更高水平的网络需要实现产品模型、制造资源和制造系统的端到端集成,因此必须从长远着眼大力开展研发活动。

基于上述考虑,德国联邦教育与科研部共批准并计划投入4.7亿欧元用于支持工业4.0的研发活动,并提出了四个重点支持方向。

第一,支持中小企业了解工业4.0并开展相关的研发活动。由于工业4.0的推进尚处于起步阶段,大多数研究项目还未落地为具体的产品或实施方案,标准化工作也在进行当中,哪些具体技术最有发展前景还难以确定,因此中小企业的参与热情还不够高。为此,德国联邦教育与科研部将专门提供研发资金,引导与支持中小企业积极参与工业4.0的研发活动和相关投资。

第二,支持工业4.0的标准化和IT架构。具体而言,是支持工业4.0平台发起的"工业4.0参考架构"(RAMI 4.0),而这将成为未来工业4.0标准化体系的基础。另外,德国政府与产业界认为,由于机械、制造工程和自动化领域的大部分附加值主要来自软件开发,而软件的复杂性又在持续加深,因此仅有技术标准并不够,还要有适应工业4.0发展的可行、高效、可靠、可控的软件系统。对此,联邦教育与科研部将继续通过"嵌入式系统软件平台扩散与转移"项目(SPEDiT)支持相关的研发活动。① 此外,联邦教育与科研部还推出着眼于长期的解决方案,即在RAMI 4.0基础上建立"工业4.0软件基础系统"。

第三,支持保障网络数据安全的研发活动。德国企业对参与工业4.0的担忧和顾虑主要在于数据安全问题。尤其是,对于诸多有着"隐形冠军"地位的德国中小企业而言,商业机密泄露的后果将极为严重。对此,德国联邦教育与科研部高度重视,并重点支持旨在保障数据安全的"工业4.0的IT安全国家参考项目"(IUNO)。该项目也是"德国高科技战略2020"的一部分,执行期为2015年至2018年,研发资金总额为3300万欧元。该项目对多个产业(包括家具业、汽车业和机器工具制造业等)的价值链进行研究,旨

---

① 有关"嵌入式系统软件平台扩散与转移"项目(SPEDiT)的情况,可参见德国联邦教育与科研部的介绍,网址为:https://spedit.informatik.tu-muenchen.de/。

在给出在各种特定情况下将黑客攻击降至最低的方案，进而研发出一套具有高度灵活性和普遍适用性的 IT 安全系统。按照德国联邦教育与科研部的计划，自 2017 年起，IUNO 项目的先期成果将逐步进入市场应用。①

第四，支持旨在预见和设计未来工作模式的研发活动。随着工业 4.0 的推进，IT 技术逐步全面深入地融入生产过程，劳动者工作的内容将发生巨大变化，将需要更多熟练工人和经验丰富的工程师，因而要持续开展培训工作。因此，工业 4.0 推进的过程必然也是培训与教育系统变革的过程。为了让德国劳动者抓住工业 4.0 带来的新机遇，需要形成新的工作设计理念，并进行相应的能力提升。因此，与德国高科技战略相结合，德国联邦教育与科研部大力支持在 "面向未来的生产、服务与工作创新" 项目下的相关研究活动。

除了联邦教育与科研部，德国联邦经济与技术部也批准了 8000 万欧元用于支持工业 4.0 的研发活动，尤其注重支持开展标准化和技术规则方面的研究。②

值得一提的是，在支持研发活动——包括支持工业 4.0 的研发活动方面，德国更倾向于上述直接提供研发补贴的方式，而非对企业的研发投入或收益进行税收激励。除了对支持高风险研发活动的风险投资实行收益免税的措施之外，德国并未如法国和意大利等国那样出台针对企业研发活动的其他税收减免措施。

第四节　小结

本章对近年来德国新产业战略的论述聚焦于该国 2013 年提出的工业 4.0 战略，包括该战略出台的背景、德国高科技战略 2020 与工业 4.0 的关系、该战略的目标与实施框架，等等。总结前文，可以得出有关德国工业 4.0 战

---

① IUNO 项目的参与者包括弗劳恩霍夫协会下属的多个研究所、西门子、博世、豪迈（HOM-AG）等多家政府研究机构和企业，协调机构为豪迈公司。具体情况可参见弗劳恩霍夫协会实验与软件工程研究所（Fraunhofer IESE）网站的介绍：https://www.iese.fraunhofer.de/en/innovation_trends/industrie40/iuno.html。

② 以上有关德国联邦教育与科研部和经济与技术部支持工业 4.0 研发活动的情况，由教育与科研部网站有关工业 4.0 的介绍归纳而来，参见 https://www.bmbf.de/de/zukunftsprojekt-indus-trie-4-0-848.html。

略的几点基本认识。

第一，就出台背景而言，工业 4.0 是德国结合自身工业优劣势和对新产业革命发展趋势的判断做出的战略决定，旨在从战略层面为本国经济发展指明方向。正是基于积极顺应乃至引领新产业革命的浪潮、巩固并依托自身在工程与机械制造领域的优势、弥补本国制造业在前沿和尖端技术领域的"短板"，以及积极回应美国和中国等重要竞争对手提出的新产业战略等一系列考虑，德国率先在全球范围内提出工业 4.0 的概念，不仅成为国际金融危机以来欧盟成员国中较早提出新产业战略的国家，而且对欧盟层面"再工业化"战略的出台起到积极的推动作用。

第二，工业 4.0 战略体现了德国各界对工业和制造业的持续高度重视，也体现了德国对于工业生产方式演变及未来发展趋势的独特理解。虽然 1980 年代以来欧美发达国家普遍经历"去工业化"过程，但是德国政府、产业界和行业协会始终高度重视工业和制造业在经济中的核心地位，并且"居安思危"，始终将提升工业和制造业竞争力视为首要任务。可以说，德国依托强大的工业和制造业在国际金融危机中所表现出的抗冲击能力，进一步强化了其国内各界对工业重要性的认识，也推动其积极思考出台新的工业发展战略。此外，欧盟层面之所以出台"再工业化"战略，在很大程度上也受到德国工业成功发展经验的推动。

第三，工业 4.0 战略的核心内容是推动工业的智能化、网络化发展，同时也包含了促进工业绿色化发展的重要考虑，体现了德国政府对环境和能源问题的重视。在工业 4.0 不断推进的过程中，工业生产模式将发生根本性变革，不断提高资源能源效率的考虑将贯穿于整个价值网络，这与工业低碳、绿色、可持续发展的目标高度一致。换言之，在工业 4.0 的愿景中，信息物理系统的应用是保证工业部门乃至整体经济向绿色化转型的根本途径。

第四，德国工业 4.0 战略将支持研发创新置于首要地位。工业 4.0 是德国高科技战略确定的十大未来项目之一，通过科技创新促进工业结构升级和工业发展模式转型的意图十分明确。就促进创新的方向而言，德国工业 4.0 的考虑相当全面，既注重全面开发信息物理系统并推动其渐进性应用，又重视产品与技术的安全性，同时兼顾资源和能源生产率，并且融入了颇具前瞻性的就业观。确切地说，技术创新与应用仅是工业 4.0 的基础层面，该战略的设计体现了德国要打造全新的生产和商业模式的观念上的突破。

第五，工业 4.0 战略的出台及其内容凸显了近年来德国政府试图扮演更加积极的经济角色的努力。德国具有政府与产业界互动合作的传统，德国政府长期注重在技术和技能方面为企业提供支持，并且取得了显著成绩。近年来，德国政府更是史无前例地提出高科技战略，而后提出工业 4.0 战略，向科技和产业界释放了明确信号，即政府试图在促进产业结构升级方面发挥更加积极主动的作用。此外，德国的产业政策由以往比较偏重科技政策（专注于单纯的科研投入）向全面系统的创新政策转型。具体而言，为全面促进创新及其应用，德国政府不仅继续扮演研发资金重要提供者的角色，还通过支持和直接参与创新项目等方式积极引导、激励和协调私人部门投资。对德国政府加强经济角色的讨论可见本书第十一章中的相关分析。

总之，工业 4.0 战略的提出体现了德国政府与产业界对于本国和世界工业未来发展趋势的深刻洞见，可谓一项相当全面系统的工业发展战略。本书第十章将专辟一节对近几年该战略的落实进展做出评估。

第六章　英国：产业战略与新产业战略

　　作为第一次产业革命的发源地和主要发生地，英国曾经在长达100多年的时间里保持着世界头号工业强国的地位，既是世界工业制成品的主要供应者，又是各国出口原料的最大购买者，被誉为"世界工厂"。在第二次产业革命中，英国丧失了世界工业的垄断地位，工业和经济实力被德国和美国超越，而后历经两次世界大战，英国经济遭受重创，综合国力进一步下降，"大英帝国"一去不复返。然而，不可否认的是，英国至今仍是西方主要发达国家之一，仍是欧洲老牌工业强国，而且在诸多工业部门和高端服务业的国际竞争中处于领先地位。本章将聚焦于新产业革命与国际金融危机背景下英国出台的产业战略。

　　值得一提的是，英国已经通过2016年6月举行的全民公投决定脱离欧盟，当前正在与欧盟进行脱欧谈判，何时正式脱欧尚未最终确定。即便如此，出于两方面的原因，本书对欧盟主要成员国新产业战略的论述部分仍将英国囊括进来。其一，直到本书收稿，英国始终是欧盟成员国，而且是欧盟第三大经济体，其任何一项重要经济政策的出台都必然受到欧盟层面政策的影响，也构成了欧盟整体经济政策的重要组成部分。具体到产业政策领域，要更加全面地把握近年来欧盟新产业战略的整体趋势，对英国产业战略的考察是必要的。其二，如前文所述，作为欧洲老牌工业强国，英国不仅为欧洲和世界经济思想的发展做出了卓越贡献，而且如今其诸多产业部门仍颇具国际竞争力，无论出于把握欧盟产业结构调整的大方向，还是出于观察欧洲各国政府经济角色的新趋势的考虑，英国近年来出台的产业战略都不容忽视。换言之，完全脱离开英国去看待欧盟整体产业结构变迁的政策与战略，无论从理念上还是实践上都是不完整的。

　　考察英国近年来出台的一系列产业战略，其中最引人关注与思考的是该国政界与学界有关政府角色认识的重要转变。英国是西欧现代经济思想的发源地，也是经济思想极为活跃的国度，数次开世界经济思潮转变之先河。回顾二战结束以来的经济发展历程，英国对于政府与市场关系的认识及相应的政策实践经历了三个泾渭分明的不同阶段。第一个阶段是二战结束后至1970年代末，受到苏联计划经济以及欧美国家政府干预盛行的影响，英国政府实行了大规模的国有化，并采取诸多措施对产业进行强有力的直接干预，甚至在1960年代实行了一段时期的经济计划（虽然不像法国战后的经济计划那样具有强制性）。第二个阶段是1980年代初至2008年国际金融危机爆发前，基于对1960年代和1970年代国家干预主义的反思，英国整体上向自由主义回归，"新自由主义"占据主导地位，产业政策的理念和方式也由直接干预转向以市场为中心。可以说，在这一阶段，英国是西欧最崇尚自由主义的国家之一，认为成功的政府政策只要尽可能地为私人部门创造最优的商业环境即可，无须更多。[①] 在此期间，英国曾于1982年和2003年出台过两部旨在促进工业发展的法案，但是主要是以财政补贴的方式支持落后产业转型和保护就业，并非着眼于长期经济发展的全面系统的产业战略，而且拨款额度不大。[②] 第三个阶段始于2008年国际金融危机爆发后，至今仍在持续当中。这一阶段的典型特征是经济政策向政府干预回调，正式提出产业战略，但是干预方式不像第一阶段那样直接，而且具

---

①　仅以国际金融危机爆发前十多年间资本市场和企业并购的情况为例，足以说明英国政府崇尚自由主义（甚至接近自由放任）的态度。在1995年至2005年的10年间，有超过3000亿英镑的外国直接投资进入英国，同时，"富时100指数"（FTSE 100 Index）的企业中外资公司比重达1/3。到1990年代末时，一些作为公益事业的电力和水供应公司已被外国公司收购，就连最大的国防电子设备供应商瑞卡尔计算机公司（Racal）也被卖掉。参见 James Foreman-Peck and Leslie Hannah, "Britain: From Economic Liberalism to Socialism-And Back?" in James Foreman-Peck and Giovanni Federico (eds.), *European Industrial Policy: The Twentieth-Century Experience*, Oxford University Press, 1999, pp. 18 – 57. 转引自孙彦红：《欧盟产业政策研究》，北京：社会科学文献出版社，2012，第162页。

②　参见 House of Commons Library, "Industrial Policy, 2010 to 2015", by Chris Rhodes, Economic Policy and Statistics Section, SN/EP/6857, 2 April 2014. 英国1982年和2003年的工业发展法案全文可在英国国家档案馆网站查阅：Industrial Development Act 1982, http://www.legislation.gov.uk/ukpga/1982/52/pdfs/ukpga_19820052_en.pdf; Industrial Development (Financial Assistance) Act 2003, http://www.legislation.gov.uk/ukpga/2003/11/pdfs/ukpga_20030011_en.pdf。

有明确的创新导向。具体而言，危机使得英国政界与学界对政府经济角色有了新认识，不再相信自由放任，而是认为政府必须具备战略眼光，引导、协调和激励私人部门发展。近几年英国政府提出的一系列产业战略正是上述认识转变的具体体现。

上述第三个阶段的认识转变始于国际金融危机的触动，同时受到英国国内外经济环境变化和新产业革命兴起的影响，并且在历届政府的政策实践中得以不断明确。国际金融危机爆发后不久，工党政府商业、企业与规制改革部（BERR）时任部长彼得·曼德尔森（Peter Mandelson）即提出过英国需要重返选择性产业政策（Selective Industrial Policy）的想法。经过几年的酝酿，保守党与自由民主党联合组建的卡梅伦政府于 2011 年正式提出产业战略，并陆续公布了一系列部门发展战略。2017 年，保守党梅政府又发布了一份新的产业战略。总体而言，国际金融危机爆发以来，英国产业战略的发展可分为两个阶段：卡梅伦政府的产业战略和梅政府的新产业战略。在此期间，英国的产业战略由较为分散的部门政策逐步发展成为一套相对全面系统的综合性政策，目标也更加清晰。

本章将围绕上述两个阶段对近年来英国的产业战略进行较为系统的梳理与剖析，包括其出台背景和主要内容，并着重从政府经济角色和相应的认识转变的角度加以总结提炼。

第一节　部门政策回归：卡梅伦政府的产业战略

虽然国际金融危机爆发后工党政府商业、企业与规制改革部时任部长曼德尔森提出的重拾产业政策未能真正提上日程，但是英国政府于 2009 年进行了机构合并，将原来的创新、大学与技能部（DIUS）和商业、企业与规制改革部合并成立了商业、创新与技能部（BIS），为后来出台创新导向的产业战略做出了机构上的准备。2010 年，由卡梅伦出任首相的联合政府上任，该政府商业、创新与技能部部长文斯·卡布尔（Vince Cable）于 2011 年正式宣布英国启动产业战略，并推动政府发布了一系列部门发展战略。可以说，英国是国际金融危机爆发后率先出台产业战略的西欧大国。

一　卡梅伦政府产业战略出台的背景

国际金融危机对英国经济造成了强烈冲击，受此触动，英国政府开始反思政府与市场的关系，反思本国的经济结构，进而酝酿并提出了产业战略。

首先，危机触动了英国对于政府与市场关系的深刻反思，更加积极有为的政府角色获得认可，而制定一项中长期的产业发展战略也相应地受到重视。上述反思在卡布尔的一系列演讲中有十分明确的体现，其核心内容可归纳如下：自 1980 年代初至 2008 年国际金融危机爆发前的近 30 年里，英国历届政府均奉行新自由主义的经济政策，坚信市场自身的理性和效率，其间几乎不提产业战略，而且认为产业战是资源浪费，是不适当的政府干预。然而，自由放任的结果却是诸多大企业在全球化大潮中销声匿迹了，英国经济竞争力在走下坡路。此外，金融危机前持续多年的经济泡沫也掩盖了英国政府功能缺位的事实，造成政府长期忽视支持产业发展的必要性。相比而言，德国政府长期注重在技术、技能和出口等方面为企业提供支持并且取得了令人瞩目的成就，尤其是，德国经济在危机中表现出相当强的抗冲击力，令英国政府开始重新审视自身的功能定位。基于此，英国政府认为，虽然存在"政府失败"的风险，但是与自由放任带来的更大的风险相比，适当的政府干预必不可少，其中就包括制定和实施积极的产业战略。卡布尔多次强调，英国的产业战略旨在给出一个发展愿景，确定战略性的技术领域和产业部门，这并非"择优"（Picking Winners），而是通过引导、激励与合作等方式"创优"（Creating Winners）。[1] 具体而言，政府将发挥以下作用：（1）给出一个明确的宏伟愿景，确定具有战略性的技术领域和产业部门；（2）有勇气做出超越政治周期的中长期发展规划；（3）以开放的态度支持技术和商

---

[1]　此处有关国际金融危机后英国政府反思政府与市场关系的论述主要基于对卡布尔多次演讲内容的总结，演讲全文及网址如下：Vince Cable, *Speech：Industrial Strategy：Next Steps-IPPR*, London, 27 Febuary 2012, https：//www. gov. uk/government/news/vince-cable-speech-industrial-srategy-next-steps-ippr-london；Vince Cable, *Speech：Industrial Strategy：Cable Outlines Vision for Future of British Industry*, 11 September 2012, https：//www. gov. uk/government/speeches/industrial-strategy-cable-outlines-vision-for-future-of-british-industry；Vince Cable, *Speech：Industrial Strategy Conference* 2013：*Vince Cable Describes Progress Made on Implementing the UK's Industrial Strategy and Sets out the Challenges ahead*, 11 September 2013, https：//www. gov. uk/government/speeches/industrial-strategy-conference – 2013。

业发展；（4）通过资金支持和各类政策措施引导产业和企业聚焦于自身最擅长的方向；（5）通过具有前瞻性的高标准的政府采购培育本国企业竞争力。① 从实践上看，上述原则在卡梅伦政府的产业战略中均或多或少地有所体现。

其次，危机暴露了英国经济的结构性弱点，推动英国政府积极思考产业战略的方向和内容。国际金融危机爆发后，欧美主要发达国家均经历了严重的经济衰退。然而，直至 2011 年，与美国、德国和法国相比，英国经济复苏的势头明显偏弱。究其原因，英国政府认为主要在于本国经济存在两大结构性问题：一是经济过度金融化，长期忽视工业和实体经济发展；二是经济增长模式过于依赖基于债务的消费，而非投资和出口。这两大问题一方面导致英国经济泡沫化，抵御金融危机的能力较弱，另一方面也造成政府长期忽视实体经济创新，难以为经济复苏提供结构性支撑。在实体经济创新方面，近年来英国研发（R&D）投入占 GDP 的比重明显低于其他发达国家。1981年，英国研发总投入占 GDP 的比重为 2.24%，与美国（2.27%）和日本（2.26%）持平，高于德国和法国。此后这一比重逐年走低，到 2000 年已降至 1.63%，远低于美国（2.63%）和日本（2.91%），也明显低于德国（2.39%）和法国（2.08%），甚至低于欧盟 15 国的平均水平（1.77%）。直至国际金融危机爆发的 2008 年，仍处于 1.62% 的低位，与美国（2.77%）、日本（3.34%）和德国（2.6%）的差距进一步拉大，也低于欧盟 28 国的平均水平（1.83%）。虽然仅依据这一项指标尚不足以全面评估一国的创新能力和绩效，但是考虑到研发活动主要发生在工业和实体经济部门，该指标的变化的确可以印证过去几十年英国经济过度金融化的事实。若对比各国政府预算的支出结构，英国政府在促进研发创新方面的功能缺位则

---

① 此处有关国际金融危机后英国反思政府角色的论述主要基于对文斯·卡布尔多次演讲内容的总结，演讲全文及网址如下：Vince Cable, *Speech*: *Industrial Strategy*: *Next Steps-IPPR*, London, 27 February 2012, https://www. gov. uk/government/news/vince-cable-speech-industrial-srategy-next-steps-ippr-london; Vince Cable, *Speech*: *Industrial Strategy*: *Cable Outlines Vision for Future of British Industry*, 11 September 2012, https://www. gov. uk/government/speeches/indus-trial-strategy-cable-outlines-vision-for-future-of-british-industry; Vince Cable, *Speech*: *Industrial Strategy Conference* 2013: *Vince Cable Describes Progress Made on Implementing the UK's Industrial Strategy and Sets out the Challenges ahead*, 11 September 2013, https://www. gov. uk/government/speeches/industrial-strategy-conference-2013。

更加明显。图 6 - 1 给出了 2001 年至 2011 年主要发达国家政府预算中公共研发支出所占比重的变化趋势，不难发现，英国政府对研发活动的支持力度明显偏弱，而且在持续减弱。2001 年至 2011 年，英国政府预算中公共研发支出所占比重的平均值为 1.48%，明显低于德国（1.72%）、法国（1.64%）、美国（2.63%）和日本（1.89%），仅略高于意大利（1.28%）。[①] 为此，卡梅伦政府的产业战略特别注重促进创新，强调以创新驱动实体经济的发展。

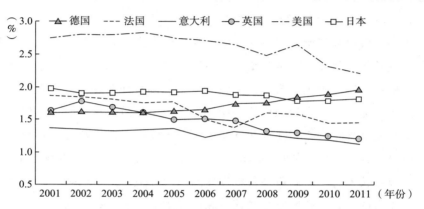

图 6 - 1 主要发达国家政府预算中公共研发支出所占比重（2001 年至 2011 年）

资料来源：笔者根据欧洲统计局数据自制。

值得一提的是，卡梅伦政府对英国产业结构的反思并非像美国那样聚焦于"去工业化"，进而直接指向"再工业化"。实际上，自 1980 年代以来，英国的"去工业化"趋势在西欧大国中最为明显，[②] 国际金融危机也的确令英国各界再度认识到制造业对促进创新与出口的关键作用。然而，英国政府认为，鉴于本国制造业增加值占 GDP 的比重仅为 10% 左右，要全面提升经济竞争力，还须遵循工业与高端服务业并重的发展思路，因此，其产业战略既要支持特定工业和制造业部门，又要继续夯实高端服务业的优势。[③]

---

① 本书中各国研发投入与公共研发支出的数据均来自欧洲统计局（Eurostat）网站：http://ec. europa. eu/eurostat。

② 根据世界银行（World Bank）的数据，2011 年，英国制造业增加值占 GDP 的比重为 9.99%，法国的这一比重为 11.37%，意大利为 15.79%，德国高达 22.90%。可见，英国的"去工业化"程度的确是西欧大国中最为严重的。参见 https://data. worldbank. org/indicator。

③ Vince Cable, *Speech*：*Industrial Strategy*：*Next Steps-IPPR*, *London*, 27 February 2012.

二 卡梅伦政府产业战略的主要内容

值得注意的是，卡梅伦政府的产业战略并无纲领性的政策文件，其核心内容主要体现在卡布尔的一系列演讲以及政府发布的多份针对具体部门的战略文件中。① 以下从关键部门、关键技术以及政策措施等方面对其内容做一梳理。

（一）促进 11 个关键部门的发展

卡布尔曾反复强调，英国的产业战略并非传统意义上旨在"择优"的选择性产业政策。然而，不可否认，卡梅伦政府的产业战略的确是基于部门政策制定的。2012 年 9 月，英国政府商业、创新与技能部发布"产业战略：英国产业部门分析"的研究报告，阐明了部门政策与横向政策的关系以及英国制定部门发展战略的必要性，并且基于对各产业部门优劣势的分析给出了具体的政策建议。② 该研究报告提出，对于受"市场失灵"影响较小的部门，政府可以继续实行横向政策来营造良好的商业环境，对于明显存在市场失灵且增长受阻的部门，政府应针对其特殊情况采取措施，并且与该部门建立长期的伙伴关系以支持其发展。基于此，该研究报告将亟待英国政府给予支持的部门分为三大类：（1）英国具有优势的先进制造业，包括航空航天业与汽车业等，这些部门的发展有利于提高劳动者收入，同时会提高整体经济对能效类产品的需求；（2）英国具有比较优势的知识密集型的可贸易服务业，这些部门具有高收入弹性，而且将随着技术进步快速增长；（3）对其他部门产生重要影响的"使能产业"（Enabling Industries），如能源部门和建筑业，这些部门对规制调整更加敏感。

基于上述结论，卡梅伦政府选择了 11 个关键部门作为产业战略的重点

---

① 卡梅伦政府发布的部门战略文件主要包括：Department for Business, Innovation and Skills (BIS), "Reach for the Skies: a Strategic Vision for UK Aerospace", July 2012；BIS, "UK Agricultural Technologies Strategies", December 2013；BIS, "Information Economy Strategy", 31 October 2013；BIS, "International Education: Global Growth and Prosperity", July 2013；BIS, "UK Life Sciences Strategy", December 2011；BIS, "Nuclear Industry Strategy: the UK's Nuclear Future", March 2013；BIS, "Offshore Wind Industry Strategy: Business and Government Action", August 2013；BIS, "UK Oil and Gas Industrial Strategy: Business and Government Action Plan", March 2013；BIS, "Growth Is Our Business: Professional and Business Services Strategy", July 2013。

② BIS, "Industrial Strategy: UK Sector Analysis", *BIS Economic Paper* No. 18, September 2012.

支持领域，分别是航空航天业、农业技术、汽车业、建筑业、信息经济、国际教育、生命科学、核工业、海上风电、石油与天然气行业、专业化和商业服务。① 英国政府认为，这些部门对于英国经济具有战略重要性，同时又是"致力于创新"和"可贸易"的部门，对提高生产率和出口能力尤为关键。卡梅伦政府针对这 11 个部门的共同措施是都设立高层论坛（High-level Forum），为产业界高层与政府相关负责人搭建平台，讨论该部门发展面临的障碍和若干具体问题。此外，政府还承诺支持在所有关键部门成立专门的培训机构或设立培训项目。当然，不同部门的政策重点和具体措施存在差异。例如，在被视为"经济发动机"而置于 11 个关键部门之首的航空航天业，为保持英国世界第二大航空航天制造国的地位，卡梅伦政府于 2010 年成立了"航空航天业领导者小组"（Aerospace Business Leaders Group）和"航空航天业增长伙伴关系小组"（Aerospace Growth Partnership Group），后者于 2012 年起草制定了产业发展愿景，也即英国航空航天业发展战略的纲领性文件。② 此外，英国政府还出台了一系列具体措施支持航空航天业的发展，主要包括：出资 20 亿英镑与产业界联合成立航空航天技术研究所（ATI），重点从事飞机技术研发；为 500 个航天工程专业硕士提供奖学金；提出针对航空航天业的制造加速项目，帮助企业将研究成果快速转化为产品。

（二）支持八项关键技术的开发与市场化应用

卡梅伦政府的产业战略还确定了优先发展的若干关键技术领域。2013 年 1 月，商业、创新与技能部国务秘书戴维·威利茨（David Willets）在英国"政策交流"智库（Policy Exchange）的一次演讲中宣布政府将重点支持 8 项技术的发展，分别是大数据、卫星技术、机器人与自动系统、合成生物学、再生医学、农业科学、先进材料和能源存储。③ 这些技术都是能够高效结合英国的科学实力和商业能力的领域，而且已经在英国建立了根基。英国政府认为，这些要么是在未来几十年极具增长潜力的前沿技术，要么是能够有力推动经济转型升级的所谓"通用技术"，越早参与其开发与应用就越有可能获得先行优势。考虑到开发与应用这些技术的风险高，而且需要大规模

---

① 其中"专业化和商业服务"包括法律和会计服务、办公室与行政支持工作、管理咨询、科技专业服务与就业服务等。

② BIS, "Reach for the Skies: a Strategic Vision for UK Aerospace", July 2012.

③ David Willets, "Eight Great Technologies", speech at *Policy Exchange*, 2013.

的资金投入，私人部门缺乏投资动力，因此需要政府发挥引导、激励乃至示范作用。

针对这些技术，卡梅伦政府产业战略的主要措施是为相关研发中心的筹建和运转提供资金支持，具体工作由技术战略委员会（Technology Strategy Board，TSB）负责推进，其中一部分资金用于建立或扩大创新"弹射中心"（Catapult Centres），目标是加速将新技术转化为适销对路的产品。英国政府要求，所有被资助的研究项目都要由科学家和企业共同参与，相关的技术研发也要具有市场价值。此外，上述关键技术领域的范围不是一成不变的，会根据技术发展的最新变化做调整。[①]

（三）为企业融资提供便利

英国虽然拥有相当发达的金融市场，但是中小企业的融资难度并不亚于其他国家，在获得股权融资和银行贷款方面都严重受限。[②] 金融危机爆发后，中小企业融资难问题更加突出。为此，英国政府一方面提出要促进金融体系转型，另一方面则出台了专门的中小企业融资便利措施。这些措施并非只针对某个或某些部门，而是适用于所有部门的横向政策，旨在从整体上提升商业环境。具体而言，英国政府积极与银行合作，为中小企业提供更便利的贷款条件，同时适当放宽贷款担保规定。根据英国国家审计办公室的相关报告，2011 年至 2015 年，英国政府商业、创新与技能部牵头设立了至少 6 个中小企业融资便利机制，包括针对中小企业的贷款担保机制、针对初创企业的贷款机制、公私合作的风险投资基金、天使联合投资基金，等等。其中资金规模较大的机制是"企业融资担保"（Enterprise Finance Guarantee），专门为缺少抵押品或缺少商业银行贷款业绩记录而又有创新活力的中小企业提供贷款担保。这一机制分为 2011～2012 年和 2014～2015 年两期，共计为 20 亿欧元的贷款提供担保。[③] 此外，英格兰银行（Bank of England）还专设了贷款基金，使得商业银行和建房互助协会（Building Societies）可从该行获得低

---

① House of Commons Library，"Industrial Policy，2010 to 2015"，by Chris Rhodes，Economic Policy and Statistics Section，SN/EP/6857，2 April 2014，p. 5.

② Vince Cable，Speech：*Industrial Strategy Conference* 2013：*Vince Cable Describes Progress Made on Implementing the UK's Industrial Strategy and Sets out the Challenges ahead*，11 September 2013.

③ National Audit Office，"Improving Access to Finance for Small and Medium Sized Enterprises"，29 October 2013，p. 6.

息借款，专用于向中小企业放贷。

此外，为促进关键部门和关键技术中确定的"绿色技术"的创新与应用，英国政府于 2012 年成立了绿色投资银行（Green Investment Bank，GIB）。绿色投资银行是世界上第一家专门从事绿色投资的国家级政策性银行，重点支持英国的可再生能源、节能与循环经济方面的基础设施建设项目，投资方式以股权投资和提供条件类似于商业银行的贷款为主。[1]

（四）促进劳动者技能的提升

在劳动者技能方面，近年来英国与其他发达国家的差距不断拉大。2012年，英国的高技能劳动岗位增长率在经济合作与发展组织（OECD）成员国中排名第 20，[2] 这一状况显然不利于产业结构转型升级。卡梅伦政府在产业战略框架下促进劳动者提升技能的措施兼具横向政策和部门政策的特征，可算是一项混合政策，主要包括两大类。第一类面向 11 个关键部门，基于对各部门劳动者技能现状与未来需求的分析，提供资金促进技能提升，激励在校学生和劳动者到相关机构接受培训。第二类面向所有部门，主要有两项措施：（1）由政府出资支持企业和培训机构培养学徒。2009～2010 年，这一机制培养了约 28 万名学徒，2012～2013 年增至 51 万名。（2）政府出资支持由雇主设计和执行的培训项目。鉴于雇主对提升雇员技能的方向更加熟悉，由雇主来设计培训方案，能够保证培训项目更好地适应企业发展需要。

（五）通过高标准的政府采购打造本国供应链

卡梅伦政府的产业战略将政府采购视为本国经济的重要需求来源，并提出通过具有前瞻性的、高标准的政府采购引导供应商的生产方向，提升相关产品和服务的质量。考虑到欧盟竞争政策对成员国政府采购的相关规定，英国政府的具体措施只限于支持中小企业。卡梅伦政府承诺，2011 年至 2015年，中央政府采购订单的 25% 面向中小企业招标。此外，为缓解金融危机后普遍存在的中小企业资金链紧张问题，英国政府规定，公共部门采购必须在交付货物的 5 天内完成付款结算手续，并且号召进入"富时 100 指数"（Index FTSE 100）的大企业联合签署由政府倡议的"立即付款协议"（Prompt

---

[1]　有关英国绿色投资银行的投资方向与方式，见本书第九章的论述。

[2]　转引自 Vince Cable, *Speech*：*Industrial Strategy Conference* 2013：*Vince Cable Describes Progress Made on Implementing the UK's Industrial Strategy and Sets out the Challenges ahead*, 11 September 2013。

Payment Code)。① 2012～2013 财政年度，英国公共部门共采购了约 2300 亿英镑的商品和服务，其中中央政府支出为 800 亿英镑。②

总结卡梅伦政府产业战略的主要内容，可得出以下几点基本认识。

第一，以部门发展战略为核心内容，且在一定程度上仍带有传统的选择性产业政策的色彩。虽然横向政策仍占据重要地位，如为中小企业融资提供便利、普遍的研发支持、提升劳动者技能等，但是与过去近 30 年的经济政策相比，最显著的变化还是部门政策的回归。此外，虽然这一阶段的部门发展战略在实施方式上不同于以直接干预为主的"择优"，但是其中一些内容（如政府采购）仍有促进出口或替代进口的考虑，客观上也会产生类似的效应，因而仍带有传统部门干预的色彩。

第二，以促进创新及其应用为导向。不论是重点发展的 11 个关键部门，还是优先支持的 8 项关键技术，卡梅伦政府的主要目标都是促进前沿技术的创新及市场化应用，以此推动实体经济发展，提升产业竞争力。

第三，尚缺乏系统性。英国在国际金融危机爆发后较早出台产业战略，比德国提出工业 4.0 战略还早了两年，但是卡梅伦政府的产业战略主要是多个分散部门的发展战略的集合，不够全面系统，也缺少像德国工业 4.0 战略那样相对明确的发展愿景。

第二节 转向全面系统的综合性政策：梅政府的新产业战略

2015 年 5 月大选后上台的卡梅伦保守党政府大体上延续了此前联合政府的产业战略。2016 年 7 月，卡梅伦因脱欧公投结果辞去首相职务，由特雷莎·梅（Theresa May）继任联合政府首相。梅上任后，英国政府继续将产业战略视为重振本国经济的重要依托。为了突出对产业战略的重视，同时更好地将能源部门整合到产业战略中来，梅政府上台后不久即将之前的商业、创新与技能部和能源与气候变化部（DECC）合并为商业、能源与产业战略部

---

① Vince Cable, Speech: *Industrial Strategy Conference* 2013: *Vince Cable Describes Progress Made on Implementing the UK's Industrial Strategy and Sets out the Challenges ahead*, 11 September 2013.

② House of Commons Library, "Industrial Policy, 2010 to 2015", by Chris Rhodes, Economic Policy and Statistics Section, SN/EP/6857, 2 April 2014, p. 7.

（BEIS），并于 2017 年 1 月发布了一份产业战略绿皮书，[1] 酝酿出台新的产业战略。随后，产业战略成为 2017 年大选的热点议题，保守党、工党和自由民主党均提出，若当选，将出台新的产业战略以提升英国经济竞争力。[2] 虽然三大政党对产业战略的设想各有侧重，但是不可否认，产业政策已重获英国政界的普遍认可，产业战略已成为英国政府的优先日程。2017 年 11 月，大选后上台的梅保守党政府正式发布了一份产业战略白皮书。[3] 虽然这份白皮书的标题中并无"新产业战略"的字样，但是行文中多处使用"新产业战略"的说法。此外，就内容和实施方式而言，梅政府的产业战略的确基于对卡梅伦政府产业战略的总结做了大量创新。因此，为将两者区分开来，本章将梅政府的产业战略称为新产业战略。

一　梅政府出台新产业战略的原因

梅政府上任伊始即出台一套新产业战略，主要是为了适应国内外经济环境的新变化。具体而言，以下几个方面的原因不容忽视。

第一，国际金融危机爆发后，英国与其他发达国家的劳动生产率差距持续拉大，引起政府和学界的担忧。2008 年和 2009 年，受到国际金融危机的冲击，世界主要经济体的劳动生产率均出现大幅下滑，之后开始回升。然而，英国劳动生产率的恢复却明显滞后。根据英格兰银行（Bank of England）的分析，以从业者每小时 GDP 衡量，2008 年第三季度至 2016 年第四季度，英国的劳动生产率几乎没有增长。如果以 1979 年第一季度至 2008 年第二季度的变化趋势作为参照，英国 2016 年第四季度的这一指标比趋势值低了约 18%。[4] 这使得危机前曾一度缩小的英国与其他发达国家劳动生产率的差距再次拉大。图 6 - 2 给出了 2016 年七国集团（G7）成员国劳动生产率的对比，不难发现，虽然英国高于加拿大和日本，但是明显低于德国、法国和美国，甚至低于意大利。对于这一"生产率之谜"，英国学界给出了危机后投

---

① HM Government，"Building Our Industrial Strategy：Green Paper"，January 2017.

② Anna Valero，"The UK's New Industrial Strategy"，Paper EA038，Election Analysis Series，Centre for Economic Performance，London School of Economics and Political Science，2017，pp. 10 - 12.

③ HM Government，"Industrial Strategy：Building a Britain Fit for the Future"，2017.

④ Andrew G. Haldane，"Productivity Puzzles"，Speech given by Andrew G. Haldane at London School of Economics，Chief Economist，Bank of England，London，March 2017.

资不足、技术创新及应用落后、统计口径所致等诸多解释，且大多数研究都指向相似的政策启示，即要缩小与其他发达国家的劳动生产率差距，提高国民收入水平，必须大幅增加基础设施、创新和劳动者技能等方面的投资。[①]梅政府认为，为了更有效地提升劳动生产率，有必要出台更全面系统的新产业战略。

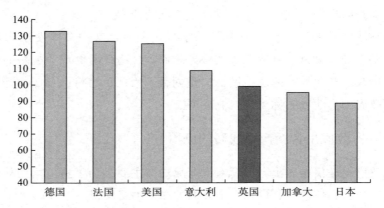

图 6 - 2　2016 年 G7 成员国劳动生产率对比（以从业者每小时 GDP 衡量，英国 = 100）

资料来源：Office for National Statistics（ONS），*International Comparison of Labor Productivity*，2017.

第二，脱欧公投结果大大增加了英国所处国际经济环境的不确定性，同时也向其经济增长模式提出了新挑战。就外部而言，即将脱离欧盟无疑令英国未来在对外贸易、吸引外资和国际人才方面面临新的不确定性。如何引领英国增强自身经济实力，抵御脱欧带来的负面冲击，同时尽快适应脱欧后国际经济环境的新变化，是梅政府的首要任务之一。就内部而言，虽然2017年梅政府上台时英国经济早已复苏，失业率也降至近 40 年来最低水平，但是长期存在的结构性问题并未得到解决。特别是，脱欧公投的结果表明，与追求经济增长相比，经济增长的收益在社会阶层和地区之间合理公平分配更加重要。英国政界与学界普遍认为，面临脱欧带来的新挑战，英国很有必要出台一份长期的全面的产业战略，而这一战略必须指向更加强劲、更加包容

①   Anna Valero，"The UK's New Industrial Strategy"，Paper EA038，Election Analysis Series，Centre for Economic Performance，London School of Economics and Political Science，2017，pp. 2 - 3.

和可持续的经济增长。① 对此，英国首相梅在 2017 年产业战略白皮书的序言中写道："一些群体在适应经济全球化的过程中始终步履维艰，因而难以充分享受经济增长带来的繁荣。我们不能只看到全国的经济增长而忽视地区经济发展的不平衡，任凭一些地区经济衰落。我们也不能仅满足于就业增长，除非就业岗位是稳定的，工资也是增长的。仅有著名的科学家和大学还不够，必须将他们的思想和创意转变成产品和服务。……我上任后的首要行动之一就是启动一份现代的产业政策，目的在于帮助产业界在全国范围内创造更多面向未来的、高质量、高收入的就业岗位。……二百年前，是英国的工业革命引领了全世界。三十年前，是英国大胆的市场化改革为其他国家树立了榜样。今天，英国仍有信心引领潮流。因为要脱离欧盟，英国必须塑造新的发展路径，打造真正令每个人受益的国家。"②

第三，回应迅速兴起的新产业革命大潮，也是英国政府调整和更新产业战略的重要考虑。虽然卡梅伦政府较早提出产业战略，但是对已露端倪的新产业革命并未给予太多重视。2011 年美国经济学家杰里米·里夫金的《第三次工业革命：新经济模式如何改变世界》出版，2012 年英国《金融时报》记者彼得·马什的《新工业革命》出版，此后德国于 2013 年发布工业 4.0 战略，法国于 2013 年提出"新工业法国"计划，意大利也于 2016 年 9 月提出"工业 4.0 国家计划"。上述一系列重大事件意味着，新产业革命成为势不可当的潮流不仅是理论界的共识，更为欧洲各国的政策实践所助推。曾经引领第一次产业革命的英国，深知技术和产业革命的"威力"，面对这一轮方向日渐清晰的新产业革命既感受到了压力，也期待借此机遇重振本国经济。基于此，英国政府开始思考如何调整产业战略，以便应对新产业革命的挑战，同时依托自身优势在某些领域引领新产业革命的方向。③

基于对卡梅伦政府产业战略的总结，梅政府对政府经济角色的反思更加深刻，对产业战略的认识也有了进一步的提升。梅政府对卡梅伦政府的产业

---

① Anna Valero, "The UK's New Industrial Strategy", Centre for Economic Performance, The London School of Economics and Political Sciences, May 2017, p. 1.

② HM Government, "Industrial Strategy: Building a Britain Fit for the Future", Foreword from the Prime Minister, 2017, p. 4.

③ HM Government, "Industrial Strategy: Building a Britain Fit for the Future", Foreword from the Secretary of State for BEIS, 2017, p. 6.

战略总体上持肯定态度，但是对于政府的经济角色和产业战略的作用有了更加明确的认识和主张。正如梅在产业战略白皮书的序言中所述，"（产业战略）旨在提出一种政府与企业合作的新方式，以塑造更强劲、更公平的经济，其核心体现了我本人对于强有力的战略性政府应该在必要时果断干预经济的信念。此信念根植于一种认识，即成功的自由市场经济必须建立在坚实的基础之上，包括高素质的人才、高质量的基础设施，以及公平可预测的商业环境。如果不具备这些基础，就需要通过各方努力，需要政府与私人部门之间加强合作来应对存在的问题……"① 此外，白皮书还强调，"现代民族国家是集中应对风险的最有力手段"。② "绝不能允许对政府失败的恐惧令我们变得缺乏想象力或厌恶风险，政府必须敢于支持一系列面向未来的高风险的经济活动，而不是因为可能发生失败而徘徊不前"。③ 关于新产业战略的内容和实施方式，梅政府也进行了积极探索，认为仅依靠一系列分散的部门战略或对现有政策做边边角角的修补是不够的，产业战略应该构成更宽泛的长期经济增长战略的一部分，必须在目标上更加明确，在内容上更注重系统性，在实施上也应由部门政策转向旨在应对挑战的跨部门的综合性政策。

二　梅政府新产业战略的实施方式与内容

梅政府新产业战略的总体目标是打造旨在提高整个英国生产率和居民收入能力的经济。为此，该战略立足于构建基础和培育领先优势两个维度，制定了一套较为全面系统的实施方案。以下基于 2017 年产业战略白皮书（以下简称白皮书）做一简要梳理。

（一）构建和夯实五大基础

梅政府的新产业战略提出，要促进英国经济转型升级，政府的首要任务是构建和夯实五大基础，进而提高整个英国的生产率，并为此提出了愿景，制定了目标和具体推进措施。

第一个基础是创意（Ideas），愿景是将英国打造成为世界上最具创新性的经济体。白皮书提出，虽然英国在科学研究领域长期居于世界前列，创新

---

① HM Government，"Industrial Strategy：Building a Britain Fit for the Future"，Foreword from the Prime Minister，2017，p. 5.

② HM Government，"Industrial Strategy：Building a Britain Fit for the Future"，2017，p. 22.

③ HM Government，"Industrial Strategy：Building a Britain Fit for the Future"，2017，p. 34.

绩效也优于欧盟国家平均水平，① 但是要成为最具创新活力的经济体，仍面临着四个重要挑战：（1）政府与私人部门研发投资均不足；（2）将创意转化为产品和服务进而最大化其市场价值的能力有待提高；（3）需要在整个英国构建卓越的研究和创新能力；（4）需要保证英国始终是全球研究与创新合作的领导者。为应对这些挑战，梅政府的新产业战略着重从以下四个方面推进：（1）大幅增加研发投入。白皮书提出，到2027年底，将研发投入总额占GDP的比重提升至2.4%，长期将提升至3%。要实现这一目标，2018年至2027年，英国公共与私人研发投资需增加800亿英镑，具体措施包括投资7.25亿英镑支持新的产业战略挑战基金项目，自2018年1月起将大企业的研发税收抵免率提高至12%，以及通过小企业创新研究项目（SBIR）以政府采购方式促进中小企业的研发投入等。（2）促进创意向市场转化。主要措施是促进大学和企业在创新及其市场化应用上合作，包括增加"高等教育创新基金"（HEIF）的资金、加强对现有创新"弹射中心"的支持等。（3）提升全英国的创新能力。主要措施包括政府出资1.15亿英镑建立竞争性的"地区优势基金"，用以支持不同地区提升自身的研究与创新优势。（4）加强研发活动的国际合作。主要措施包括在2018年初发起一项新的"国际研究和创新战略"，并投资1.1亿英镑设立专门支持英国国际研发合作的基金。

　　第二个基础是人才（People），愿景是创造面向所有人的高质量工作岗位，提高全体居民的收入能力。白皮书提出，要提高劳动生产率，提高居民收入能力，关键在于劳动者掌握适应产业发展的技能，并有机会不断提升技能。为加强这一基础，梅政府的新产业战略特别强调投资于技能、促进就业和增加劳动者收入，主要的推进方向包括三个：（1）依托世界一流的高等教育体系，打造世界一流的技术教育体系。为此，实施一项重大教育改革方案，在教育体系中增加相当于技校的"T-levels"文凭。此外，还要发展以雇主为主导的高质量学徒制。（2）扭转科学、技术、教育、数学（STEM）技能短缺状况。英国将增加4.06亿英镑投资用于加强STEM方面的技能基础，其中1.7亿英镑的资金将用于创建地区技术学院，为STEM科目提供更

---

① 欧盟委员会发布的创新计分板显示，2016年，英国的综合创新绩效比欧盟平均水平高出约25%，且在"人力资源"、"有吸引力的研究体系"和"就业影响"三个方面表现尤为突出。参见 European Commission, *European Innovation Scoreboard*, 2017, p. 69。

高水平的技术教育。（3）建立国家新型再培训计划，支持人们获得新技能。首先将投资 6400 万英镑用于数字化和建筑业培训。

第三个基础是基础设施（Infrastructure），愿景是推动英国基础设施实现重大升级。高质量的基础设施对于经济增长与繁荣至关重要。根据计划，未来十年英国公共和私人部门在基础设施领域的投资总额将达到 6000 亿英镑，比此前 10 年翻一番。主要措施包括：（1）将国家生产率投资基金（National Productivity Investment Fund）增至 310 亿英镑，用于支持交通、住房和数字基础设施建设，其中 49 亿英镑用于交通领域，115 亿英镑用于住房，7 亿英镑用于数字化领域，其余的 71 亿英镑用于支持基础设施领域的研发。（2）投资 4 亿英镑用于充电基础设施建设，并额外增加 1 亿英镑用于补贴电动汽车发展。将在此前已投入 25 亿英镑支持智能能源系统、智能建筑和可持续农业的基础上，继续支持旨在促进清洁增长的研究创新和国际研发合作，尤其要支持清洁技术的广泛应用。此外，还将通过"绿色行动"促进英国在低碳环保领域的专业技能发展。（3）增加超过 10 亿英镑的公共投资支持数字基础设施建设，其中 1.76 亿英镑用于建设 5G 网络，2 亿英镑用于支持地区层面的企业和家庭使用全光纤网络。

第四个基础是商业环境（Business Environment），愿景是将英国打造成为企业创业与成长的最佳之地。实际上，英国已经是全世界最适宜投资的目的地之一，平均每天有超过 1000 家企业成立。2016 年，英国吸引新增外资额在欧盟国家中位列第一。梅政府力图强化这一优势，主要措施包括：（1）启动和推广部门协议（Sector Deals），即政府和企业之间旨在提高部门生产率的合作关系，并且在生命科学、建筑业、人工智能和汽车业率先启动部门协议。（2）通过政策性的英国商业银行（British Business Bank）建立一个总额达 25 亿英镑的投资基金，带动具有高度创新性和发展潜力的企业投资，目标投资规模为 200 亿英镑。（3）分析哪些做法对于提升中小企业的生产率最为有效，并尝试用创新的方法来推动新商业模式发展，提高整个英国的生产率。（4）继续提升高端服务业，支持律师、金融专家、建筑师、供应商和管理顾问等发展，帮助国内外企业成长。

第五个基础是地区（Places），愿景是促进全英国的发展与繁荣。白皮书强调，确保企业在英国的任何地区都能获得所需的技能和基础设施，以实现全英国的平衡发展。主要措施包括：（1）基于地区优势构建地区产业战略，为地区发展创造更多机会；（2）创建一个新的转型城市基金，为发展城市间交通提供17亿欧元的投资，加强地区内城市间的经济联系，进而提高生产率；（3）政府出资4200万英镑试启动"教师发展奖励项目"，为落后地区的部分教师发放1000英镑的高素质职业发展奖励，并检验该项措施的效果。（4）继续落实"北部振兴计划"（Northern Powerhouse）和"中部引擎计划"（Midlands Engine）。

（二）应对四大挑战，培育领先优势

梅政府提出，真正的战略性的政府不应止步于修复和夯实基础，还必须有前瞻性，努力培育新的市场和产业，打造英国的竞争优势。[①] 基于此，产业战略白皮书提出四大挑战，并且强调，英国政府将以应对这些挑战为"使命"，更好地发挥规制、激励和示范作用，充分动员私人部门的创新和投资热情，力图在新产业革命的大潮中获得领先优势。

第一个挑战是人工智能和数据驱动型经济（Data-driven Economy）的快速增长。人工智能和机器学习是正在推动世界经济转型的新兴通用技术，它们本身正在快速成长为新产业，其应用也在促使很多部门的商业模式发生重大改变，为经济发展带来巨大机遇。仅就人工智能而言，2010年至2016年，流向该领域的全球风险投资的年均增长率高达57%，而英国是除美国之外的第二大投资目的地国。[②] 根据普华永道（PwC）的估计，2017年至2030年，仅人工智能技术的开发和应用就将为英国经济创造2320亿英镑的增加值。[③] 整体而言，英国在发展人工智能和数据驱动型经济上已具备了一定的领先优势，包括拥有世界一流的研究机构、全球公认的支撑人工智能和大数据发展的基础学科、一批在机器人和物联网领域不断创新的企业，等等。未来，英国将一方面促进本国成为人工智能和数据驱动型创新的世界中心，另一方面致力于通过技术应用促进生产率的提升，目标是令英国始终处于人工智能和数据驱动革命的前沿。具体措施包括：（1）利用"产业战略挑战基金"促

---

① HM Government, "Industrial Strategy: Building a Britain Fit for the Future", 2017, p. 32.

② Dame Wendy Hall and Jérôme Pesenti, "Growing the Artificial Intelligence Industry in the UK", 2017, https://www.gov.uk/government/publications/growing-the-artificial-intelligence-industry-in-the-uk.

③ PwC, "Sizing the Prize, PwC's Global Artificial Intelligence Study: Exploiting the AI Revolution", 2017, https://www.pwc.com/gx/en/issues/data-and-analytics/publications/artificial-intelligence-study.html.

进人工智能和数据驱动型创新项目的实施；（2）建立由企业界牵头的人工智能委员会；（3）在政府新设人工智能办公室；（4）投资900万英镑用于数据伦理和创新中心建设；（5）建立"计算教育国家中心"，投资于相关领域劳动者技能的培训。

第二个挑战是向清洁增长转型。在应对气候变化、推动经济向绿色化转型的进程中，英国一直走在世界前列。英国在电动汽车制造、海上风电、智能能源系统、可持续建筑、精细农业和绿色金融等领域都处于世界领先地位。根据英国气候变化委员会的一份研究报告，英国清洁经济的增长率有望达到GDP增长率的4倍。[①] 未来，英国将继续促进低碳技术的开发和应用，进一步提高能效，长期目标是将清洁技术的成本压低至传统能源技术之下，进而在世界清洁技术市场占据关键地位。具体将在以下几个方面努力：（1）在电力、供暖、交通系统发展廉价清洁能源智能系统；（2）促进建筑技术向快速提高能效转型；（3）大幅提高能效，提升英国能源密集型行业的竞争力；（4）进一步提升英国在高能效农业领域的国际竞争力；（5）推动英国成为绿色金融领域的全球标准制定者。

第三个挑战是面向未来的移动性。近年来，受到工程、技术和商业模式创新的推动，人员、产品和服务流动的方式正在发生深刻变化。目前，英国在最相关的研发领域具有显著优势，包括人工智能和复杂车辆工程等，在开发新的移动方案和创新性的多样化汽车、铁路、航海和航空方面拥有一批有活力的企业。梅政府希望依托上述优势，使本国处于向移动性未来转型的最前沿，并确定了亟待努力的四个优先方向：（1）确立一个灵活的监管框架，保持开放态度，鼓励发展新的交通运输模式和商业模式，拟在2021年之前实现全自动无人驾驶汽车上路运营；（2）应对由传统能源车辆向零排放车辆转型的挑战，包括建立一个新的4亿英镑的充电基础设施投资基金（其中2亿英镑来自政府）、为电动汽车发展提供1亿英镑补贴，等等；（3）为新的移动服务做准备，包括提高服务者自主性、促进交通工具共享等；（4）探索如何利用数据加速开发新的移动服务，使得英国交通运输系统的运转更加高效。

---

① Ricardo Energy and Environment for the Committee on Climate Change, "UK Business Opportunities of Moving to a Low Carbon Economy", 2017, https://www.theccc.org.uk/publication/uk-energy-prices-and-bills-2017-report-supporting-research/.

第四个挑战是老龄化社会。如其他发达国家一样，英国也面临着人口老龄化的严峻挑战。根据英国国家统计局（ONS）的估计，到 2046 年，英国年龄在 65 岁以上的人口将占到总人口的 1/4。人口老龄化将带来一系列新挑战，也将持续创造出对技术、产品和服务的新需求。就应对新挑战、满足新需求而言，英国已具备一些优势，包括完善的健康数据库、世界领先的设计机构、强大的生命科学部门和金融服务业。未来英国将继续从四个方面创造和巩固相关优势：（1）支持企业为不断增长的全球老龄人口提供新产品和服务，在满足社会需求的同时挖掘英国的商业机遇；（2）支持产业部门适应老龄化的劳动力队伍；（3）依托国家医疗服务系统（NHS）的健康数据提升人们的健康状况，提升英国在生命科学领域的领先地位；（4）支持护理提供商根据不断变化的需求调整其商业模式，鼓励发展新护理模式。

总结梅政府新产业战略的主要内容，可以得出以下三点基本认识。

第一，更加全面系统，目标更加清晰，在实施方式上不再专注于分散的部门战略，而是尝试从构建基础和培育领先优势两个维度打造产业竞争力。

第二，创新导向进一步明确，提出将英国打造成世界上最具创新性的经济体，并设定了大幅快速提升研发总投入占 GDP 比重的目标，促进创新的方式则由部门政策开始转向跨部门的"使命导向型措施"（Mission-oriented Measures）。所谓使命导向型措施，指的是将多个相关部门的企业和研究机构的力量汇集起来，共同致力于解决整体经济或者公共政策领域的重大挑战，从而推动长期生产率的提升。梅政府新产业战略提出的应对四大挑战的手段大多是跨部门的使命导向型措施。

第三，受脱欧公投结果影响，更加注重经济增长收益在社会阶层和地区之间更加合理公平的分配。在构建和夯实五大基础中，专门设置了"人才"和"地区"两项内容，即是这一认识的明确体现。

第三节　小结

前两节较为详尽地剖析了新产业革命与国际金融危机背景下英国政府的产业战略，分卡梅伦政府的产业战略和梅政府的新产业战略两个阶段，着重围绕战略出台背景和主要内容进行论述。结合前文内容，可从以下几个方面做出总结。

第一，在理念层面，国际金融危机的冲击触动了英国对于政府与市场关系的深刻反思，此前践行了近30年的新自由主义受到质疑，更加积极有为的政府角色重获认可，并逐步发展成为政界的主流认识。在此背景下，产业政策再度受到重视，产业战略重回英国经济政策的核心日程。总体而言，近几年英国提出的产业战略既不再局限于创造良好的框架条件，也并非回归传统的"择优"，而是明确地体现了该国政府对自身经济角色的新定位。（1）虽然存在"政府失败"的可能性，但是与自由放任可能带来的更大的经济风险相比，适当的政府干预必不可少。（2）虽然政府的首要经济职能是维护公平的市场竞争秩序，但是不能止步于此，还必须为市场经济运行构建坚实的基础，包括高素质的人才、高质量的基础设施，以及公平可预测的商业环境。（3）面对激烈的国际经济竞争，政府还必须具备战略眼光，制定经济与产业发展的长期规划，给出较为明确的愿景，引导私人部门的投资方向。（4）现代民族国家是集中应对风险的最有力手段，政府必须敢于支持一系列面向未来的高风险的经济活动，积极承担私人部门难以承担或难以独自承担的经济风险，引导和激励私人部门更多地投资于具有前瞻性的创新活动，培育新的市场和产业，积极"创优"。

第二，在行业与部门覆盖面上，英国政府根据本国产业结构的特点，确定了工业和高端服务业并重的发展路径。虽然英国政府对于本国的"去工业化"状况有明确认识，国际金融危机爆发后也更加重视制造业和工业，但是并未提出"再工业化"，而是基于本国制造业增加值占GDP比重仅为10%且高端服务业具备明显优势的事实，提出要全面挖掘经济增长潜力和提升竞争力，仅依靠振兴工业和制造业是不够的，必须遵循工业与高端服务业并重的发展思路。卡梅伦政府产业战略确定的11个关键部门除了重要的制造业部门外，还包括国际教育、专业化服务和商业服务等高端服务业。梅政府的新产业战略也特别注重推动各类前沿技术在服务业的应用。

第三，从政策方向上看，英国的产业战略具有明确的创新导向特征，绝大多数政策措施都是围绕如何推动和适应创新而制定的。近年来，英国公共和私人部门的研发投入均明显落后于其他发达国家，已严重影响到其实体经济的创新潜力和劳动生产率的提升。为扭转这一局面，借助新产业革命重获优势，英国的产业战略尤其重视推动研发创新，梅政府更是提出将英国打造成最具创新性的经济体，并且设定了至2027年将研发投入占GDP比重大幅提升至 2.4% 的目标。就促进创新的方式而言，从卡梅伦政府到梅政府，英国的产业战略由专注于促进部门创新（甚至略带有传统部门干预色彩）向跨部门的"使命导向型措施"转型。就促进创新的具体措施而言，卡梅伦政府和梅政府都特别注重以合作、示范等方式引导和激励私人部门投资。此外，从制度机构上看，英国创新署（Innovate UK）发挥的作用值得关注。①

第四，受到脱欧公投结果的影响，英国的产业战略增加了公平导向的内容，除了追求经济增长外，还特别注重经济增长成果在社会阶层和地区之间更公平合理的分配。基于脱欧公投的结果，梅政府在 2017 年产业战略白皮书中反复强调，英国经济增长模式要向更加普惠和可持续转型。在该白皮书提出的"五大基础"中，"人才"基础的愿景是创造面向所有人的高质量的工作岗位，"地区"基础的愿景是促进全英国各地区的发展和繁荣，这是英国政府力推经济增长模式向更加包容和可持续转型的体现。为构建和夯实这两个基础，梅政府的新产业战略采取了一系列具体措施。这些措施能否达到预期效果还有待观察，但是其背后体现的理念变迁值得关注与思考。

总之，在新产业革命兴起的背景下，同时受到国际金融危机的触动，近年来英国政府积极反思自身的经济角色，由此前接近自由放任的"新自由主义"向以新方式更多地干预经济转型，最为典型的体现就是卡梅伦政府和梅政府相继出台产业战略，试图以此促进经济增长和提升竞争力。当前，上述战略尚在落实当中，或许在英国脱欧协议正式达成后还会有所调整，其实施效果及对英国经济的长期影响有待跟踪观察。

---

① 英国创新署的前身是成立于 2004 年的技术战略委员会（TSB），当时隶属于贸易与产业部（DTI），此后于 2007 年布朗政府机构重组时独立成署。自 2014 年 8 月起，该机构对外使用"英国创新署"这一名称，其注册名称仍为"技术战略委员会"。无论是卡梅伦政府的产业战略，还是梅政府的新产业战略，都特别重视支持各部门的创新"弹射中心"，而这些"弹射中心"研发资金的大约 1/3 来自英国创新署的拨款。自 2007 年至 2017 年，英国创新署共计拨款约 18 亿英镑用于鼓励和支持研发创新，并且通过合作方式拉动了大约同等规模的私人创新投资。有关英国创新署职能和投资情况，可参见英国政府网站的介绍：https://www.gov.uk/government/organisations/innovate-uk/about。

第七章 法国："新工业法国"计划与"未来工业"计划

　　虽然法国在人类以往历次产业革命中的表现不如英国、美国和德国抢眼，如今也不像德国那样在机械、工程、化工等重要领域拥有享誉全球的工业实力，但是，不可否认，自 19 世纪上半叶至今，作为老牌资本主义国家，法国也经历了辉煌的工业史。作为众多发明家与企业家的故乡，从蒸汽机到高速列车、从汽车到电子芯片、从电影到充电电池、从热气球到飞机，法国企业在工业发展史上占据着举足轻重的地位，始终是公认的欧洲工业强国，也是世界工业强国。得益于自身悠久的科学研究传统和厚重的工业文明积淀，如今法国在核能、航空航天、钢铁、汽车、建筑、轨道交通等领域都具有强劲的国际竞争力。本章将专门论述近年来法国出台的新产业战略。

　　提及法国的产业政策，人们不难联想到该国以中央集权和国家干预为特征的经济发展模式。的确，自 17 世纪至 1980 年代中期，法国始终是传统的直接干预式产业政策的强有力支持者和执行者，有着长期的部门干预和"择优"的传统。[1] 对于"产业政策"的概念，不同国家的认识存在差异，在法国，"产业政策"一词一般是指针对制造业的某些部门的政策，特别是那些旨在打造产业专业化的政策。[2] 单单是对这一概念的认识，已经从一个侧面折射出了法国一贯的干预主义传统。二战结束后至 1980 年代中期，法国产业政策的措施可归为三大类：第一，实行经济计划和大规模国有化，将产业

---

① 参见孙彦红：《欧盟产业政策研究》，北京：社会科学文献出版社，2012，第 163～164 页。
② Elie Cohen，"Industrial Policy in France: The Old and the New"，*Journal of Industry，Competition and Trade*，Vol. 7，2007，p. 214.

发展纳入政府的整体经济计划当中，并通过政府控制的国有企业来实施经济计划；第二，针对具有规模经济和高技术特征的产业制定部门发展战略，实施自上而下的"大项目"，这类产业政策往往被冠以"高技术科尔贝尔主义"（High-tech Colbertism）之名，[①] 在法国长期流行并被认为行之有效；第三，根据经济情况，非战略性地随机支持或保护一些产业，一般采取政府采购和补贴等方式。[②] 在上述三类政策中，"高技术科尔贝尔主义"往往被认为是法国产业政策的核心，甚至在某种程度上成为后者的代名词。[③] 在1980年代中期之后，受到内外部条件的制约，"高技术科尔贝尔主义"不如之前那般流行，法国产业政策也开始加强横向政策的作用，直接干预式政策有所弱化，[④] 但是，从主观态度上看，对待竞争、私有化和全球化的怀疑态度一直是法国政府和民众的主流意识。与其他西欧国家相比，法国的产业政策和产业战略更具防御性，态度也更为保守，仍想保留由一批国家冠军企业基于政治指导和保护而形成一种紧密联合体的模式。[⑤] 值得注意的是，自2004年开始，出于对生产转移和经济增长状况的担忧，法国政府开始重新重视"大项目"，并提出了"竞争力极"（Pôles de Compétitivité）的概念，试图在能源、多媒体网络、清洁汽车等多个"技术核心领域"打造未来的"空中客车"。虽然受到诸多客观条件的限制，与1980年代中期之前相比，这一轮"大项目"在做法上有很多区别，但是其主观意图仍是要在新环境下重新发挥"高技术科尔贝尔主义"的作用。呼吁重启"大项目"的贝法报告（Rapport Beffa）强调"路径依赖"，认为法国的未来不能依靠"产业集群＋纳斯达克"模式，只能继续依赖包括国家冠军企业、公共研发支持和有责任

---

① "科尔贝尔主义"特指以国家干预主义和集中控制为特征的法国经济政策，因国王路易十四时期的经济改革家科尔贝尔（Jean-Baptiste Colbert，1619~1683）主张和推行这种做法而得名。

② Jean-Pierre Dormois，"France：The Idiosyncrasies of Volontarisme"，in James Foreman-Peck and Giovanni Federico（eds.），*European Industrial Policy：The Twentieth-Century Experience*，1999，pp. 58－97.

③ Karl Aiginger & Susanne Sieber，"The Matrix Approach to Industrial Policy"，*International Review of Applied Economics*，Vol. 20，No. 5，December 2006，p. 597.

④ 就内部而言，由"大项目"扶持起来的法国大企业在走向国际化之后越来越倾向于根据市场情况自主做出生产决策，不愿再接受政府干涉；从外部来看，《单一欧洲法案》的通过和内部大市场建设的启动，使得法国部门干预的空间越来越有限。

⑤ Jean-Pierre Dormois，"France：The Idiosyncrasies of Volontarisme"，in James Foreman-Peck and Giovanni Federico（eds.），*European Industrial Policy：The Twentieth-Century Experience*，Oxford University Press，1999，p. 92.

感的公共机构等在内的国家传统。只有坚持之前的国家发展模式，方可塑造法国未来的竞争力。①

近年来，国际金融危机的冲击和新产业革命的迅速兴起促使法国更全面深入地思考其产业政策，更加重视工业的地位，同时对政府经济角色也有了新认识。在此背景下，奥朗德政府于 2013 年 9 月推出"新工业法国"（La Nouvelle France Industrielle，NFI）计划，并于 2015 年 5 月在评估该计划进展的基础上提出了"新工业法国"计划升级版，即"未来工业"（Industrie du Futur）计划，核心目标在于打造更具竞争力的法国工业。本章对近年来法国新产业战略的剖析将围绕"新工业法国"计划和"未来工业"计划展开。

第一节　法国新产业战略出台的背景

"新工业法国"计划和"未来工业"计划是奥朗德政府基于对国内外经济环境变化的判断提出的新产业战略，本节对其出台背景与原因做简要剖析。

第一，国际金融危机促使法国政府重新审视工业在国民经济中的地位，开始严肃应对"去工业化"的挑战。虽然法国至今仍是公认的欧洲工业强国，且在诸多工业领域具备较强的竞争力，但是不可否认，自 1980 年代至2008 年国际金融危机爆发前后，与美国、英国的情况类似，法国也经历了明显的"去工业化"过程。图 7 - 1 给出了 1960 年至 2012 年法国工业和制造业增加值占 GDP 比重的变化趋势。根据该图，1960 年代至 1970 年代，法国工业和制造业增加值比重趋于走低，工业增加值比重由 1960 年的 29.8% 降至 1979 年的 27.6%，同期制造业增加值比重由 22% 降至 18.9%，但是降速较为平缓。自 1980 年代以来，上述两个指标的降速都明显加快，工业增加值比重由 1980 的 27.8% 降至 1999 年的 21.2%，到 2012 年又降至 17.9%，制造业比重则由 1980 年的 18.5% 降至 1999 年的 14.4%，到 2012 年又降至10.4%。随着"去工业化"进程加快，1980 年至 2012 年，法国流失了约

---

① Elie Cohen，"Industrial Policies in France：The Old and the New"，*Journal of Industry*，*Competition and Trade*，Vol. 7，2007，p. 224. 贝法报告是应时任法国总统希拉克的要求，由法国圣戈班玻璃公司总裁贝法（Jean-Louis Beffa）领导的一个由工业企业家、专家和工会主席组成的 12 人小组撰写，于 2005 年初完成。

200 万个工作岗位，贸易逆差也逐年增加。[①] 更加令人担忧的是，进入 21 世纪后，众多知名的法国大型工业企业纷纷被并购。例如，铝业集团皮切尼（Pechiney）陷入全球并购乱局且最终导致这一商号消失，钢铁巨头安赛乐（Arcelor）被印度钢铁大王米塔尔（Mittal）收购，全球最大水泥生产商拉法基建材集团（Lafarge）与瑞士霍尔希姆集团（Holcim）对等合并，等等。2008 年国际金融危机爆发后，法国经济遭受重创，此后又受到欧债危机冲击而低迷不振。对比德国经济在危机中表现出的抗冲击力，同时考虑到美国发布"再工业化"战略后经济快速复苏的情况，法国政府开始严肃反思工业的经济地位，认识到工业是创新、投资和出口的最重要载体，是经济增长的引擎，而法国重振经济的当务之急在于重振工业。

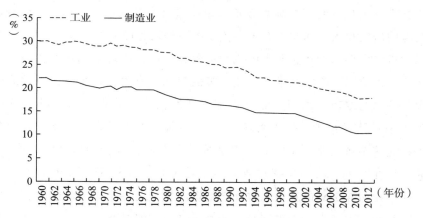

图 7 - 1　1960 年至 2012 年法国工业和制造业增加值占 GDP 的比重

资料来源：笔者根据世界银行（World Bank）数据制作。

　　第二，积极应对新产业革命的挑战，推动本国产业结构升级。国际金融危机爆发后，以工业智能化、网络化、绿色化发展为核心内容的新产业革命迅速兴起，发达国家纷纷出台新产业战略。美国率先于 2009 年提出"再工业化"，英国于 2011 年提出产业战略，欧盟委员会于 2012 年提出"再工业化"战略，德国于 2013 年提出工业 4.0 战略，这一浪潮令法国政界和工业界感受到了巨大的压力。尤其是，参照新产业革命所预示的世界工业发展大趋势，法国明显存在新兴产业发展滞后的问题。与美国、德国、日本、英国

---

① 根据法国国家统计局（INSEE）的数据，2011 年，法国贸易逆差高达 745 亿欧元。

等主要竞争对手相比，法国在工业智能化、网络化和绿色化发展等方面都明显落后，不仅长期缺乏明确的发展目标和规划，而且出现了人才大规模外流的现象，这令法国各界颇为担忧。法国政府认为，要推动自身产业结构升级换代，必须顺应新产业革命的大潮，积极出台新的产业发展战略。

第三，近年来，法国对政府经济角色的认识更加明确，经济实用主义的观念进一步得以强化，创新和产业政策的理念也随之发生变化。与其他西欧国家相比，法国政府一直有干预经济活动的传统，且频繁使用税收优惠、补贴、低息贷款和国家参股等形式多样的干预手段。虽然这一干预传统常常受到经济理论界的质疑，但是法国政府认为，本国有竞争优势的产业大多与政府的产业政策有千丝万缕的关联。格勒诺布尔（Grenoble）微电子与纳米产业集群得益于政府的能源独立政策，里昂健赞（Genzyme）的发展受益于法国政府的研发投入，而空中客车集团也离不开法国政府的支持。2008 年国际金融危机爆发后，上述企业集团成为法国经济度过困难期的重要支撑，这进一步坚定了法国政府继续推行产业政策的信念。有关新形势下法国政府的产业政策理念与逻辑，法国工业复兴部时任部长孟泰伯格（Arnaud de Monte-bourg）在一次演讲中曾做出明确总结，"尽管企业家最熟悉市场、客户和技术，在这些领域政府不应代劳，但是过于自由放任也会导致经济无序发展。政府应该在经济生活中发挥重要作用，除了营造支持工业发展的框架条件外，还应在引导更具创新性和更高效的资源配置上扮演积极角色"。①

正是基于上述多方面的考虑，法国政府于 2013 年 9 月发布"新工业法国"计划，并于 2015 年 5 月推出了该计划的升级版——"未来工业"计划，旨在通过促进创新重塑工业实力，振兴法国经济。

第二节　"新工业法国"计划

一　"新工业法国"计划出台前法国的产业政策

长期以来，法国有着政府干预经济的传统。在"新工业法国"计划出台

---

① 2013 年 11 月 18 日，孟泰伯格在波士顿做了题为"法国新产业政策：一个法国雄心"的演讲，清晰地表达了法国政府产业政策的理念与逻辑，参见 https://franceintheus. org/spip. php? article5074。

之前，法国政府即通过多种方式促进技术研发与创新，其中最主要的政策工具是税收优惠。在经济合作与发展组织国家中，法国税收优惠的力度最大，主要工具包括通过减免税收激励企业开展研发活动的"科研税收信贷"（CIR）政策和鼓励从事研发活动的中小企业创立与发展的"创新型新建企业"（JEI）政策。[①] 法国税收优惠的形式多半为退坡式退税。例如，在"科研税收信贷"框架下，如果某企业的研发投入在 1 亿欧元以内，那么第一年可获得相当于研发投入 40% 的退税，第二年和第三年分别为 35% 和 30%，适用于中小企业的退税比例更高。2013 年，上述两项税收优惠工具的总额达 65.3 亿欧元。[②] 此外，如达到某一规模的企业计划进行足够金额的投资，预计能在一定时期内创造一定数量的工作岗位，即可向空间规划与区域吸引力部际委员会（DATAR）申请空间规划奖金，而地方政府也可根据本地情况制定相应的企业扶持计划。

在"新工业法国"计划出台前，法国的产业政策主要是依托"竞争力极"计划实行多个大项目。"竞争力极"计划由经济与财政部产业司于 2005 年提出，目的是在一定空间内，将企业、私人与公共投资者以及教育与研究机构汇聚起来，在共同的战略框架下，围绕共同的创新主题协同合作，通过集群创新方式促进研发项目的市场应用，并带动中小企业创新发展，提升各产业和技术领域的国际竞争力，从而实现国家科技、经济与社会的可持续发展。至今较为知名的"竞争力极"集群包括以巴黎为中心的医药产业集群和软件产业集群、以波尔多和图卢兹为中心的航空航天集群，以里昂为中心的生物工程集群，等等。此外，法国中央政府还设立专门了"部际间单一基金"（FUI），对协同创新项目进行资助。截至 2015 年，法国共支持设立了 71 个竞争力集群，涵盖了约 8500 家企业和大约 1150 个教育与研究机构，其中小型企业与中型企业分别占 87% 与 11.5%，而小型企业中有 53% 是雇员少于 10 人的微型企业；集群共吸纳就业 170 万人，其中约半数就职于中小企业，超过半数的小企业和超过三分之二的中型企业从事制造业。每个集群设有一个引导小组，其主要职责是向入驻企业提供市场信息并跟踪项目执

---

① 有关法国产业政策工具的概述，可参见中华人民共和国驻法使馆教育处网站：http://www.education-ambchine.org/publish/portal116/tab5722/info130976.htm。

② https://www.service-public.fr/professionnels-entreprises/vosdroits/F23533.

行。2005 年到 2015 年，竞争力集群共实施了近 3400 个合作项目，近半数（47%）得到政府资助，受资助项目总投资额为 69.19 亿欧元，其中近四成为政府资助（部际单一基金与地方政府分别为 16.65 亿欧元与 10.77 亿欧元）；每个合作项目约有 6~7 家机构参与，平均投资额在 130 万~190 万欧元。尽管集群中超过 98% 的企业为中小企业，但是大企业仍居于主导地位。2010 年，近 2/3 的受资助项目由大企业实施，资金占资助总额的比例约为 3/4。近年来，中小企业受重视程度明显提升，2013 年以后，获得资助的中小企业数目占比提高至 40% 以上，2015 年达到 42.3%。①

二 "新工业法国"计划的理念与内容

延续以往的产业政策，"新工业法国"计划的落实仍然依托于"竞争力极"所塑造的区域产业生态体系。然而，为了更好地应对能源与环境、数字技术、技术与社会生活三大领域转型的挑战，这一计划侧重于选取特定的工业领域，引导和推动该领域的现代化，提高数字化水平，让资金有针对性地服务于特定工业部门，旨在建立起新的具有竞争力的法国工业，创造更多就业，在国际市场上获得更多份额。虽然"新工业法国"计划并未提出明确的提高工业增加值比重的目标，但是其重振法国工业的意图非常明确，因而也常常被法国政界和学界称为法国的"再工业化"战略。同时，与以往的产业政策不同，"新工业法国"计划不再区分旧工业和新经济，而是认为夕阳产业中有兴盛企业，而新兴行业也存在大量缺乏竞争力的企业，关键在于企业要具备持续创新、技术进步和更新产品的能力。

为了确定合适的工业领域，法国政府专门指定由生产复兴部竞争总司工业与服务业处牵头，法国创新集群与产业战略委员会参与，联合麦肯锡咨询公司（Mckinsey）共同遴选。遴选主要基于三个标准：（1）处于不断成长中，或在全球经济中具备可观的成长潜力；（2）基于法国已掌握的技术进行开发，其应用可带来新工业产品的大量生产；（3）现有主导企业或科研、技术、商业与工业生态系统可确保该领域在相关市场中处于强势地位。基于上

---

① 有关"竞争力极"计划的实施情况，可参见法国经济与财政部产业司（DGE）网站：http://competitivite.gouv.fr/documents/commun/Documentation_poles/4-pages-dgcis/4%20pages%2067%20DGE%20sur%20p%C3%B4les%20Mars%202017%20Version%20anglais.pdf。

述标准，"新工业法国" 计划共确定了 34 个重点发展领域。以下逐一简要归纳。①

（1）可再生能源：促进全国 6 个可再生能源创新集群的研发创新，致力于建立以可再生能源为主导的能源消费体系，减少对石油天然气的依赖，预计可带来 20 亿~30 亿欧元的增加值。

（2）环保汽车：借助 "国家投资计划"（National Investment Program），支持油耗低于 2 升/百公里的绿色通用型汽车的研发。

（3）充电桩：建立覆盖全国的充电桩网络，推动电气设备制造商和电动汽车行业发展。

（4）蓄电池：依托占据优势地位的生产厂家、研发机构和终端用户，促进更长寿命电池工业的发展。

（5）无人驾驶汽车：是传统汽车产业与数字经济的结合体，是全球多家重要经济体倾力支持的领域，法国也不甘落后，要支持相关研发活动。

（6）新一代飞机：依托大中小型企业组成的成熟网络和全球领先地位，将法国打造成为航空航天领域的工业霸主。

（7）无人机：借助研发投入、创新集群、支持中小企业和公共采购等政策，在快速增长的全球市场中占据领先地位。

（8）软件和嵌入式系统：以创新集群为基础，继续保持拥有 7.4 万名员工、销售收入达 100 亿欧元的产业优势。

（9）新一代卫星：借助 "国家投资计划"，依托地球同步卫星系统供应商和设备供应商，发展电力，推进卫星发展。

（10）未来高铁：依托行业龙头阿尔斯通（Alstom）、一流的创新集群和公共实验室，发展下一代高铁。

（11）绿色船舶：依托全球市场份额排名第六的造船业，包括造船厂、分包商和设备制造商网络，打造燃油效率高、环境友好型的造船业。

（12）智能创新纺织技术：依托实验室、行业协会和既有创新集群，开发新纤维和高技术纺织品。

---

① Ministère du Redressement Productif, "The New Face of Industry in France", 2015, https://www.economie.gouv.fr/files/nouvelle_france_industrielle_english.pdf, last accessed on 25 June 2018.

（13）现代化木材工业：促进木材再加工和生物质能源利用，创造 6 万个新的就业机会。

（14）可回收原材料：依托现有的两大跨国集团、中型企业以及小微企业网络形成的循环经济体系，充分回收利用原材料，减少经济发展对环境的负面影响。

（15）建筑物节能改造：推动住房翻修，促进相关创新集群的研发，以提高能源效率，并提高相关领域的工业竞争力。

（16）智能电网：基于法国领先的智能电网技术，包括网络技术、设备和组件制造商、软件工程师和数据中心，开拓法国电力和信息技术的新市场。

（17）智能水网：基于法国领先的污水处理和供水技术，努力在不断增长的全球市场中占据优势地位。

（18）生物燃料和绿色化工：借助绿色和可持续的化学品生产，推动法国化工业转型。

（19）生物医药技术：推动化学药物向生物药物转型。

（20）数字化医院：基于由行业领导企业和初创企业组成的创新集群生态系统，实现数字医疗。

（21）新型医疗卫生设备：作为医疗设备最大进口国，依托高质量的研究和创新，发展高附加值和高增长的医疗设备产业。

（22）食品安全：提高食品的质量、生命周期和可追溯性，致力于生产更优质的食品，确保支柱产业的竞争力。

（23）大数据：基于法国在数学、计算机科学以及数字网络领域的优势，加强对相关人力资源、初创企业、研发和数据安全的支持，以确保数字主权。

（24）云计算：基于中小型创新企业网络，推动云计算行业，以确保法国数字主权，提升中小企业竞争力。

（25）网络教育：借助教育部的"数字学校转型计划"，推动教育革命，尽可能扩大知识传播的通道。

（26）宽带网络：依托阿尔卡特－朗讯（Alcatel-Lucent）和众多集成电路商及中小型创新企业，推动第五代移动通信网络（5G）发展，保障数字基础设施领域的安全。

（27）纳米电子：利用公共资金支持意法半导体（ST Microelectonics）

的研发活动,并促进相关企业的合并,以提升项目实施效率。

(28)物联网:继续保持法国在这一领域的优势,建立覆盖全国的物联网。

(29)增强现实技术:依托该领域众多大集团和中小创新企业,促进企业提供更具个性化的服务。

(30)非接触式通信:基于法国在这一领域的绝对优势,借助公共采购等措施,建设智慧城市。

(31)超级计算机:作为世界上少数几个覆盖这一领域整个价值链的国家,要依托应用数学知识领域的优势,发展超级计算机和数字仿真技术。

(32)机器人:推动服务型机器人的发展,应对老龄化、健康、交通和教育等社会挑战。

(33)网络安全:依托国家信息系统安全局(ANSSI)和相关重要企业,保障法国的网络安全。

(34)未来工厂:目前法国有不到 3.5 万个工业机器人,与德国(15 万个以上)和意大利(6.5 万个左右)相比明显偏少,未来将大力支持智能制造发展。

对于如何推进上述 34 个重点领域的发展,"新工业法国"计划以法国高铁的开发运营模式(由法国政府、法国铁路和高铁制造商阿尔斯通三方合作发展)为样本,为每个领域专设一个项目组。项目组由商业领袖和来自政府及国家工业委员会的代表组成,一般由商业领袖担任项目负责人。例如,日产和雷诺的首席执行官古森(Carlos Ghosn)担任无人驾驶汽车计划的负责人,而专门提供 IT 解决方案的源讯公司(Atos Origin)首席执行官布雷顿(Thierry Breton)负责云计算计划。项目负责人的职责包括与利益相关者沟通、确定共同目标、思考可能存在的问题和应对手段、筹集资金、寻找合作伙伴和制定活动日程等。所有的政府相关部门与公共机构,包括法国公共投资银行(Banque Publique d'Investissement,BPI)[①] 和投资总委员会都参与项目设计,以保证项目的落实不与国家的法规和政策发生冲突。为了撬动私人投资,法国工业复兴部计划提供 40 亿欧元直接投资资金,加上研发退税共

---

① 法国公共投资银行(BPI)是奥朗德政府于 2013 年创建的国家投资银行,旨在支持中小企业发展,振兴法国工业。

约 60 亿欧元，这些资金将通过现有产业扶持机制（如部际单一基金、地方政府和 BPI）提供给受资助者。据麦肯锡估计，2016~2025 年，"新工业法国"计划将为法国增加 48 万个工作岗位，创造 455 亿工业增加值，其中约 40% 来自出口市场的贡献。[①]

值得注意的是，在理念上，法国政府强调，"新工业法国"计划不同于 1960 年代和 1970 年代的大计划，而是由政府和企业共同参与的工业计划，即在政府确定优先领域和提供资金支持的基础上，由企业制定自身发展战略，确保工业项目的落实。在此背景下，2014 年 4 月，"未来工业联盟"成立。该联盟为非营利性协会，目的是在工业和信息技术利益相关者之间建立伙伴关系，以跟踪优先项目的实施进展，其成员包括超过 3.3 万家企业和 110 万名员工，还包括原子能和替代能源委员会（CEA）、法国机械工业技术中心（Cetim）、巴黎高科高等工程技术学校（Arts et Métiers Paristech）和法国矿业电信联盟（Institut Mines-Télécom）等研究与教学机构，以及工会和职业协会等。该联盟实行双主席制，第一届主席是两位工业界领袖，分别是法孚股份有限公司（Fives Société Anonyme）执行董事会主席桑切斯（Frédéric Sanchez）和达索公司首席执行官查理（Bernard Charles）。此外，法国经济部还牵头成立了"未来工业指导委员会"，组织和协调来自"未来工业联盟"、国家工业委员会、五个工会以及众多中小企业和外资企业的代表进行定期会面交流。[②]

第三节 "未来工业"计划

一 "未来工业"计划的出台

"新工业法国"计划描绘了法国工业复兴的路线图。从该计划提出到 2014 年底，法国政府共投入约 19 亿欧元资金，资助了约 1000 个项目，在以 3D 打印为代表的新生产工艺、纯电动飞机 E-Fan 以及无人驾驶汽车等领域

---

① Ministère du Redressement Productif, "The New Face of Industry in France", 2015, pp. 2 – 4, https://www. economie. gouv. fr/files/nouvelle_france_industrielle_english. pdf.

② Le Gouvernement, Rallying the "New Face of Industry in France", Press Pack, 18 May 2015, p. 15, https://www. economie. gouv. fr/files/files/PDF/pk_industry-of-future. pdf.

都取得了突破性进展，明显促进了法国工业创新网络的发展。同时，法国还与德国等其他欧洲国家在诸多领域开展了跨国合作。[①] 然而，随着计划的落实，其中存在的问题也不断暴露出来。

首先，"新工业法国"计划确定的优先发展领域过多，重点不够明确，造成财政资源使用效率不高。例如，在自动化生产设备方面，虽然法国也将"未来工厂"列入 34 个重点发展领域，但是相应的政策和资金支持力度仍较弱。在"新工业法国"计划实施的第一年时间里，法国与德国在这一领域的差距不仅未缩小，反而进一步拉大，德国工业机器人的增加速度是法国的 10 倍。尤其是，法国中小企业在相关领域的发展严重滞后。与德国相比，法国中小企业的规模更小，参与国际竞争的程度更低，因而处于更加不利的地位。[②]

其次，随着新产业革命的兴起，世界各国政府和产业界逐渐认识到，工业生产的组织结构正在发生根本性变化，拥有最好的产品或服务已经不是赢得竞争的充分条件，未来竞争的核心将聚焦于结合产品和服务的解决方案。[③] 法国政府认识到，"新工业法国"计划提出的优先发展领域不仅过于分散，而且将产品与服务割裂开来，难以适应参与国际竞争的新需要。

基于此，2015 年初，经济部时任部长马克龙（Macron）围绕"未来工业"计划这一核心，将 34 个优先领域整合为 9 个解决方案，即新资源开发、智慧城市、环保型交通工具、未来交通体系、未来医疗、数据经济、智能设备、数字安全和智能食品选择，期望借助数字技术改造实现工业生产转型升级，并通过工业生产工具现代化推动企业转变经营、组织、研发和商业模式，从而带动经济增长模式的变革，打造更具竞争力的法国工业。这一新计划于 2015 年 4 月被总统奥朗德命名为"未来工业"计划，成为法国版新产业革命的核心计划。

"未来工业"计划是"新工业法国"计划的升级版，该计划的出台一方

---

① Le Gouvernement，"Das Neue Industrielle Frankreich. Die Franzoesische Industrie der Zukunft gestalten"，p. 1，https://www. economie. gouv. fr/files/files/PDF/web-dp-indus-futur-Allemand-29 – 12. pdf.

② BMWi，"Industrie 4. 0. Zielmarktanalyse Frankreich 2016"，p. 19，https://www. ixpos. de/IX-POS/Content/DE/Ihr-geschaeft-im-ausland/_ SharedDocs/Downloads/bmwi-markterschliessungsprogramm-2016/bmwi-mep-marktstudie-frankreich-industrie-4. 0. pdf？v = 2.

③ Le Gouvernement，Rallying the "New Face of Industry in France"，Press Pack，18 May 2015，p. 15，https://www. economie. gouv. fr/files/files/PDF/pk_industry-of-future. pdf.

面吸收了德国工业4.0战略的经验，另一方面也表明法国产业与创新政策理念的重要转变。与"新工业法国"计划聚焦于产业界和企业之间的合作不同，"未来工业"计划还将专业协会与研究机构纳入，如机械与电子领域的机械工业协会（FIM）、法国电机电子工业协会（Gimelec）、法国生产设备与技术协会（Symop）、法国冶金行业协会（UIMM），信息通信技术领域的法国数字咨询与研究协会（Syntec numérique）和法国软件编辑联盟（AFDEL），以及巴黎高科农业学院、法国矿业电信联盟、原子能与替代能源委员会、法国机械工业技术中心等研究机构，旨在更好地推动协同创新，并与此前"竞争力极"计划的政策工具相配合。"未来工业"计划确定了法国经济向数字化转型的路径——五大支柱，并将前述九个解决方案确定为优先发展领域——九大支点。

二　"未来工业"计划的五大支柱

"未来工业"计划确定了以下五大支柱。

第一，开发尖端技术。法国的公共和私人研究机构将共同致力于开发尖端技术，重点是3D打印、虚拟厂房与物联网、增强现实技术、监控与控制技术、新材料、自动化与机器人、节能技术等七个领域，并将"未来工业"作为重点任务纳入国家研究战略，同时推动区域层面的网络平台建设，借助集群效应实现规模优势。围绕上述七个领域，"未来工业"计划将实施一系列项目，拟提供总计约3.5亿欧元的补贴和贷款。此外，工业项目公司基金还提供4.25亿欧元，并于2016年1月设立了工业平台，以测试和验证尖端自动化和数字生产技术。第一期1亿欧元补贴已于2016年底发放完毕，共资助了240个研发项目。例如，为促进开发数字建模、虚拟及数字工程技术，该基金专门资助ESI集团，支持其为制造业提供虚拟样机（Virtual Prototyping）解决方案。该解决方案的目标是使得工业客户可以全程监控与测试其产品及生产流程，从而大幅降低生产成本。

第二，扶持企业转型升级。"未来工业"计划将中小企业视为创新的重要力量。自2015年5月起，"未来工业联盟"将陆续为2000家中小企业提供一对一的专家评估服务，帮助企业领导层了解现有技术的整体情况，确定企业在人员、技术和组织方面存在的问题，并从价值链的角度改进和落实新的经营理念与模式。此外，该计划还通过建立区域性平台开展企业跟踪服务，基于共享数据库，预计以税收优惠（一年 25 亿欧元）和贷款（两年 21 亿欧元）等方式帮助超过 2000 家中小企业实现数字化、自动化和节能转型。在税收优惠方面，致力于为生产现代化而投资的中小企业，最多可获得 13% 的退税。在贷款方面，由法国公共投资银行以无担保方式向企业发放，最短为两年期，旨在促进生产结构的创新和改进，撬动更多私人投资。截至 2016 年年中，共有 851 家企业获得此类贷款，总额约为 7.19 亿欧元。Ventana 公司的例子可以较好地说明此类贷款的发放标准。该公司专门生产航空金属配件，并且拥有一种独特的砂模 3D 打印技术，而将此技术与数字模拟技术相结合可令客户企业节约 75% 的生产时间和约 50% 的成本。为支持该企业进行生产场所的数字化、信息化和自动化改造，"未来工业"计划通过法国公共投资银行为其发放了 450 万欧元的贷款。

第三，技能培训。培训新一代产业工人，以适应工业生产中不断提高的数字化和自动化的需求，是提高法国工业竞争力和创造工作岗位的重要前提。在工会的积极参与下，国家工业委员会一方面致力于设立与"未来工业"领域有关的跨学科研究项目，培育研究人员，另一方面开展有针对性的在职教育和继续教育。旨在为未来企业员工培训提供基于虚拟现实和按需定制的 3D 平台的 Seemake 项目，就获得了"未来工业"框架下的部际单一基金的资助。

第四，推广宣传"未来工业"。根据"未来工业"计划的部署，由未来工业联盟牵头，每年在法国全境组织"工业周"，计划举办 2550 场相关活动，到 2016 年底前在全国甚至欧洲层面推出至少 15 个样板项目，以提高法国工业的知名度和声誉。同时，法国企业还积极参加汉诺威工业博览会，以"创新工业"为主题提升法国工业的国际影响力。例如，在样板项目 Connect 的框架下，法国液化气空气集团（Air Liquide）在法国设立了运营中心，致力于将最新的数字技术（包括 3D 打印和虚拟现实）整合进生产现场工作人员的日常工作，运营中心通过远程遥控控制工厂的生产和能耗，而现场工作人员只需关注安全和设备运转，博世（Bosch）等其他 5 家企业也参与了这一项目。

第五，加强与欧洲国家的合作。"未来工业"计划提出，法国应在欧洲层面提出智能制造倡议，支持本国企业参与"地平线 2020 计划"，加强法国在欧洲标准制定领域的影响。此外，鉴于德、法两国的工业存在互补性和依赖性，德国擅长为工业厂商提供高质量的机械与设备，而法国则在软件开发、模拟技术、物联网及3D打印领域具备优势，法国致力于全面促进"未来工业"计划与德国工业4.0战略的对接，并且在欧洲投资计划框架下寻求与德国加强技术合作。例如，由法国政府通过"未来工业"计划支持的机器人企业Balyo，就与德国林德（Linde）公司建立了合作关系，主要是借助后者特有的定位技术，对传统叉车进行自动化和智能化升级。

三 "未来工业"计划的九大支点

为落实这五大支柱，"未来工业"将九大领域（见图7-2）作为支点，认为这些具有巨大发展潜力的领域是塑造法国未来工业的关键创新力量。由于"未来工业"计划的实施路径就是基于上述五大支柱，引导资源向这九大领域流动，因此九大支点也被称为九大解决方案。每个解决方案都配有专门的项目负责小组，对具体项目进行甄别和跟踪。以下逐一做简要梳理。

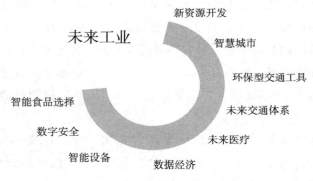

图7-2 "未来工业"的九大支点

第一，新资源开发（New Resources）。法国政府认为，由于全球资源消耗不可持续，因此新材料、新资源和新工艺的使用以及废物回收利用具有广阔的发展前景。法国环境研究机构ADEME预测，2012年至2020年，法国生物基产品市场规模将扩大37%，到2020年，全球3%的塑料生产将以生物为基础。目前法国每年要产生350万吨塑料垃圾，在这一领域具有巨大的发展潜力。总体而言，法国在新资源开发方面具有明显优势，包括处于全欧洲第四位的森林覆盖面积、在欧洲产值仅次于德国的化工产业和生物燃料生产，实力雄厚的垃圾回收产业以及高达11.82万人的从业者规模，等等。具体而言，法国将从以下几个方向努力：（1）促进化工公司生产工艺转型，使生产更清洁、能耗更低。(2) 发展和利用生物基资源。(3) 建立能够收集、分类和回收新材料的工业装置。根据 "未来工业" 计划设定的目标,到2020年,法国化工产业中植物基原材料的使用将增加一倍,在绿色化工和生物燃料产业领域直接创造5000个工作岗位,减少废物体积30%(至2025年减少50%),使非危险废物回收利用率达到55%(2025年达到60%),借助废物分类和回收产业的发展创造2万个就业岗位。截至2016年,法国政府在这一领域共启动了150个项目,提供了超过1亿欧元的资助,并撬动了30亿欧元的私人投资。

第二,智慧城市(Smart Cities)。预计到2050年,全球约有2/3的人口居住在城市,未来的城市化进程将日益面临环境变化的挑战,因此减少能源消耗和提高垃圾管控能力对于城市发展至关重要,而这背后也蕴藏着巨大商机。到2020年,这一领域的全球市场规模将达到1.5万亿欧元。法国在这一领域具备优势,拥有被纳入CAC40指数的处于世界领先地位的10家企业,5家世界级研究机构以及无数创新型中小企业,未来有望挖掘出千亿欧元规模的出口潜力。为此,法国将从以下几个方面努力:(1) 促进水和能源网络管理向更加智能化转型。(2) 提高建筑和各类消费活动的能效。(3) 提高建筑业的生产率、质量和可持续性,包括采用生物质建筑材料等。法国发展智慧城市的目标是到2020年新创造约11万个不可外包的工作岗位,其中建筑能源改造领域7.5万个,水处理领域1.6万个,木结构建筑领域0.9万个,智能电网领域1万个,并且通过出口实现1000亿欧元的高附加值收入。

第三,环保型交通工具(Eco-mobility)。未来,更廉价与环保的智能交通工具将成为新的重要产业部门。预计全球电池产业市场规模到2030年将达到300亿欧元,而无人驾驶技术市场规模到2035年将超过5000亿欧元。目前,法国汽车及配件产业拥有不少国际领先企业,从业者达35万人,依托既有优势进一步发展的潜力巨大。近年来,包括原子能和替代能源委员会在内的4个国家级研究机构越来越多地与众多中小企业合作,致力于相关创新活动。在 "未来工业" 计划框架下,法国不仅要发展电动汽车及其充电网络,还将继续致力于促进更清洁的传统发动机、无人驾驶系统、更便捷的城市公共交通工具以及实现氢气工业生产等。

第四,未来交通体系(Tomorrow's Transport)。法国在传统交通运输领域实力强劲。法国航空航天业从业者约35万人,年销售额达400亿欧元,是其对外贸易顺差的重要来源之一。2014 年，法国航空航天业贸易顺差达 200 亿欧元。此外，法国铁路产业的年营业额约为 66 亿欧元，居世界第三位，相关从业人员超过 10 万。在"未来工业"计划框架下，法国力图开发兼顾环保与竞争力的人员与货物运输解决方案，包括减少一半能耗的 TGV 高铁和船舶、预计将于 2030 年实现应用的混合电力飞机、适用于不同领域的成熟电池技术、整合智能交通工具的运输方案、全产业链成本核算、生产的模块化与数字化，等等。基于上述解决方案，将实现船舶化石能源消耗减少一半、未来高铁票价降低 25%、维修费用降低 30% 以及到 2020 年销售 80 架电力推进训练机等具体目标。

第五，未来医疗（Medicine of the Future）。在医疗器械与卫生技术领域，2012 年全球与法国市场规模分别达 3000 亿欧元和 200 亿欧元，年均增长率高达 5%，而医药与生物技术的市场规模更是以年均 20% 的速度增长。法国政府认为，以更低的成本提供更好的医疗保健服务，不仅是应对由人口老龄化带来的各种新需求的必要手段，也是本国可凭借自身雄厚实力成为未来医疗业领跑者的重要途径。法国的卫生部门享有良好声誉，拥有大量顶尖研究机构和创新型中小企业。此外，法国还拥有欧洲最领先的生物技术制造商。在"未来工业"计划框架下，法国将以数字化为抓手，优先发展医疗设备、创新疗法和高速基因测序诊断技术；创建医疗技术加速器平台，支持专业化初创基金，依托集群汇聚不同参与者；借助"战略卫生部门委员会"简化医疗市场准入程序，支持生物技术和创新医疗设备进入；加大公共资金对创新企业的支持，并采取必要措施加快临床实验。

第六，数据经济（The Data Economy）。得益于处于世界领先地位的数学、统计与计算机科学，法国大数据市场增长迅速，到 2020 年市场规模有望达到 90 亿欧元。在"未来工业"计划框架下，法国致力于促进大数据各领域的发展，包括云计算基础设施、超级计算机制造以及价值链数字模拟等，具体措施包括支持掌握超级计算等基础技术，为中小企业和初创企业开发使用大数据创新平台，支持基于特定产业的超级计算、云和大数据使用，借助适当培训和数据安全标签等创建一个对数据经济系统发展友好的生产系统，通过法国数据保护局（CNIL）设立工业生产过程认证程序，调整数据访问与利用的监管框架等，其目标是至 2020 年开发出每秒计算 10 亿 × 10 亿次的超级计算机，另外"软件即服务"（SaaS）学院将吸纳超过 600 个软件出品商，创造或保障 13.7 万个工作岗位。

第七，智能设备（Smart Devices）。当前法国约有 20% 的零售商配备了非接触式支付终端。此外，法国软件业发达，2014 年其增加值占 GDP 的比重全球排名仅低于美国、瑞典与挪威。在"未来工业"计划框架下，法国在这一领域的出发点是依托强大的产业基础，基于机器人技术、虚拟现实和物联网的融合，提供综合机器人与智能设备制造形成的解决方案，主要聚焦于健康、交通、支付和文化领域。在这一领域，"未来工业"计划的主要措施包括支持创建创新生态环境，通过推动创新产品和物联网模型的设计与生产加快创新周期，借助海外展会等活动推广和展示"法国技术"（French Tech），鼓励各类行为主体开展创新服务，目标是到 2020 年将非现金支付比例提高至 55%，使用智能手机支付者达 800 万人，超过 20 万人口的城市中有一半启用非接触式票务系统，20% 的法国公司实现基于物联网的生产。

第八，数字安全（Digital Confidence）。近年来，数字技术的爆发式增长对基础设施和数字服务提出了更高的要求，而网络安全在向数字化转型中扮演的角色也日趋关键。2013 年，欧洲网络安全产业市场规模达到 1400 亿欧元。法国是重要的电子元件产地，产量占欧盟总产量的 9%，同时又拥有超过 1.3 万家网络贸易公司，由此衍生出的网络安全产业提供了超过 4 万个工作岗位。基于这些优势，法国将立足于从物理组件生产、软件设计到基础设施各阶段发展的整个数字生态体系的安全，推动性能突出、节能、运行可靠与安全的技术开发，包括多核芯片和 5G 网络等；为中小企业和初创企业提供技术与资金支持；保证法国在电子元件和电力推进卫星等战略领域的技术自主权；提高业务人员对安全和可靠性问题的认识等。在这一领域，"未来工业"计划的目标包括：支持半导体制造商意法集团在纳米技术领域实现产能翻倍；推动网络安全市场快速发展，至 2020 年法国国内市场和出口分别实现 20% 与 30% 的增长；开发出千倍容量的 5G 移动网络和纯电力卫星等。

第九，智能食品选择（Smart Food Choices）。近年来，健康食品工业在全球兴起，2020 年之前市场年均增长率有望达到 2.5%。法国是农业大国，同时也是食品生产与出口大国，食品业产值位列欧洲第三，吸纳了 58.5 万劳动力。提供更安全、更健康、生产方式更可持续且有巨大出口潜力的食品，是法国在这一领域的目标。2014 年 6 月，法国政府推出"食品工业计划"，为应对以下五大挑战提供工业解决方案：恢复肉类行业竞争力、发展功能性食品市场、包装创新、可持续冷链解决方案、保证食品饮料质量安全。此外，还试图抓住数字化工具发展带来的机遇，扩大法国食品的国际份额，在法国具有一流研究能力的食品领域（如酵母与蛋白质）成为国际标准领导者。①

四 "未来工业"计划的资助方式

早在 2010 年，法国政府曾启动"未来投资项目"（Programme d'Investissements d'Avenir，PIAVE），专门拨款 350 亿欧元用于推动职业与高校教育、科研及其成果应用、工业现代化、可持续发展、数据经济、健康与生物技术的发展，支持形式包括直接参股、补贴和信贷。这一项目分别在 2013 年与 2017 年启动第二期与第三期，先后追加 120 亿欧元与 100 亿欧元拨款，使总资助额累计达到 570 亿欧元。② 除了这一项目外，法国还有为数众多的针对特定领域的扶持机制。

自 2015 年以来，为落实"未来工业"计划，法国政府一方面引导原有产业政策工具（包括税收优惠等）向"未来工业"倾斜，另一方面还依托公共财政和法国公共投资银行成立各类新的基金，从不同角度支持工业和经济向数字化转型。③ 表 7 - 1 给出了截至 2016 年底法国用于落实"未来工业"计划的各类政策工具的情况。

表 7 - 1 法国落实"未来工业"计划的政策工具（截至 2016 年底）

工具名称	资助范围	资金额度（亿欧元）
Fonds Ambition Numérique	经济数字化	3
Fonds Ecotechnologies	可再生能源、循环经济、智能电网、未来汽车	1.5

① Le Gouvernement, Rallying the "New Face of Industry in France", Press Pack, 18 May 2015, https://www. economie. gouv. fr/files/files/PDF/pk_industry-of-future. pdf, last accessed on 8 July 2018.

② Projet de loin de finances pour 2018: Grand plan d'investissement, p. 12, https://www. performance-publique. budget. gouv. fr/sites/performance_publique/files/farandole/ressources/2018/pap/pdf/jaunes/Jaune2018_grand_plan_investissement. pdf, last accessed on 8 July 2018.

③ BMWi, "Industrie 4. 0 Zielmarktanalyse Frankreich 2016", pp. 34 - 36, https://www. ixpos. de/IXPOS/Content/DE/Ihr-geschaeft-im-ausland/_SharedDocs/Downloads/bmwi-markterschliessungsprogramm-2016/bmwi-mep-marktstudie-frankreich-industrie-4. 0. pdf? v = 2, last accessed on 8 July 2018.

续表

工具名称	资助范围	资金额度（亿欧元）
Fonds Sociétés de Projets Industriels（SPI）	工业	7
Fonds French Tech Accélération	初创中心	2
Fonds National d'Amorçage	处于成长期的创新企业	6
Fonds de fonds Multicap Croissance	技术投资	6.5
Prêt Vert	节能环保设备现代化	3.4
Prêt Numérique	中小企业数字技术	3
Prêt Robotique	自动化	3
Prêt Croissance Industrie	中小企业就业	2.7
Partenariats Régionaux d'Innovation（PRI）	地区优先项目	每个地区 20 个
Fonds National Pour la Société Numérique（FSN）	经济数字化	10
Projets Industriels d'Avenir（PIAVE）	"新工业法国"计划框架下的相关活动	3.05
Projets de Recherche et Développement Structurants Pour la Compétitivité（PSPC）	企业与研究机构共同项目	5.7
Fonds Accélération Biotechnologies Santé	生物技术与卫生产业	3.4
Fonds Ville de Demain	未来城市	0.5
Fonds Ambition Amorcage Angel	初创企业发展	0.5

资料来源：BMWi，"Industrie 4.0. Zielmarktanalyse Frankreich 2016"，pp. 34 – 36.

第四节 小结

本章对近年来法国新产业战略的研究围绕奥朗德政府 2013 年 9 月推出的"新工业法国"计划和 2015 年 5 月提出的"新工业法国"计划升级版——"未来工业"计划展开，上述两个计划有时也被称为法国的"再工业化"战略。总结前文的梳理和剖析，可得出以下几点基本认识。

第一，从出台背景上看，"新工业法国"计划和"未来工业"计划是近年来法国政府基于反思国际金融危机和应对新产业革命挑战的考虑提出的新产业战略。具体而言，国际金融危机后重新审视工业的地位进而开始严肃应对"去工业化"，试图抓住新产业革命机遇提升本国产业结构，对政府经济功能认识的发展与强化等因素共同促使法国政府出台了上述战略。该战略既带有重振法国工业的"再工业化"的考虑，也有以此拉动法国经济全面转型升级的意图。然而，值得注意的是，法国的新产业战略强调工业却并不局限于工业本身，尤其是"未来工业"计划提出要发展融合产品和服务的解决方案，说明法国一方面重视工业对整体经济的带动作用，另一方面也深知工业的发展离不开服务业的支持，这或许是法国政府并未提出明确的"再工业化"目标的重要原因。

第二，从内容上看，通过提出"新工业法国"计划和"未来工业"计划，法国政府基于自身对未来工业发展趋势的判断，同时参考了德国工业4.0战略的方向和做法，给出了本国未来重点发展的工业领域。这些计划在某种程度上依托法国传统的产业政策与创新政策，尤其是此前的"竞争力极"计划，提出要引导生产要素和资源向特定行业集聚，同时借助政府、企业、教学研究机构及各类协会的协同合作促进创新的系统性方案。总体而言，"新工业法国"计划和"未来工业"计划是典型的面向未来的产业发展战略，旨在提升产业结构。与"新工业法国"计划相比，"未来工业"计划重点更明确，同时更注重发展基于产品和服务融合的解决方案。从发展方向上看，上述计划兼顾工业和整体经济的智能化、网络化和绿色化发展，与新产业革命的发展趋势是高度一致的。

第三，"新工业法国"计划和"未来工业"计划始终将创新置于核心地位。从支持创新的具体做法上看，法国政府将传统产业政策工具（包括税收优惠、政府拨款等）与各类新的公共基金相结合，从不同角度支持工业的智能化、网络化和绿色化发展。从支持的企业类型看，法国正在由主要支持大企业集团向支持大型企业和中小企业并重转型。法国政府于2013年专门成立公共投资银行促进中小企业创新即这一转型的明确体现。

第四，"新工业法国"计划和"未来工业"计划的出台表明，近年来法国政府干预经济的模式正在转型升级，在干预方向和方式上均有所调整。长期以来，法国被公认为直接干预式产业政策的积极践行者。近年来，国际金融危机爆发和新产业革命兴起促使法国进一步思考政府的经济角色，认为除了营造支持工业发展的框架条件以及必要的部门救助外，政府还应在引导更具创新性和更高效的资源配置上扮演积极角色。正是基于上述认识，"新工业法国"计划和"未来工业"计划比以往的产业政策更具前瞻性，也更加全面系统。对此，法国时任总统奥朗德曾评价道，法国的新产业战略既非自由主义，也非计划主义，既不是照搬德国经验，也不是走英国道路，它是务实并且具有法国特色的，而国家在其中发挥着"战略性"作用。①

---

① *François Hollande présente sa stratégie de réindustrialisation*，Boursorama Banque http://www.boursorama. com/actualites/francois-hollande-presente-sa-strategie-de-reindustrialisation-ce851f34315d5 eafe125658844d9331d.

第八章 意大利：国家能源战略与工业 4.0 计划

意大利是欧盟第四大经济体、欧元区第三大经济体，也是重要的西方发达工业化国家。作为第二批进入"产业革命"的国家，直到 19 世纪末，意大利才开始由农业国逐步向工业化国家转型，但是在经历 20 世纪初的经济腾飞和二战结束后的 20 年"经济奇迹"之后，意大利成功跻身欧洲工业化强国之列。自 1990 年代以来，随着经济全球化的加剧，意大利的经济竞争力出现相对落后的趋势，然而，不可否认，意大利工业和"意大利制造"至今仍以其规模和特色在世界市场占有不容忽视的一席之地。尤其是，自 1980 年代初开始，西欧各国出现了明显的"去工业化"趋势，但是意大利产业界始终重视发展工业，积极探索夯实和提升工业竞争力之道，并且取得了显著成绩。虽然目前意大利的经济总量在欧盟成员国中位列第四，但是从工业增加值及其占 GDP 的比重看，却是仅次于德国的欧盟第二大工业国。如第五章所述，在欧盟委员会提出"再工业化"战略的 2012 年，意大利工业增加值占 GDP 的比重为 23.87%（制造业增加值比重为 15.39%），在欧盟大国中仅低于德国，明显高于英国和法国（见图 5 - 1）。从产业链和价值链看，意大利的工业体系较为完备，既有航空航天、机械设备与机器人、医药、高铁与城市轨道交通、节能环保等高新技术部门，也有汽车制造、汽车设计与零配件制造、农业设备与农产品加工、皮革业、成衣业等所谓"传统产业"，且在上述部门都具有较强的竞争力。特别是，"意大利制造"的最典型部门，包括服装与时尚、家庭装修装饰、自动化机械、食品饮料这四大制造业部门，即人们较为熟知的"4A"部门，在国际市场上颇具竞争力。① 从产业组织形式上看，意大利被誉为"中小企业王国"，拥有大量富有活力与创新能力的中小企业，尤其是，其小企业在诸多部门的细分市场（利基市场）上表现抢眼，不乏世界级的"隐形冠军"。本章将聚焦于近年来意大利出台的新产业战略。

需要特别说明的是，本章对意大利新产业战略的考察将围绕两个对象展开，分别是该国 2013 年出台的国家能源战略和 2016 年出台的工业 4.0 国家计划。之所以兼论这两个战略，而非只聚焦于工业 4.0 计划，主要出于以下三方面的考虑。其一，意大利是西方富国中的资源能源"穷国"，与德国、法国、英国等其他西欧大国相比，意大利的能源短缺问题更加突出，能源成本对其工业竞争力具有更关键的意义。2010 年，意大利的能源对外依赖度高达 84%。能源短缺导致能源价格过高，直接拖累了工业和整体经济的竞争力。换言之，意大利要提高自身工业竞争力，降低能源成本是必经之路，而这也是 2013 年提出国家能源战略的重要考虑之一。其二，能源产业本身也是重要的工业部门，既是重要的基础性与战略性部门，又因涵盖节能环保与可再生能源等前沿领域而对产业结构升级具有先导性意义。意大利国家能源战略在目标上兼具提升能源产业本身和工业整体竞争力的内容，是近年来该国新产业战略的重要组成部分，有必要做专门考察。其三，从政府经济角色的角度看，虽然位居西方发达国家之列，意大利却有着典型的"弱政府"特征。所谓"弱政府"主要表现在，与其他发达国家相比，意大利政府在纠正市场失灵、通过再分配缩小社会不公正以及制定国家经济发展战略方面，都存在较明显的功能缺位。② 尤其是，因在制定经济发展规划方面鲜有作为，意大利几乎被公认为最缺乏中长期战略的发达国家。近几年国家能源战略和工业 4.0 国家计划的相继提出，则体现了在国际金融危机和新产业革命的背景下，意大利政府力图弥补战略缺失进而强化政府职能的积极尝试。鉴于政府经济角色的转变是本书的重要线索之一，对上述两个战略做较为细致的考

---

① 上述四大制造业部门的意大利文名称分别为：Abbigliamento-Moda（服装与时尚）、Arreda-mento-Casa（家庭装修装饰）、Automazione-Meccanica（自动化机械）、Alimentari-Bevande（食品饮料），都是以字母"A"开头，故常常被简称为"4A"部门。

② 有关意大利"弱政府"特征的论述，可参见孙彦红："意大利公共债务问题评析"，《欧洲研究》2015 年第 2 期。

察确有必要。

第一节　意大利的国家能源战略

一　意大利国家能源战略出台的背景

前文述及，与其他发达国家相比，意大利有着典型的"弱政府"特征，几乎被公认为最缺乏中长期战略的发达国家。这一特征在能源政策上亦有明确体现。虽然能源部门的重要性不言而喻，但是二战结束后直至 2008 年国际金融危机爆发前，意大利仅出台过两份"国家能源计划"。第一份于 1975 年发布，旨在应对石油危机冲击，促进能源类型的多样化。第二份于 1988 年发布，主要目的在于加快推进能源市场的自由化进程。在此后的 20 多年时间里，虽然国内能源消费结构与世界能源格局均发生了深刻变化，但是意大利始终未制定新的中长期能源发展规划。直到 2013 年，在危机中上任的蒙蒂（Mario Monti）技术政府终于出台了战后第一份国家能源战略，全称为"意大利国家能源战略：打造更具竞争力与可持续的能源"，[①] 由经济发展部和环境、国土与海洋部以部级法令的形式联合颁布。

那么，意大利在危机中出台国家能源战略主要出于何种考虑？或者说受到哪些重要因素的推动呢？在笔者看来，除保障能源供给安全这一传统考虑之外，以下三个方面亦不容忽视。

第一，促进能源部门发展与转型，为尽快摆脱危机、实现可持续的经济增长与就业开辟新空间，是意大利出台国家能源战略的重要考虑。

自 2008 年底开始，在国际金融危机、经济危机、主权债务危机的冲击下，意大利经历了二战结束后最为严重的经济衰退，失业率也随之一路攀升。2011 年底蒙蒂技术政府上台后，尽快摆脱经济困境，开启新的可持续增长通道，缓解失业问题，成为其首要任务。考虑到能源部门自身发展状况及其在整个经济体系中的地位，意大利政府将之视为撬动经济增长与促进就业的重要支点。

---

① Ministry of Economic Development, *Italy's National Energy Strategy: for a More Competitive and Sustainable Energy*, March 2013.

首先，对于意大利而言，能源不仅是支持经济社会运转的基础性部门，也是为数不多的在危机中就业人数不降反升的工业部门之一，以特有的"反周期"作用为抵御危机做出了积极贡献。根据意大利经济发展部的数据，2011 年，该国能源部门总就业人数约为 47.2 万，比 2010 年增加了 3.6 万人，这主要得益于可再生能源部门的迅速发展。[①] 其次，国际金融危机爆发后，促进实体经济结构升级受到世界各国的普遍重视，而以节能环保与发展可再生能源为核心内容的绿色经济则成为公认的新的经济增长点。基于自身既有优势，意大利对于发展绿色经济颇为重视。2012 年，该国经济发展部时任部长帕塞拉（Corrado Passera）在一次访谈中强调，"（意大利）若充分挖掘绿色经济的发展潜力，不仅能拉动经济增长，还有望创造 100 万~200 万个新就业岗位"。[②] 最后，自 1990 年代以来，意大利传统能源部门（包括传统电力行业、天然气行业与炼油业等）越来越受到缺乏协调规划、竞争不充分、效率低下等结构性问题的困扰，金融危机爆发后产能过剩问题也凸显出来。实际上，这些问题大多是该国经济体系的结构性弱点在能源部门的具体体现。因此，推动能源部门的结构性变革，无疑有助于提高整个经济体系的效率，进而挖掘新的经济增长潜力。

总之，急于摆脱经济困境的压力促使意大利重新审视能源部门的角色，也决定了其国家能源战略带有明确的经济增长导向。正如意大利时任总理蒙蒂在 2012 年的一次能源政策高层咨询会上所言，"（国家能源战略）将推动能源部门角色的转变，不仅不再拖累经济竞争力，还会成为拉动经济增长乃至挽救意大利的关键部门"。[③]

第二，降低能源价格，挖掘能源关联行业的发展潜力，提升工业竞争力，适应欧盟推进"再工业化"战略的新趋势，是意大利出台国家能源战略的另一重要考虑。

---

① 有关意大利能源部门规模与就业人数等信息，可参见意大利经济发展部网站：http://www.sviluppoeconomico. gov. it/index. php/it/energia/fonti-rinnovabili-e-georisorse/poi-energie-rinnovabili-e-risparmio-energetico。

② 转引自 Andrea Curiat，"Il Comparto non Sente la Crisi：crescita record degli occupati"，Rapporto Energia，Il Sole 24 Ore，21 febbraio 2012，http://www. ilsole24ore. com/art/economia/2012 – 02 – 20/comparto-sente-crisi-crescita-142547. shtml? uuid = Aa7fdkuE。

③ 转引自 Silvana Santo，"Strategia Energetica Nazionale，Ecco il Testo. Al via la Consultazione Pubblica"，Eco dalle Città，16 ottobre 2012. http://www. ecodallecitta. it/notizie/113716。

意大利虽位居西方七大工业国之列，但是能源短缺始终是拖累其经济发展的一大短板。由于境内煤炭、石油与天然气资源很少，核能在 1987 年与 2011 年的两次全民公投中又被彻底摒弃，意大利的能源自给率一直非常低。2010 年，意大利初级能源消费总量为 1.65 亿吨油当量（见图 8−1），其中 84% 依赖进口，远高于欧盟整体 53% 的对外依赖度。[①] 能源短缺的直接后果就是能源价格过高，削弱了工业与整体经济的竞争力。如果说二战结束至 1980 年代，意大利凭借长达 20 年的"经济奇迹"以及此后"第三意大利"的崛起勉强克服了"能源短板"的话，那么自 1990 年代以来，随着经济步入低迷期，能源成本过高对工业与经济竞争力的负面影响则逐步凸显出来。2008 年之后，对于遭受危机重创的意大利工业体系而言，高昂的能源价格无异于雪上加霜。2012 年，意大利的平均零售电价比德国高 77%，比法国和西班牙高约 60%。[②] 如此高昂的能源成本导致工业复苏乏力，也会削弱其经济结构性改革的积极效应。鉴于此，为保持与提升工业竞争力，巩固"意大利制造"的国际地位，尽快降低能源成本成为意大利无法回避的艰巨任务。

此外，适应欧盟推进"再工业化"的新趋势也向意大利能源部门的发展提出了挑战。第二章述及，欧盟委员会于 2012 年出台"再工业化"战略，提出了未来优先发展的六大领域：清洁生产的先进制造技术、关键使能技术、生物基产品、可持续的建筑材料与原材料、清洁车辆与船舶、智能电网。作为欧盟最重要的工业国之一，意大利对欧盟"再工业化"战略持积极态度，除进一步强调工业与制造业的核心地位之外，也明确将上述领域作为发展重点。鉴于这些领域涵盖的节能环保、新能源、新能源汽车、循环经济、能源基础设施等大多属于能源部门或与其密切相关，全面理顺能源部门的发展显得尤为关键。

可见，无论是降低能源成本，还是发展相关的新兴产业，意大利若想提升工业竞争力，制定一套旨在"扬长避短"的能源发展战略都是必要且重要的。

第三，积极适应乃至引领欧盟能源与气候战略的新趋势，把握欧洲能源

---

① Ministry of Economic Development, *Italy's National Energy Strategy: for a more competitive and sustainable energy*, March 2013, p. 20.

② Ministero dello Sviluppo Economico, *Elimenti Chiave del Documento di Strategia Energetica Nazionale*, Marzo 2013, p. 43.

市场一体化带来的新机遇，是意大利出台国家能源战略的另一重要考虑。

近年来，出于在新形势下保障能源供给安全、应对气候变化、提高经济竞争力等多重考虑，欧盟密集出台了一系列重要的能源与气候战略，如 2008 年的"能源与气候一揽子计划"，2010 年的"欧盟能源 2020 战略"，2011 年的"欧盟能源 2050 年路线图"，以及 2014 年的"欧盟 2030 年气候与能源政策框架"，等等。通过上述战略，欧盟提出了三个方面的阶段性目标：（1）以 1990 年为基准年，到 2020 年实现温室气体减排 20%，到 2030 年减排 40%，到 2050 年减排 80% ~ 95%；[1]（2）到 2020 年将可再生能源占最终能源消耗的比重提升至 20%，到 2030 年至少提升至 27%，到 2050 年提升至 55%；（3）提高能效，到 2020 年初级能源消耗量比 1990 年减少 20%，到 2030 年至少减少 27%。对于落实欧盟能源与气候政策[2]，意大利一向颇为积极，相继就发展可再生能源与提高能效出台了多个国家行动计划。然而，随着国家行动计划的制定与落实，意大利逐渐认识到，要适应进而引领欧盟能源与气候战略发展的新趋势，仅依靠被动地出台"碎片式"的计划并不够，还必须立足于国家层面，积极主动地出台一套旨在全面协调能源部门发展的战略规划。另外，随着电力与天然气部门一体化不断取得实质性进展，[3] 近几年全面推进欧洲能源市场一体化逐步提上日程。在此背景下，抓住欧洲能源市场一体化的新机遇，通过基础设施互联互通与规制规则协调统一促进本国能源部门的发展与转型，也成为推动意大利制定国家能源战略的重要因素。

综上所述，正是力图重启可持续经济增长的紧迫感，提升工业竞争力的压力，以及积极适应乃至引领欧盟能源与气候战略的现实需要等重要因素，共同推动意大利在危机中出台了国家能源战略。如果说之前意大利的能源政策以追随和落实欧盟政策为主的话，那么危机中制定的国家能源战略则更加注重能源部门对工业和整体经济的影响，经济增长与竞争力指向更加明确。可以说，危机一方面使得能源部门存在的问题与蕴藏的潜力得以凸显，另一

---

① 近年来欧盟出台的能源与气候战略文件及其内容简介，均可在欧盟委员会能源总司网站（https://ec. europa. eu/energy/en/topics/energy-strategy）与环境总司网站（http://ec. europa. eu/clima/about-us/mission/index_en. htm）上下载查看。

② 例如，Ministero dello Sviluppo, *Piano di Azione Nazionale per le Energie Rinnovabili dell'Italia*, 30 giugno 2010；Ministero dello sviluppo, *Il Piano d'Azione per l'Efficienza Energetica*, luglio 2011。

③ 例如，在电力部门，自 1990 年代中期以来，欧盟先后颁布了三个电力改革指令，旨在启动与深化成员国电力市场化改革，进而推进欧盟统一电力市场建设。

方面也迫使意大利政府开始严肃应对经济体系中的结构性问题，从而为国家能源战略的出台创造了契机。从这个意义上说，出台国家能源战略的确是近年来意大利推进结构性变革的关键举措，是其努力改变自身"弱政府"形象的重要尝试。

二 意大利国家能源战略的内容与实施框架

与之前的两份国家能源计划相比，意大利于 2013 年出台的国家能源战略更加全面系统，不仅目标明确，而且制定了详尽具体的行动计划。在内容上除针对近年来能源部门面临的挑战之外，还特别注重能源部门与整体经济的良性互动，将竞争力与经济增长置于优先地位。概言之，可将该战略的主要内容与实施框架归纳为"四个核心目标"、"五个预期成果"与"七个优先行动方向"。

（一） 四个核心目标与五个预期成果

基于前述多重考虑，意大利国家能源战略确定了至 2020 年要实现的四个核心目标：第一，大幅降低与其他欧洲国家的能源价差，减少能源消耗，提高经济竞争力；第二，实现超越欧盟气候与能源战略的目标；第三，保障能源供给安全，减少进口依赖；第四，促进能源部门的投资与技术创新，挖掘绿色经济的发展潜力，实现更具可持续性的经济增长。

为了使上述四个目标更加明确具体，该战略还相应地确定了五个基于量化指标的预期成果。

第一，进一步减少能源消耗，改善能源消费结构，提高可再生能源比重。提出到 2020 年初级能源消耗比 1990 年减少 24%，高于欧盟设定的 20%的目标。在初级能源消耗中，可再生能源所占比重将由 2010 年的 11%（见图 8-1）提升至 2020 年的 22%~23%（原文如此——著者注），化石能源比重则由 87%降至 73%~78%。此外，2020 年可再生能源发电所占比重将达到 35%~38%，有望赶上甚至超过天然气成为第一大发电来源。

第二，推动能源价格大幅下降，降低经济社会运行成本。提出到 2020 年将能源零售价格降至欧盟国家平均水平。其间，随着能源价格下降与能耗总量减少，全国年均电力与天然气消耗支出将有望减少 90 亿欧元（2013 年约为 700 亿欧元）。

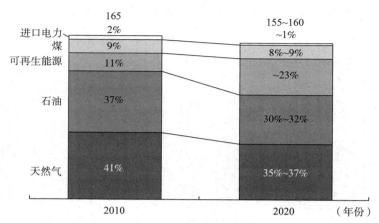

图 8 - 1　意大利国家能源战略设定的初级能源消耗总量与
结构目标（单位：百万吨油当量，%）

资料来源：Ministero dello Sviluppo Economico, *Elimenti Chiave del Documento di Strategia Energetica Nazionale*, Marzo 2013, p. 9.

　　第三，超过欧盟为其设定的 2020 年能源与气候目标。提出到 2020 年温室气体排放比 2005 年减少 21%（见图 8 - 2），超过欧盟为其设定的 18% 的减排任务；可再生能源占最终能源消耗的比重将达到 19% ~ 20%（相当于占初级能源消耗的比重为 22% ~ 23%），高于欧盟为其设定的 17% 的目标；在能效方面，如前所述，提出初级能源消耗比 1990 年减少 24%，也高于欧盟为其设定的 20% 的目标。[①]

　　第四，提高能源供给安全，减少对外依赖。提出通过提高能效与发展可再生能源等途径，将能源对外依赖度由 2010 年的 84% 降至 2020 年的 67%。其间，全国年均能源进口支出将有望减少 140 亿欧元（2013 年总额约为 620 亿欧元），接近于其 GDP 的 1%，从而有助于实现经常账户平衡。

　　第五，大幅增加投资，推动能源部门发展与转型。2013 年至 2020 年，能源部门新增投资将达到 1700 亿 ~ 1800 亿欧元，其中属于绿色经济的可再生能源与节能投资将占到 70%，而传统能源部门（包括天然气输送与分销网络、液化天然气接收与存储、发电与输配电、石油与天然气开发、炼油业

---

　　① 2008 年的 "能源与气候一揽子计划" 出台后，欧盟委员会根据人均 GDP 水平、能源消费结构、各项指标的起点等方面的差异，为各成员国设定了不同的减排、发展可再生能源与能效任务。

等）提质增效的投资将占 30%。从资金来源上看，政府与私人部门投资各占约 50% 的比重。

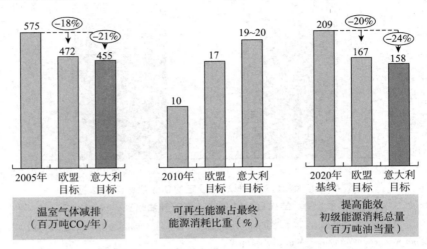

图 8-2　意大利国家能源战略与欧盟为其设定的 2020 年目标对比

资料来源：Ministero dello Sviluppo Economico, *Elimenti Chiave del Documento di Strategia Energetica Nazionale*, Marzo 2013, p. 8.

（二）七个优先行动方向

为实现上述核心目标与预期成果，意大利国家能源战略制定了七个优先行动方向。从总体上看，这七个行动方向既涵盖了此前出台的多个国家行动计划的内容，又增加了针对能源部门其他领域的若干举措，并进行了系统性整合。以下逐一简要评介。

第一，持续提高能效。提高能效对实现四个核心目标具有重要意义，因此被置于七个优先行动方向之首。实际上，近年来意大利已引入了可交易节能证书机制（又称白色证书机制）、税收优惠以及能效最低标准等一系列节能激励与规制措施。从侧重点看，国家能源战略除继续重视提高建筑物能效外，还特别强调提高工业与交通部门的能效，并提出以下行动：（1）在建筑与交通部门实行更加严格的能效标准，制定并切实执行惩罚措施；（2）将之前仅适用于工业企业的节能税收优惠推广至民用建筑领域；（3）在公共部门引入专门的"热力账户"制度（Conto Termico），实行合同制节能管理；（4）将白色证书机制由能源供应部门推广至工业、服务业与基础设施等领域。

第二，提高国内天然气市场竞争性，打造南欧天然气输送枢纽。天然气在意大利初级能源消费结构中所占比重长期高于 40%，为欧盟大国中最高，且 90% 以上的天然气消费依赖进口，这也是造成其能源价格高的主要原因之一。为持续压低天然气价格，把握欧盟能源市场一体化的机遇，国家能源战略提出以下行动：（1）进一步放开国内天然气市场，提高竞争性；（2）建设天然气输送与存储设施以及液化天然气接收终端等基础设施，保证一定的储量以应对紧急状况；（3）促进意大利与其他欧洲国家天然气管道的互联互通，逐步打造天然气由南欧进入中北欧的门户；（4）促进天然气进口来源地多样化，降低能源供应的地缘政治风险。

第三，持续发展可再生能源。近年来，意大利的可再生能源发展较快，但是也出现了补贴高加重财政负担、过于偏重发电、基础设施相对落后等问题。国家能源战略一方面强调可再生能源发电的可持续性，另一方面也开始重视可再生能源在制热制冷与交通部门的应用，主要行动包括：（1）随着技术进步推动成本下降，将逐步减少太阳能光伏发电上网补贴，并于 2015 年起终止针对其他可再生能源发电的绿色证书机制；[①]（2）增加对可再生能源发电技术创新与建设智能电网的投资；（3）通过提供部分启动资金等措施支持小规模可再生能源制热制冷项目，为大区建设可再生能源制热制冷网络提供担保基金；（4）支持第二代生物燃料的技术创新与应用。

第四，发展电力市场与电力基础设施。近年来，意大利电力部门面临着紧迫的转型压力，除电价偏高外，还出现了电力需求下降、热电发电过剩、可再生能源发电局部过剩等新问题。对此，国家能源战略提出要发展一个自由高效且兼容各类可再生能源发电的国内电力市场，同时积极推动欧洲电力市场一体化，具体行动包括：（1）除压低天然气价格外，还通过减少可再生能源发电补贴、打破大区间电力市场条块分割、提高电网运营效率等方式降低电价；（2）提高电力服务质量，探索面向不同类型用户的供电模式，尤其要降低中小企业的用电成本；（3）发展具有高级控制系统与储能功能的智能电网，使可再生能源发电入网更加方便快捷；（4）推动欧洲电网运营规则的协调与跨境联网。

---

① 意大利针对太阳能光伏发电采取固定上网电价的补贴方式，针对其他类型可再生能源发电采取强制性配额制度，也即绿色证书交易与回购机制。

第五，重组炼油业与燃料分销部门。近年来，意大利炼油业面对着来自新兴国家的竞争压力，出现了产能过剩，同时燃料分销部门规制过严、效率低下的问题也日益凸显。为推动这两个部门的转型与现代化，国家能源战略提出以下行动方向：（1）提高对炼油业战略地位的认识，制定专门的结构调整规划，引导企业在优化生产周期与提高产品质量上增加投资；（2）推动欧盟实行石油产品"绿色认证"制度，提高意大利与欧盟产品的竞争力；（3）提高燃料分销部门的自由化水平，包括逐步推广自助服务模式，取消对加油站服务项目的限制，提高价格透明度等；（4）精简燃料分销网络，关闭多余网点；（5）逐步打破燃料分销商附属于石油公司的僵化运营模式，提高经销商自主权。

第六，实现国内石油、天然气的可持续生产。意大利国内的石油、天然气储量虽然不高，但是在欧盟国家中仍居前列。[①] 在国家能源战略中，意大利提出要逐步将国内石油、天然气生产恢复至 1990 年代的水平，满足 7% ~ 8% 的国内能源消费，并提出以下行动：（1）严格执行欧盟安全生产标准，继续保持低事故发生率；（2）提高石油、天然气开采与生产的审批效率；（3）近海开采执行等同于或高于欧盟标准的环境保护措施，同时注重保护自然景观；（4）投资建设相关基础设施，挖掘石油、天然气行业的经济与就业潜力；（5）立足于既有技术与产业优势，促进艾米利亚－罗马涅与西西里岛等大区相关产业区的发展。此外，该战略特别强调，出于安全与环保的考虑，意大利不在敏感领域开采能源，尤其是不在本土与近海开采页岩气。

第七，推动能源部门管理体系的现代化。针对能源部门管理体系长期存在的条块分割、权力过于分散、决策效率低等一系列问题，国家能源战略从不同层面提出以下努力方向：（1）在国际层面，既要形成明确的国家立场，又要加强与欧盟机构的沟通与协调，更加积极主动地参与欧盟乃至全球能源与气候规则的制定；（2）在国家层面，明确政府各部门职责，加强相互间沟通协作，简化部级立法程序，同时加强议会、政府与审批机构之间的协同行动；（3）进一步明确中央、大区与市镇间的权责分工，通过修改宪法相关条

---

① 2011 年，意大利已探明的石油、天然气储量在欧盟成员国中位列第五，虽远低于英国，却高于法国和德国。参见 Ministero dello Sviluppo Economico, *Elimenti Chiave del Documento di Strategia Energetica Nazionale*, Marzo 2013, p. 56。

款，将涉及国家利益的能源基础设施项目的审批权收归中央，同时缩短各级政府审批能源项目的时间。实际上，出台国家能源战略已经是该国能源管理体系向现代化迈出的重要一步。

综上所述，涵盖竞争力、气候、能源安全、经济增长等内容的四个核心目标，相应的五个预期成果，以及各有侧重而又相互联系、互为补充的七个优先行动方向，共同构成了较为全面系统的战略实施框架。总体而言，这一实施框架务实且着眼于未来，的确体现了意大利试图弥补战略缺失进而强化政府职能的切实努力。

第二节　意大利工业 4.0 国家计划

一　意大利工业 4.0 国家计划的出台背景

受到新产业革命浪潮和欧美各国纷纷出台新的产业发展战略的推动，意大利政府于 2016 年 9 月提出工业 4.0 国家计划（Piano Nazionale Industria 4.0）。该计划于 2017 年 1 月 1 日正式付诸实施，由政府总理牵头专门成立工业 4.0 国家指导委员会，要求经济与财政部、经济发展部、大学与研究部、劳动与社会政策部等部委以及地方政府积极参与。总体而言，意大利出台工业 4.0 国家计划，既受到新产业革命兴起这一全球性因素的推动，同时也是基于自身工业与经济发展面临的机遇和挑战所做的现实选择。

从外部来看，"新产业革命"概念在全球迅速兴起，欧盟层面以及德国、法国、英国等重要成员国纷纷提出新的产业发展战略，是意大利出台工业 4.0 国家计划的重要推动因素。作为欧洲最重要的工业国之一，意大利对欧盟"再工业化"战略持积极态度，但是受到国内政治局势复杂、政府不稳定的制约，始终未制定国家工业发展战略。近几年，意大利工业界越来越感受到来自新产业革命浪潮的冲击和来自其他国家新产业战略的竞争压力，纷纷呼吁政府尽快出台工业发展战略，引导和帮助企业适应新一轮的全球产业结构大调整。①

---

① "L'industria 4.0 in Italia vale 1，2 miliardi di euro"，*Industria Italiana：analisi e notizie scelte su economia reale & innovazione*，22 giugno 2016.

　　从内部看，调整与升级自身工业结构，提升"意大利制造"（Made in It-aly）的国际竞争力，提振国际金融危机后长期低迷的国内经济是意大利出台工业4.0国家计划的重要考虑。

　　二战结束至1980年代，得益于长达20年的"经济奇迹"以及此后"第三意大利"的崛起，意大利作为欧洲重要工业国的地位得以确立。进入1990年代，面对经济全球化加速带来的日趋激烈的国际经济竞争，意大利的工业结构表现出诸多不适应。从产品结构看，服装与时尚、家庭装修装饰、自动化与机器设备、食品饮料等典型的"意大利制造"部门大多属于传统产业，其重要特点之一是技术含量较低，而这至少产生了两个方面的不利后果：其一，行业进入门槛低，尤其是一些标准化的产品与生产环节容易受到来自新兴经济体的竞争威胁；其二，这些技术含量较低的部门大多是近年来世界贸易增长缓慢的部门，这使得意大利难以抓住国际市场的新机遇。产业结构偏重于技术含量较低的部门，造成意大利的技术研发投入相对较低，在信息技术的创新与应用方面也相对落后。从产业组织形式看，意大利是公认的"中小企业王国"，缺乏能引领制造业转型升级的大型工业企业，尤其缺乏大型信息通信技术企业。上述结构性弱点使得意大利未能及时搭上信息技术与生物技术的头班列车，"意大利制造"的国际竞争力也相应地遭遇到严峻挑战，最直接的表现就是在世界市场的出口份额大幅下滑。[①] 2008年国际金融危机爆发后，意大利的工业生产和出口遭受重创，结构升级压力进一步加大。近几年，随着新产业革命浪潮的兴起，意大利工业界与政府逐步认识到，必须抓住机遇，推动"意大利制造"向技术创新驱动的智能制造升级。

　　国际金融危机爆发后的2008年至2014年，意大利的GDP萎缩了超过9%，金融危机爆发前近十年的经济增长成果损失殆尽。2015年与2016年，该国终于实现了1%和0.9%的经济增长，步入稳定复苏的轨道。[②] 然而，与德国、法国、英国等欧盟其他主要成员国相比，意大利的经济复苏仍相对滞后且势头偏弱，而工业投资长期低迷不振是造成这一状况的主要原因。根据欧洲统计局的数据，虽然危机爆发后欧盟主要国家的工业投资均大幅跳水，

---

①　1995年至2002年，意大利在世界市场上的出口份额由4.6%下滑至3.7%，同时有多达13个"传统"行业丧失了超过4%的世界市场份额。参见 Prometeia, *La Dinamica Settoriale della Domanda Mondiale e l'Andamento delle Esportazioni*, Rapporto di Previsione, Bologna, Marzo 2003。

②　本书意大利经济增长数据均来自意大利国家统计局（ISTAT）网站：www.istat.it。

但是德国和法国于 2011 年即恢复至 2007 年的危机前水平，而直至 2016 年底，意大利的工业投资额仅相当于 2002 年的水平，与 2007 年的危机前峰值相比仍有较大差距。究其原因，除了危机长时间持续导致投资者信心低迷之外，缺乏有潜力的投资领域和必要的公共财政刺激是意大利工业投资始终在低位徘徊的重要障碍。鉴于英国、德国、法国纷纷出台新产业战略，为自身工业升级指明了方向，又出台了一系列投资刺激措施，意大利政府也逐步认识到出台相应的举措刺激工业投资进而促进经济增长的必要性。

总之，正是上述多方面的内外部因素，共同推动意大利政府出台了工业 4.0 国家计划，并在很大程度上决定了该计划的主要内容。

二　意大利工业 4.0 国家计划的主要内容

由于出台新工业发展战略时间较晚，意大利并未对"工业 4.0"做专门的界定，而是直接采用了在国际上受到广泛认可的"第四次工业革命"的提法，认为当前正在发生的第四次工业革命的核心特征是工业生产向物理与信息系统的高度融合转型，通过智能终端之间的相互连接，并连接至互联网，进行实时管理，实现智能制造与绿色制造。[①] 有关工业 4.0 的核心技术领域，意大利政府主要参考了知名商业战略咨询机构波士顿咨询公司确定的九大关键技术，仅在个别方面做了调整。[②]

意大利工业 4.0 国家计划提出的九大关键技术领域及其大致内容如下：（1）先进制造方案（Advanced Manufacturing Solutions），主要指由具备自主适应能力的合作型工业机器人参与生产，同时在生产设备上集成大量的传感器和标准化接口，不断提升制造过程的智能化；（2）增材制造；（3）增强现实技术；（4）仿真模拟（Simulation）技术；（5）水平和垂直系统集成；（6）工业互联网；（7）云技术；（8）网络安全；（9）大数据及分析。意大利政府与企业界认为，若在上述九大技术领域的创新与应用方面取得突破，

---

① 本节有关意大利工业 4.0 国家计划的主要内容，均根据该国经济发展部的官方文件梳理，请见 Ministero dello Sviluppo Economico, *Piano Nazionale Industria 4.0: investimenti, produttività e innovazione*, settembre 2016; Ministero dello Sviluppo Economico, *Guida al Piano Nazionale Industria 4.0*, 2016。

② 有关波士顿咨询公司对第四次工业革命的论述，参见本书第一章第四节，BCG, *Industry 4.0: The Future of Productivity and Growth in Manufacturing Industries*, April 2015。

将明显促进本国工业结构升级：第一，小批量定制与大规模生产相结合可获得更大的灵活性；第二，将加快从产品设计到样品到批量生产的速度；第三，可缩短生产设备的启动与切换时间，停工期也将缩短，生产率相应提高；第四，对生产进行实时管理和监督，有助于提高产品质量和生产原料利用率；第五，物联网的推广将提高产品的附加值和竞争力。

值得注意的是，为了既能充分发挥政策的激励效应，又将政府干预限制在合理范围内，保证私人部门在产业结构升级中始终扮演"主角"，意大利工业4.0国家计划明确提出了五个指导方针：（1）遵循技术中性原则；（2）采取横向行动，避免垂直的或基于特定部门的支持措施；（3）充分发挥通用技术等"使能要素"（Enabling Factors）的作用；（4）引导现有政策工具推动技术飞跃，提高劳动生产率；（5）政府应作为主要利益方的协调者，而非控制者和决策者。

结合上述重点发展领域与指导方针，同时参考德国工业4.0战略和法国"未来工业"计划的内容和举措，意大利工业4.0国家计划设计了一整套相互配合与补充的激励措施，核心目标在于刺激有助于促进创新和提升竞争力的工业投资。该计划的实施期为2017年1月1日至2020年12月31日，分为战略性措施和补充措施两部分。以下根据意大利政府经济发展部给出的工业4.0计划落实措施做简要梳理。

战略性措施聚焦于促进创新投资和提升技能两个方面。在创新投资方面，该计划确定的核心任务是促进工业4.0关键技术领域的私人投资、提高私人研发创新支出，以及推动成熟企业与高技术初创企业之间形成开放的创新网络。为此，意大利政府推出了多个财政刺激方案，主要包括：（1）特级与超级摊销（iper e superammortamento）。为减轻企业税收负担，对企业在规定期限内用于工业4.0关键技术领域的新的有形资产和机器设备的投资，计税时按照250%的比率核算摊销，对于在这些关键领域新投资的无形资产（如软件、IT系统等）以及其他工业4.0相关领域的所有新增投资，一律按照140%的比率核算摊销。（2）研发支出的税收减免（credito d'imposta R&S）。规定企业在2017年至2020年发生的研发支出，可在计算应纳税所得额时减记研发费用的50%。这一措施适用于所有研发支出，包括基础研究，工业研究与开发性试验，雇用高素质高技能人才，与大学、研究机构、各类企业尤其是初创企业签订研究协议，等等。（3）针对初创企业和中小企业的税收优惠。创新型初创企业和中小企业在规定期限内的新增投资若达到100 万欧元，即可享受 30% 的税收减免。此外，还将专门成立投资基金，为高科技概念和专利的产业化提供便利。在提升技能方面，意大利政府提出了创建"数字创新枢纽"（Digital Innovation Hub）和"工业 4.0 能力中心"（I4.0 Competence Center）的动议："数字创新枢纽"基于意大利企业家联合会（Confindustria）和意大利企业网络（Rete Imprese Italia）的分支机构设立，为企业、研究机构和各类投资者搭建联络平台；"工业 4.0 能力中心"依托意大利顶尖大学和大型私人企业的积极参与，以任务导向的方式支持研究机构和初创企业开展工业 4.0 项目。此外，还通过开展"数字学校"（Scuola Digitale）项目和"在职培训"（Alternanza Scuola Lavoro）项目促进工业 4.0 文化的扩散，通过提升职业学校办学条件和质量培养适应工业 4.0 发展的劳动者技能。

补充措施主要包括完善相关基础设施以及提供融资便利等。在基础设施方面，意大利将通过落实"超级宽带计划"（Banda Ultra Larga）尽可能实现高质量的全境网络覆盖，同时在物联网的定义方面开展标准化工作。此外，还提出鼓励通过股权投资和风险投资为工业 4.0 融资、完善支持工业 4.0 投资的公共担保体系、促进意大利企业的国际化经营，以及下放劳动合同谈判权和改革针对"生产力 - 工资"的税收计划等一系列举措。

除了具体的激励措施，意大利工业 4.0 国家计划还特别重视通过宣传和推介活动，提高企业界和民众对于工业 4.0 的认知度与参与度。首先，政府和企业家联合会通过新闻媒体、网站和各类自媒体进行广泛宣传。其次，通过"数字创新枢纽"和"工业 4.0 能力中心"宣介工业 4.0 关键技术领域的前沿进展。最后，通过演讲、研讨和培训等活动，帮助中小企业树立应用数字技术实现创新的信心。

第三节　小结

本章对意大利新产业战略的考察围绕近年来该国出台的国家能源战略和工业 4.0 国家计划展开，对两个战略的出台背景、主要内容和实施框架做了较为全面细致的梳理和剖析。总结前文，可以得出以下几个基本结论。

第一，意大利于 2013 年出台的国家能源战略和 2016 年发布的工业 4.0

国家计划是二战结束以来该国首次立足于国家战略层面制定的能源发展规划和工业发展规划，这两个战略的提出，体现了在国际金融危机和新产业革命的背景下，意大利政府力图弥补战略缺失进而强化自身经济职能的积极尝试。国家能源战略制定了一套包含"四个核心目标"、"五个预期成果"以及"七个优先行动方向"的相当全面系统的实施框架，的确体现了意大利政府的战略性思考。就工业4.0国家计划而言，虽然提出的时间晚于其他西欧大国，但是意大利政府通过该计划公开宣布，产业政策已重回政府工作日程的中心，明确体现了其对自身扮演的经济角色的新定位。此外，尽管其指导方针强调政府的角色是协调者而非控制者，但是从"国家计划"这一命名不难发现该计划带有较浓厚的政府色彩。

第二，国家能源战略和工业4.0国家计划共同勾勒出当前意大利推动产业结构升级的大方向，那就是促进工业和整体经济的智能化、网络化和绿色化发展，这与新产业革命的发展趋势高度一致。尤其是，意大利国家能源战略体现出该国力图借助能源部门发展与转型培育自身绿色经济优势与特色的深层次思考，值得关注。该战略基于对本国能源部门与经济状况的客观翔实的分析，尤其注重扬长避短，力图以节能环保与发展可再生能源的先行优势逐步抵消传统能源短缺的劣势，最终将"能源短板"转化为独具特色的"绿色经济亮点"，充分显示出意大利政府立足于能源部门而又高于能源部门本身的"战略性"眼光。本书第十章将专门对意大利国家能源战略的落实进展做一评估。

第三，意大利国家能源战略和工业4.0国家计划均将促进技术创新与应用视为首要任务。受制造业中"中－低技术含量"部门占比高以及政府财政状况不佳等因素的影响，意大利研发投入占GDP的比重长期低于其他西欧大国，高新技术领域的创新能力不强。为扭转这一状况，其国家能源战略和工业4.0国家计划都特别强调创新导向，重视增加公共研发创新投资，同时想方设法拉动私人创新投资。具体而言，国家能源战略将促进能效、可再生能源和智能电网等领域的研发创新与应用作为重中之重，而工业4.0国家计划的战略性措施的核心内容之一就是出台一系列新的财政刺激方案，提高私人研发创新支出，以及推动成熟企业与高技术初创企业之间形成开放的创新网络。

第四，就工业4.0国家计划的落实而言，虽然意大利已经具备了一定的基础，但是要真正实现工业结构的转型升级仍面临诸多困难。首先，当前阶段意大利工业 4.0 领域的创新主要由机械和汽车部门的大企业拉动，中小企业不仅鲜有参与，而且对于数字经济和智能制造概念的认知度仍很低。鉴于中小企业在该国经济中占据特殊地位，未来如何帮助其克服自身局限、积极参与工业 4.0 国家计划需要意大利政府做出更多努力。其次，当前意大利的大多数工业 4.0 项目仍处于试验阶段，如何通过政府的适度参与，提升企业对工业 4.0 发展前景的信心，推动企业投资更多技术应用型项目，也需要更多配套的政策措施。最后，研发投入明显低于其他欧盟大国以及缺乏适应工业 4.0 发展的高技能人才是意大利推进工业结构升级的另一障碍，短期内难以明显改善。总之，虽然工业 4.0 国家计划的实施期是 2017 年至 2020 年，但是意大利要真正实现工业结构的转型升级，持续提升"意大利制造"的国际竞争力，仍需要政府与企业界更长期的不懈努力，其效果有待跟踪观察。

第九章　欧盟及其主要成员国新产业战略的投融资政策

　　——以绿色金融为例

　　第二章至第八章剖析了近年来欧盟层面及其主要成员国的新产业战略，包括各项新战略出台的背景、主要内容、实施框架等。虽然欧盟及其主要成员国反复强调，私人部门是其推进新产业革命的"主角"，落实新产业战略主要依靠私人投资，但是鉴于新产业革命具有高度的创新导向性，而技术创新及其早期应用又具有高风险和典型的外部性特征，适度的公共干预必不可少。具体而言，通过适当的公共政策和适度的公共投资，刺激和引导私人投资流向代表着工业智能化、网络化和绿色化发展的领域，是欧盟及其主要成员国的新产业战略得以落实的关键。为了更全面深入地把握欧盟及其主要成员国新产业战略及落实情况，本章将集中剖析其投融资政策。

　　据前文各章的论述可知，欧盟层面及其主要成员国刺激私人投资的措施主要包括提供担保、低息贷款、以公共资金支持研发及早期应用项目、税收优惠，等等。总体而言，在新产业战略的框架下，除了资金额度进一步增大之外，欧盟层面及其主要成员国对于科技创新的支持方式与以往相比也呈现出新的趋势和特征，尤其是，支持工业和经济绿色化发展的投融资活动取得了显著进展，并逐步形成了颇为引人关注的新模式。在成员国层面，多个成员国支持工业和经济绿色化发展的措施与取得的成绩也可圈可点。鉴于此，同时考虑到篇幅所限，为了尽可能做到分析深入，本章将主要围绕欧盟层面及其主要成员国近年来激励和引导工业绿色化发展的投融资政策，也即绿色金融政策而展开，期望以小见大，洞察欧盟及其成员国新产业战略投融资模式的主要路径与特征。

绿色金融（Green Finance），简言之，就是为发展绿色经济而提供的投融资支持。由于绿色金融是一个实践先于理论体系构建的领域，同时各国各地区发展绿色经济所处的阶段不同，面临的现实困难与挑战也不同，因此，其发展绿色金融的实践以及对绿色金融的理论理解也存在差异。长期以来，国际上并没有形成一个公认的绿色金融定义。迄今为止国际上受认可度最高的绿色金融定义是 2016 年二十国集团（G20）的绿色金融研究小组所做的界定：绿色金融指能产生环境效益以支持可持续发展的投融资活动。这些环境效益包括减少空气、水和土壤污染，降低温室气体排放，提高资源使用效率，减缓和适应气候变化并体现其协同效应等。根据该定义，发展绿色金融要求将环境外部性内部化，并强化金融机构对环境风险的认知，以提升环境友好型投资和抑制污染型投资。绿色金融应该覆盖各类金融机构和金融资产。绿色金融既要利用公共资金，也要动员私人资本。绿色金融还涉及整个金融体系对环境风险的有效管理。[①] 这个定义确定了绿色金融的内涵，即"能产生环境效益以支持可持续发展的投融资活动"，从外延上看，其涵盖的投资领域也兼顾了处于不同发展阶段的国家发展绿色金融的侧重点差异，同时突出了"将环境外部性内部化"这一绿色金融的核心要义。考虑到 G20绿色金融研究小组的参与者来自所有 G20 成员、受邀国和 6 个国际组织，应该说这一定义较好地代表了当今世界主要发达国家和新兴经济体对绿色金融的主流看法。

应该说，世界各国发展绿色金融的首要考虑是实现气候与环境目标。然而，从促进工业与整体经济向绿色低碳转型的角度看，绿色金融的确是其最重要的资金来源。欧盟及其主要成员国是发展绿色经济的先行者，在发展绿色金融方面积累了丰富的经验。近年来，在气候政策与新产业战略的框架下，发展绿色经济进一步受到重视，绿色金融也获得了新的发展契机，本章将结合欧盟层面及其主要成员国的新产业战略，对其发展绿色金融的政策进行较为详尽的剖析。在成员国层面，将选取德国与英国这两个在工业和经济绿色化发展上成绩斐然的国家做专门考察。值得一提的是，虽然德国工业4.0 战略侧重于工业的智能化和网络化发展，但是该计划提出的信息物理系

---

① G20 绿色金融研究小组："2016 年 G20 绿色金融综合报告"，2016 年 9 月。

统的应用也包含了能源部门，同时高度重视提高工业和整体经济的资源能源效率，因而要落实该战略离不开大力发展绿色金融。就英国而言，卡梅伦政府产业战略确定的 11 个关键部门包括海上风电等可再生能源领域，而梅政府的新产业战略则将"向清洁增长转型"确定为要积极应对的四大挑战之一，这都离不开绿色金融的支持。

第一节　欧盟的绿色金融发展政策

一　欧盟绿色金融政策的发展脉络

欧盟是发展绿色经济的先行者。1960 年代起环境问题日益突出以及 1970 年代发生的两次石油危机都为欧洲此前"粗放型"的经济发展方式敲响了警钟。由于传统化石能源短缺，欧洲受到石油危机的冲击尤为严重。此后，节能环保的观念开始迅速传播，最初体现为生活方式的改变，而后带动生产方式的转变，进而在诸多西欧国家的经济技术发展战略与环境立法中得到越来越明确的体现。[①] 1992 年签署的《马约》第一次在欧盟条约核心条款中明确将环境保护列为共同体的宗旨与活动之一，大大加强了共同体环境政策在欧盟政策框架中的法律地位。近年来，出于在新形势下保障能源供给安全、应对气候变化、提高经济竞争力等多重考虑，欧盟密集出台了一系列重要的能源与气候战略，提出了一系列阶段性目标。[②] 可以说，上述条约内容与战略构成了当前欧盟发展绿色经济的整体政策框架。

随着绿色经济的政策框架日趋完善，相应的绿色金融工具得以发展。在绿色信贷方面，德国复兴信贷银行（KfW）自 1970 年代起即向可再生能源和能效项目提供贷款。1974 年，联邦德国成立了世界上首家政策性环保银行 GLS。2012 年，英国成立了世界上第一家专门从事绿色金融业务的政策性银

[①]　自 1970 年代起，德国、英国、法国的企业率先向提高能源效率的生产方式转变，要么逐步退出能源密集型产业或生产环节，要么提高节能环保方面的技术投入。在德国，石油危机的冲击使汽车业意识到能源多样化的重要性，开始研发各种使用清洁燃料的技术。1980 年代，德国政府成立环境与自然保护部，推动了一系列针对汽车业的减排法规出台，进一步普及了机动车燃料中无铅汽油的使用。此外，德国自 1970 年代即开始探索可再生能源的开发与利用，成为欧洲乃至世界新能源领域的先行者。

[②]　见本书第八章的相关论述。

行——绿色投资银行（GIB）。在绿色债券方面，2007 年 6 月，欧洲投资银行发行了全球第一只绿色债券，募集了 6 亿欧元资金。此后，绿色债券市场进一步由传统金融领域向政府和工商领域延伸。2012 年 3 月，法国法兰西岛大区发行了第一只绿色市政债券，募集了 3.5 亿欧元资金。2013 年 11 月，法国电力公司和瑞典地产企业 Vasakronan 成为世界上率先发行绿色债券的公司。在绿色基金方面，1995 年，荷兰提出"绿色基金计划"，通过税收激励的方式支持对生态环境有即时性和可持续性效益的项目。然而，值得注意的是，由于绿色金融在全球范围内仍属新生事物，同时欧盟金融市场一体化程度仍较低等因素，长期以来欧盟层面并未形成发展绿色金融的系统的政策框架。

　　2016 年下半年以来，在两个重要因素的推动下，欧盟层面开始酝酿出台发展绿色金融的政策框架。首先，新的全球气候目标对发展绿色金融提出了新要求。2016 年 11 月，《联合国气候变化框架公约》近 200 个缔约方在巴黎气候变化大会上达成的《巴黎协定》正式生效。《巴黎协定》确定了"将全球平均气温升幅控制在工业化前水平以上低于 2℃ 之内，并努力将气温升幅控制在工业化前水平以上 1.5℃ 之内"的总体目标，开启了全球经济向绿色、低碳、清洁转型的可持续发展道路。要实现上述目标，就要"使资金流动符合温室气体排放和气候适应型发展的路径"，也即大力发展绿色金融。在中国的积极推动下，绿色金融被纳入 2016 年 G20 杭州峰会议题，且成立了由中国人民银行和英格兰银行共同主持的 G20 绿色金融研究小组。杭州峰会上通过的"G20 绿色金融综合报告"成为全球绿色金融领域的引领性文件，对推动绿色金融的主流化发挥了重要作用。2017 年，德国在担任 G20 主席国期间决定继续讨论绿色金融议题。总之，近年来，发展绿色金融越来越成为新的国际趋势。相应地，欧盟开始积极思考如何更加全面系统地发展绿色金融，以提升其在绿色经济领域的竞争力，保持全球绿色经济领导者的地位。

　　其次，欧盟深化金融市场一体化的进程为绿色金融的发展创造了契机。2015 年 2 月，欧盟宣布启动资本市场联盟（Capital Markets Union，CMU）建设，并于同年 9 月发布"建设资本市场联盟行动计划"，确立了 2019 年之前建成单一资本市场的目标。① 欧盟委员会强调，建设欧洲资本市场联盟有四

---

① European Commission, "Action Plan on Building a Capital Markets Union", COM (2015) 468 final, Brussels, Sept. 2015.

个重要意义：（1）促进欧盟与世界范围内投资的增长；（2）在全欧盟范围内更好地对接融资与投资项目；（3）提升金融市场稳定性；（4）深化金融一体化，提高欧洲经济竞争力。简言之，建设资本市场联盟，一方面要在加强欧洲金融市场一体化、促进资本市场发展的同时保持金融市场稳定；另一方面，也是更重要的，要引导金融体系转型，更好地发挥促进实体经济增长和提升竞争力的功能。鉴于欧盟的气候目标和"再工业化"战略均确立了实体经济进一步向低碳化绿色化转型的可持续发展目标，通过建设资本市场联盟的契机促进绿色金融的发展受到了空前的重视。

在此背景下，欧盟于 2016 年 12 月成立了"可持续金融高层专家小组"（EU High-level Expert Group on Sustainable Finance），专门研究出台欧盟层面发展绿色金融的总体战略。值得注意的是，欧盟提出的是比"绿色金融"外延更广的"可持续金融"的概念。"绿色金融"主要聚焦于气候与环境领域，而"可持续金融"则更为宽泛，除了考虑环境可持续性外，还关注社会、经济和治理的可持续性，旨在将通过金融体系提高社会、经济和环境绩效的不同战略整合在一起。[1] 总体而言，"可持续金融"与"绿色金融"概念的外延，是由"可持续发展"与"绿色发展"所涵盖的不同范围决定的（见图 9 - 1）。根据欧盟的定义，绿色金融是可持续金融的重要组成部分，而欧盟发展绿色金融的政策也是更为综合的可持续金融发展战略的一部分。[2]

欧盟可持续金融高层专家小组由来自市民社会、金融部门和研究界的 20 位高级专家以及来自欧盟机构与国际机构的少数几个观察员构成。可持续金融高层专家小组的职责是为欧盟委员会提供建议，以便在欧盟的金融政策框架中更好地融入可持续性的考虑，从环境风险角度提高金融体系的稳定性，同时动员私人部门资金为可持续投资和经济增长融资。特别是，高层专家小组要从以下三个方面提供建议：（1）如何引导公共和私人资金流向可持续投资领域；（2）确认金融机构和监管者应采取何种步骤，以保持金融体系相对于环境风险的稳定性；（3）在全欧范围内实施这些政策。据此不难发现，对于欧盟而言，虽然可持续金融不能等同于绿色金融，但是如何发展绿色金融

---

[1] EU High-level Expert Group on Sustainable Finance，"Financing a Sustainable European Economy"，Interim Report，July 2017，p. 12.

[2] EU High-level Expert Group on Sustainable Finance，"Financing a Sustainable European Economy"，Interim Report，July 2017，p. 11.

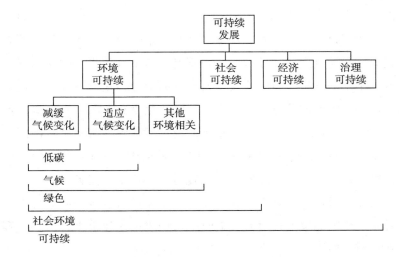

图 9 - 1　"可持续发展"与"绿色发展"涵盖范围

资料来源：UNEP Inquiry, Definitions and Concepts, Background Note, 2016. 转引自 EU High-level Expert Group on Sustainable Finance, "Financing a Sustainable European Economy", Interim Report, July 2017, p. 12。

确实是可持续金融高层专家小组工作的最重要的内容。

二　当前欧盟绿色金融政策的主要内容

2017 年 7 月，欧盟可持续金融高层专家小组发布了一份中期报告，剖析了欧盟可持续金融和绿色金融的发展现状与面临的挑战。报告指出，过去几年，欧盟在发展可持续金融方面已经取得了不小的进展，包括：（1）银行在可持续金融方面发挥了关键作用，尚有巨大潜力待挖掘。[①]（2）欧洲机构投资者在可持续金融领域扮演着越来越积极的角色。（3）欧盟是发行绿色债券的先锋，到 2014 年底，欧盟绿色债券占据了全球市场份额的 45%。近两年，这一领先地位被中国赶超。（4）欧洲股票市场在信息披露方面取得较大进展。然而，受制于多重障碍，欧盟的可持续金融仍存在巨大缺口。最新的估计显示，2021 年至 2030 年，每年大约有 1770 亿欧元的投资缺口，其中又以

---

① 欧盟的银行业模式较为多样化，包括公共银行、股份制银行、利益相关者导向银行（Stakeholder Banks）以及为数不多的可持续银行。

建筑物能效和交通能效方面的投资缺口最大。① 基于此，该报告认为，抓住未来若干年的窗口期，大力发展可持续金融，是欧盟保持绿色经济领导者的地位，进而在当前复杂的国际政治经济形势下获得主动权的关键所在。② 根据高层专家小组的分析，当前欧盟发展可持续金融存在以下几个突出的障碍和问题：第一，欧洲的可持续发展愿景需要转化为有效的可动员资金流动的政策信号；第二，虽然金融体系已趋于稳定，但是尚未与实体经济的转型完全关联；第三，在评估和管理金融风险时，需要更有效地将可持续性因素整合进来；第四，金融部门促进可持续发展的工具箱尚不完备，仍然缺乏一套公认的定义和衡量指标来测度绿色效应，信息披露的水平和质量也不足以支持投资者做出明智的决策；第五，金融体系和政策框架仍太过短视，容易造成长期项目与短期资金供给之间出现期限错配。

基于此，高层专家小组于 2018 年 1 月发布了一份最终报告。报告认为，欧盟可持续金融有两个使命：一是提高金融部门对可持续和包容性增长的贡献，特别是要为创新和基础设施等社会长期需求提供资金，推动经济加速向低碳和资源效率型转型；二是强化金融稳定，合理化资产定价，特别要提高对长期重大风险和价值创造无形影响因素（包括环境、社会与治理因素等）的评估与管理。这就要适度调整现有金融体系的规则和立法，形成一套有针对性的变革方案，进而引导金融市场的行为和实践发生改变。对此，高层专家小组提出了包括八个努力方向的一整套政策建议：（1）尽快建立可持续资产的分类体系；（2）为绿色债券和其他可持续资产建立欧洲统一标准和标签；（3）确立包含可持续性因素的诚信义务（Fiduciary Duty）；（4）加强可持续性方面的信息披露；（5）在欧盟金融立法中引入"可持续性测试"（Sustainability Test）；（6）发起"可持续的基础设施欧洲"（Sustainable Infrastructure Europe）倡议；（7）在欧洲监管机构的工作中加入评估可持续性的内容；（8）建立能效会计标准。③

---

① EU High-level Expert Group on Sustainable Finance, "Financing a Sustainable European Economy", Interim Report, July 2017, p. 13.

② EU High-level Expert Group on Sustainable Finance, "Financing a Sustainable European Economy", Interim Report, July 2017, p. 17.

③ EU High-level Expert Group on Sustainable Finance, "Financing a Sustainable European Economy", final report 2018, January 2018.

基于上述政策建议，欧盟委员会于 2018 年 3 月正式发布题为"行动计划：为可持续增长融资"的政策通报，公布了欧盟发展可持续金融的行动计划。该行动计划正式提出十个努力方向，并给出了每个努力方向的具体行动和时间表。① 逐一归纳如下。

第一，建立起欧盟整体的针对可持续经济活动的分类体系。只有建立起明确的分类体系，确定"可持续性活动"的范围，发展绿色金融才会有明确的方向，因而这一点被欧盟委员会视为最重要、最紧迫的任务。考虑到建立这一分类体系的复杂性，欧盟委员会决定先从规则较为成熟的气候变化和环境领域做起，再扩展到其他领域，逐步确立市场对于绿色和可持续经济活动的了解，同时保证不同领域的可持续发展目标之间不发生冲突。

第二，为绿色金融产品创建欧洲统一标准和标签。为建立绿色金融市场参与主体之间的信任，同时也为了便利投资者识别金融产品，在基本建立针对可持续经济活动的欧盟分类体系之后，有必要为绿色债券和其他可持续资产建立欧洲统一标准和标签。欧盟的绿色债券市场有巨大的发展潜力，可以作为发展其他可持续金融产品的基础。为激发市场潜力，欧盟委员会决定在绿色债券领域率先引入官方的市场导向的欧洲标准。

第三，促进可持续项目的投资。欧盟委员会认为，要推动欧洲经济转向更具可持续性的发展模式，一个重要前提是动员大量私人资本投资于可持续项目，尤其是基础设施项目。鉴于基础设施项目投资规模大、周期长，因而通过适当的激励机制和适度的公共投资撬动私人投资是必要的。除了直接支持大型可持续项目外，欧盟委员会还积极考虑在公共机构与私人投资者之间建立一个咨询性质的牵线搭桥的便利性政策工具，为投资者提供咨询服务，同时也为一些小规模的分包项目提供资金支持。

第四，将"可持续性"因素纳入金融咨询服务。欧盟委员会认为，投资公司和保险经销商通过提供金融服务的方式在引导金融体系朝可持续方向发展扮演关键角色，因而有必要要求它们在向客户推荐合适的金融工具和保险产品时充分考虑"可持续性"因素。根据行动计划，欧盟委员会将修改《金融工具市场指令》（MiFID Ⅱ）和《保险分销指令》（IDD），以确保金融

---

① European Commission, "Action Plan: Financing Sustainable Growth", COM (2018) 97 final, Brussels, March 2018.

咨询企业在提供服务时充分考虑可持续性因素的影响。此外，欧盟委员会还将邀请欧洲证券市场管理局（ESMA）在其适用性评估指南中纳入有关可持续性偏好的条款。

第五，开发一套衡量可持续性活动的基准（Benchmarks）指数。在金融工具和金融体系其他资产的价格形成中，基准指数发挥着核心的引导作用，是投资者的重要参考工具。近年来，欧盟境内的指数开发机构一直在试图开发一套基于环境、社会和治理（简称ESG）等多方面考虑的衡量可持续性活动的通用指数，但是由于仍然使用传统方法且缺乏透明度而难以得到认可。欧盟委员会提出，一旦可持续经济活动的分类体系建立起来，同时确立了计算碳影响的可靠方法，就尽快构建可持续标准指数。

第六，在评级和市场研究中更好地纳入"可持续性"因素。近年来，市场研究机构和可持续发展评级机构加大了对企业环境、社会和治理绩效及其管理可持续性风险能力的评估力度。此类评估有助于实现更具可持续性的资本分配，也能改善金融工具发行人和投资者之间的信息不对称状况。由于当前缺乏普遍公认的市场标准来评估企业的可持续发展绩效，投资者很难判断哪些企业的投资活动是环境友好的，这明显不利于资金流向绿色发展领域。欧盟委员会将邀请欧洲证券市场管理局（ESMA）共同开发和推广解决方案，确保信用评级机构将可持续发展和长期风险充分整合进其业务活动。

第七，阐明机构投资者和资产管理者的"可持续性"义务。虽然欧盟已有若干关于"诚信义务"（Fiduciary Duty）的立法，但是目前关于机构投资者和资产管理者在投资决策过程中考虑可持续性因素的责任并无明确一致的规定。在实践中，机构投资者和资产管理者仍然没有系统地考虑投资过程中的可持续性因素和风险，也未向客户充分披露它们在决策中是否以及如何考虑这些可持续性因素。欧盟委员会将提出立法提案，一方面明确要求机构投资者和资产管理机构将可持续性考虑纳入投资决策过程，另一方面扩展最终投资者的知情渠道，提高交易过程中有关可持续性风险的透明度。

第八，将"可持续性"纳入对银行、保险公司和养老基金的审慎监管。银行、保险公司和养老基金是欧洲经济发展的重要资金来源，也可以为经济可持续发展提供资金。然而，银行、保险公司和养老基金也可能面临与不可持续的经济发展相关的风险。例如，有分析表明，当前欧元区银行至少有一半的资产面临与气候变化相关的风险。这要求在对上述机构的审慎监管中更好地反映与气候和其他环境因素相关的风险。欧盟委员会提出，随着欧盟可持续经济活动分类标准的建立，上述审慎监管将逐步分阶段进行。

第九，加强可持续性方面的信息披露，建立会计标准。企业报告中有关可持续发展的问题使得投资者和利益相关者能够评估公司的长期价值创造能力以及相关的风险。自 2018 年起，欧盟《非金融信息披露条例》（NFI）开始要求大型公共利益实体披露环境、社会和治理方面的重要信息以及管理相关风险的举措。长期而言，该指令要求企业在灵活性和生成投资决策所需数据的标准化之间取得适当平衡。在金融部门的信息披露方面，欧盟提出要进一步提高资产管理者和机构投资者的透明度。另外，基于欧洲金融报告咨询小组（EFRAG）的评估和建议，确保当前的会计规则不直接或间接阻碍可持续发展和长期投资，是欧盟委员会提出的另一个工作重点。

第十，推动可持续的公司治理，弱化金融市场的短视主义倾向。欧盟委员会认为，公司治理应该更多地考虑可持续性因素，这样企业就能够采取必要的战略来开发新技术，调整业务模式并提高绩效。欧盟委员会拟推动相关讨论，评估公司董事会制定可持续发展战略的可行性。此外，过度的短期市场压力容易造成公司决策的时间跨度越来越短，短视主义盛行。欧盟委员会将与所有利益相关方合作，搜集相关信息，分析造成企业短视的原因，并进行适度的政策调整。

三　欧盟层面支持绿色金融的工具

欧盟始终强调发展绿色金融主要应依靠私人投资，然而，由于绿色经济领域普遍存在外部性，投资风险高，或者往往被私人投资者认为风险高，因此公共部门的适度介入必不可少，至少在绿色金融发展的早期阶段相当重要。总体而言，欧盟层面发展绿色金融的资金来源主要有欧盟预算拨款和欧洲投资银行两个渠道。近年来，随着绿色经济重要性的不断提升，相应的资金投入也大幅增加。

（一）欧盟预算中用于促进绿色经济发展的拨款

欧盟预算是欧盟层面发展绿色金融的主要资金来源。在 2014～2020 年度财政框架下，欧盟总的承诺预算额为 10871.97 亿欧元，并承诺将其中至少 20% 的预算（约为 2175 亿欧元）用于气候和环境相关的行动。这一金额相当于 2007 年至 2013 年欧盟财政预算用于气候与环境支出的 3 倍。这表明，欧盟在应对气候变化上向前迈进了一大步，同时也更加明确地释放出推动经济向低碳转型的信号。

在诸多相关项目中，"欧盟环境与气候行动项目"（EU's Programme for the Environment and Climate Action，简称 LIFE 项目）颇为值得关注。LIFE 项目启动于 1992 年，是欧盟专门针对环境与气候领域设立的特殊财政工具。2014 年至 2020 年，这一项目的总预算额为 34.57 亿欧元（比 2007 年至 2013 年的预算额增长了 43%），其中 75% 用于环境类项目，25% 用于气候类项目，主要用于为成员国的环境与气候项目提供联合融资（Co-funding）。LIFE 项目旨在从三个方面为欧盟的环境和气候行动做出贡献：（1）促进欧盟环境与气候政策和立法的发展与实施；（2）作为催化剂，促进环境与气候目标融入欧盟的各项政策中，同时拉动公共与私人部门的相关投资；（3）促进各个层面的环境与气候治理，包括推动市民社会、非政府组织（NGOs）与地方行为体的积极参与。[①]

值得一提的是，欧盟总预算中承诺的用于气候和环境领域的支出不仅用于欧盟内部，也包括欧盟在外部世界的投资。实际上，欧盟及其成员国为发展中国家提供的气候援助资金总量长期处于世界领先地位。在 2014～2020 年度财政框架下，欧盟已承诺将其对外援助预算的 20% 的用于气候领域。2008 年 3 月，欧盟委员会决定拨款 8000 万欧元创建全球能效和可再生能源基金（GEEREF），重点资助发展中国家和经济转型国家的小型能源工程建设，以提高发展中国家的能源利用效率和发展可再生能源，并最终遏制全球气候变暖进程。

（二）欧洲投资银行在绿色金融方面发挥的作用

作为唯一一家由欧盟成员国合资经营、代表成员国利益的银行，同时也是全球最大的多边投资银行，欧洲投资银行（以下简称 EIB）一直是全球气候变化投资领域的领导者。EIB 的资金来源为成员国出资和发行债券（包括绿色债券、项目债券、混合基金等）等方式，对外借贷的条件与商业银行类似，而且不以营利为目的，这些特征决定了该行在绿色金融领域有较大的发展空间。由于 EIB 的全部投资中约有 90% 发生在欧盟境内，因此该行在支持

---

① "欧盟环境与气候行动项目"（LIFE）的相关信息见欧盟委员会网站：http://ec.europa.eu/environment/life/news/newsarchive2017/april/index.htm。

欧盟的可再生能源和能效项目，以及可持续的交通、土地利用、森林保护方面做出了重要贡献。仅 2013 年就发放了大约 190 亿欧元的气候贷款，其中约 168 亿欧元用于欧盟境内。2014 年至 2016 年，EIB 将全部投资的 25% 用于气候与环境领域，包括生物多样性、清洁空气、清洁水、交通安全、可再生能源与能源效率等领域。

2016 年，EIB 投入气候与环境领域的资金约为 196 亿欧元，占其全部投资的比重高达 26.3%，其中投入能效领域 36 亿欧元，可再生能源领域 39 亿欧元，低碳和环境友好型交通领域约 80 亿欧元，研究、开发、创新领域约 18 亿欧元，治理造林、减少污染、减少水污染和其他部门约 11 亿欧元，适应气候变化领域约 12 亿欧元。[①]《巴黎协定》通过之后，EIB 决定，在未来 5 年（2016 年至 2020 年）将提供约 1000 亿美元支持与气候相关的投资项目，争取继续保持全球气候与环境投资领导者的地位。

另外，EIB 还通过欧洲战略投资基金（European Fund for Strategic Investment，EFSI）支持欧盟绿色经济的发展。为了弥补国际金融危机后的投资缺口，同时推动欧洲经济进一步向可持续发展模式升级，欧盟于 2014 年推出"欧洲投资计划"（又称"容克投资计划"），并为此成立了欧洲战略投资基金。该基金的启动资金为 210 亿欧元，其中由欧盟委员会提供 160 亿欧元的担保基金，由 EIB 提供 50 亿欧元的初始资金，试图以此撬动共约 3150 亿欧元的总投资，重点支持基础设施、能源效率、可再生能源、教育与创新等方面的大规模战略性投资项目（通过"创新与基础设施窗口"），同时也支持具有创新性的中小企业投资项目（通过"中小企业窗口"）。依照欧盟的计划，欧洲战略投资基金带动的总投资中至少有 40% 会投入气候和环境相关项目上。值得注意的是，有欧洲战略投资基金提供担保，EIB 开始对此前很少涉猎的高风险项目进行投资和管理，加之 EIB 长期保持 AAA 信用评级也有助于募集资金，该行正在欧盟绿色金融领域发挥着更大的作用。鉴于欧洲战略投资基金取得了较好业绩，而且吸收了来自多个成员国政府的种子基金，[②] 欧盟委员会于 2016 年宣布将该基金的有效期限延长至 2020 年，

---

① European Investment Bank, 2016 *Activity Report*：*Impact for Inclusion*, 2016, p. 34.

② 2015 年 2 月，德国和西班牙分别宣布为欧洲战略投资基金出资 80 亿欧元和 15 亿欧元。2015 年 3 月，法国和意大利分别宣布出资 80 亿欧元。2015 年 4 月，卢森堡和波兰分别宣布出资 8000 万欧元和 80 亿欧元。

投资总额扩充至 5000 亿欧元，并将在实现《巴黎协定》目标上投入更多资金。

　　虽然近年来欧盟层面在绿色金融方面的投入大幅提升，但是考虑到欧盟预算仅相当于欧盟 GDP 的 1%（相当于成员国预算总额的 1/50）的事实，相对于全欧盟范围内发展绿色金融的缺口而言，欧盟层面的资金可谓"杯水车薪"。就成员国层面而言，主权债务危机后严肃财政纪律成为主流趋势，公共部门投资的增长空间也很有限。基于此，欧盟认为，除了提供一定数额的资金支持外，公共部门投资在发展绿色金融上还必须发挥两方面的作用：（1）降低与分担项目风险，在一定程度上降低私人投资者的风险预期，带动私人投资；（2）由公共部门引导，促进绿色技术的创新与应用，形成发展绿色经济的系统性解决方案。这也是当前及未来一段时期欧盟层面及成员国政府发展绿色金融的重点努力方向。

　　综上所述，欧盟国家发展绿色金融的实践较早，近几年，在《巴黎协定》设定的气候目标、深化欧洲金融市场一体化以及"再工业化"战略的推动下，欧盟层面的系统的绿色金融发展政策逐步形成。考虑到欧洲金融市场一体化尚有相当长的路要走，欧盟委员会能够立足于欧盟整体出台发展绿色金融的政策框架，确实体现了欧盟层面对于以绿色金融推动其工业和整体经济向低碳绿色转型的高度重视，同时也标志着欧洲金融市场一体化的深化向前迈进了重要一步。此外，从地域上看，欧盟各成员国的绿色金融发展水平参差不齐，与新入盟的中东欧国家相比，西欧国家取得的成绩更为突出，在制度和具体做法上也积累了丰富的经验。下面两节将聚焦于绿色金融发展较为成功且颇具代表性的德国和英国，梳理近年来其发展绿色金融的政策，重点剖析其政策性金融机构在绿色金融领域发挥的作用。

第二节　德国绿色金融发展与复兴信贷银行的角色

一　德国绿色金融发展与银行体系的作用

　　2008 年国际金融危机爆发后，德国在欧盟大国中率先走出经济衰退，在很大程度上可归功于其产品与技术在国际市场上具有强劲竞争力，其中包括占据国际优势地位的绿色技术与产品。① 可以说，最近 40 多年来，德国在发展绿色经济和可持续经济上取得了显著成绩，与该国政府力推的"绿色政策"密不可分。实际上，早在国际金融危机爆发前，在德国，与环境保护和资源节约相关的政策就已渗透到了几乎所有经济活动中，并开始转化为实实在在的经济竞争力。2008 年，德国联邦环境部时任部长加布里尔（Sigmar Gabriel）在谈到德国经济的成就时曾评价道："绿色政策就是很好的产业政策。"② 2011 年日本福岛核事故之后，德国宣布将在 2022 年彻底退出核能，从而开启了全面发展可再生能源和向绿色经济转型的进程。从政策传导机制上看，德国的"绿色政策"（包括法规与战略）的确促进了各类企业为提高能源和资源使用效率而竞相进行技术创新，并逐渐培养出一批绿色技术领域的国内和国际领军者。尤其是，2016 年 4 月，因诺基集团（Innogy AG）整合了德国最大的能源供应商莱茵集团（RWE AG）旗下的可再生能源业务，单独成立子公司，并在法兰克福上市，此后市值很快接近母公司的水平，表明可再生能源供应商已进入德国主流能源供应商的行列。同时，近两年，之前一直不愿适应国际和国内能源市场转型的几个德国传统能源供应商［包括莱茵集团、意昂集团（E. On AG）、巴登符腾堡州能源集团（EnBW AG）等］纷纷开始调整战略，由传统化石能源向可再生能源业务转型。③

与绿色经济的发展相适应，德国绿色金融的实践起步也很早。绿色信贷即起源于联邦德国，此后逐步在全球银行业推广和普及。1974 年，联邦德国成立了世界上第一个社会 - 生态银行 GLS。GLS 是 "Gemeinschaftsbank für Leihen und Schenken" 的缩写，意为 "信贷与馈赠社区银行"，总部设在鲁尔区的波鸿，其信贷业务包括资助学校、有机农场、医护领域、健康食品以及各类生态经济项目。④ 此后，德国相继成立了多家功能类似的社会 - 生态

---

① Ralph Buehler, Arne Jungjohann, Melissa Keeley, Michael Mehling, "How Germany Became Europe's Green Leader: A Look at Four Decades of Sustainable Policy-making", *Solutions*, Vol. 2, Issue 5, 2011, https://www.thesolutionsjournal.com/article/how-germany-became-europes-green-leader-a-look-at-four-decades-of-sustainable-policymaking/.

② Stefan Theil, "Germany: Best Governed Country in Environment", Newsweek (U. S. edition), June 28 2008, http://www.newsweek.com/germany-best-governed-country-environment - 91161.

③ Henry Schäfer, "Green Finance and the German Banking System", Research Report, No. 01/2017, University of Stuttgart, April 2017, p. 6.

④ 有关 GLS 银行的介绍，可参见该银行官方网站：https://www.gls.de/privatkunden/english-portrait/。

银行。另外，自 1970 年代以来，德国复兴信贷银行（KfW）集团逐步成为该国发展绿色金融的核心政策性金融机构，并且成为其他国家创建政策性绿色金融机构的重要参考。

德国的绿色金融实践走在世界前列，然而，由于直至近几年"绿色金融"作为一个崭新的发展范式才在全球范围内迅速兴起并获得国际共识，因此德国至今尚未制定系统的绿色金融政策框架。值得一提的是，德国联邦政府于 2016 年 11 月提出"德国 2050 年气候行动计划"，对能源、建筑、交通、工业、农业、林业等绝大多数经济部门的低碳绿色可持续发展做出规划，但是并未明确涉及金融部门在经济转型过程中应扮演的角色。近两年，个别州在制定绿色金融政策上做了有益的尝试。例如，2016 年，柏林州设计了一个可持续性指数，旨在为 2017 年重新配置该州养老金投资组合提供指导。黑森州也宣布，拟将法兰克福市建成绿色金融中心。① 这些举措具有创新意义，但是还谈不上是系统的绿色金融发展政策。总体而言，德国联邦政府 1970 年代以来出台的一系列环境、气候与能源法规构成了其支持绿色金融发展的法律基础，同时该国的银行体系也基于长期实践而发展成为提供绿色金融服务的中坚力量。为了更好地把握近年来德国促进工业和经济绿色化发展的新趋势，有必要先从绿色金融的角度对其银行体系做一番梳理。

总体而言，德国的银行融资体系是"关系型"的，其典型特点是银行与企业之间基于坚固的互信而密切合作。多年来，基于这种关系与互信，德国逐步形成了一个特殊的绿色金融生态系统。虽然德国银行业是由公共银行、合作银行和私人银行构成的典型的三支柱体系，但是，迄今为绿色金融做出最多贡献的却不是这三类传统银行，而是面向专门融资需求的特殊银行，包括选择与社会银行（Alternative and Social Banks）、一些宗教银行（Clerical Banks），以及国家投资银行 KfW 集团。以下分别简述选择与社会银行中的选择银行、传统商业银行和 KfW 集团在绿色金融领域扮演的角色。

第一，选择银行一直是德国发展绿色金融的先锋。选择银行（德语为 Alternative Banken，英语为 Alternative Bank），是一种合作社性质的全能及商业银行，专门进行基于伦理、宗教、生态、社会或政治原则之上的可持续导向的投资。与传统银行相比，选择银行将利润视为相对化的目标，更多地秉

---

① G20 绿色金融工作小组："2017 年 G20 绿色金融综合报告"，2017 年 7 月。

承利益相关者（Stakeholder）原则，而非股东（Shareholder）至上原则。选择银行的使命是打造传统银行业务、负责任的投资行为与创造环境（或社会）正外部性三者共存共生的商业模式。[①] 前文述及的 GLS 就是典型的选择银行。目前，德国最大的四家选择银行分别是伦理银行（EthikBank）、特里多斯银行（Triodos Bank）[②]、环境银行（UmweltBank）和 GLS 银行，这些银行都将绿色金融作为重点业务。

选择银行大多创立于德国环境与社会问题突出的 1970 年代，通常由市民团体创建，旨在应对本地区的环境与社会可持续性问题。早期的可再生能源项目通常规模很小，大多由小型合作社和非营利组织经营，而当地的选择银行恰好可为这类项目提供融资。根据可持续投资论坛（Forum Nachhaltige Geldanlagen，FNG）的统计，2015 年，德国的 13 家选择银行和宗教银行共持有客户存款 293 亿欧元，在社会责任投资（SRI）领域的投资共约 712 亿欧元。值得一提的是，除了传统的贷款业务外，这类银行还创新性地开发了特殊目的融资工具（Special Purpose Vehicle，SPV），将各类小规模的气候与环境相关项目打包成专门的投资项目，吸引包括私人投资者、基金会、开发银行、风险资本（通过股权投资）和银行（通过贷款）等各类投资者进入资金池，形式灵活多样。总体上看，这类银行越来越多地得到家庭投资者的青睐，同时也为传统银行开展气候相关项目提供了大量经验。正因为有了选择银行的支持，在德国可再生能源企业的所有权结构中，居民投资所占比重一直很高，2012 年为 47%，甚至高于机构和战略投资者。[③] 居民和家庭通过选择银行的渠道积极参与，是德国发展绿色金融的一大特色。总体上看，虽然选择银行自 1970 年代以来一直将支持绿色生态项目作为投资重点，但是由于普遍规模很小，并未成为德国绿色金融的中坚力量。

第二，传统商业银行在德国绿色金融生态体系中处于"配角"地位，作用有待加强。与选择银行和 KfW 集团对绿色金融关注较早形成鲜明对比的是，在很长一段时期内，德国绝大多数银行忽视了环境友好型项目的商业机

①　Olaf Weber and Sven Remer（eds.），*Social Banks and the Future of Sustainable Finance*，Routledge 2011，p. 35.

②　特里多斯银行总部位于荷兰，在德国、比利时、英国和西班牙设有分行。

③　Henry Schäfer，"Green Finance and the German Banking System"，Research Report，No. 01/2017，University of Stuttgart，April 2017，p. 7，p. 14.

遇。研究表明，德国工业和制造业部门积极地向绿色化转型，承担了环境政策带来的额外成本，早期更多的是环境法律约束下的被动行为，近年来则越来越成为立足于降低能源成本和提升企业竞争力的主动行为。[①] 由于德国制造业企业多为中型规模的家族企业，其企业发展战略往往倾向于悄无声息地推进，同时市场结构多为寡头垄断的特点也决定了企业利润率高，对银行贷款需求不大，因此即便没有获得银行的有力支持，也能持续稳定地推进绿色化战略。在德国，虽然传统银行也会支持工业企业的绿色化转型，但是往往是以支持技术创新或者支持中小企业的名义进行，很少专门支持绿色项目。[②]

2011 年德国政府提出能源转型战略之后，[③] 传统银行才意识到绿色金融的巨大增长空间，并逐步付诸行动。绿色债券从无到有且规模迅速扩大即这一认识转变的重要体现。2012 年至 2016 年，绿色债券在德国资本市场逐步成为主流金融产品。2016 年，德国共发行了 143 亿美元的绿色债券。这一趋势主要由公共银行引领。例如，2013 年以来，北莱茵威斯特法伦州的 NRW银行共计发行了约 35 亿欧元的绿色债券，主要用于为本州的能效、可再生能源和生物多样性项目提供融资。另外，巴伐利亚州立 BayernLB 的 DKB 银行在发行绿色债券方面也很积极。[④]

第三，德国复兴信贷银行（KfW）集团是德国绿色金融的领导者。虽然选择银行在德国绿色金融领域起到了先锋作用，也颇具创新性，但是过去几十年德国各种类型和规模的气候环境项目融资的最重要提供者是国有的政策性银行——复兴信贷银行集团。可以说，KfW 集团是德国落实公共环境政策、促进工业与经济绿色化发展的核心金融机构。在德国国内、欧盟乃至世界层面，KfW 集团在推动德国的能源转型，为家庭、公共社区和工业部门向

---

① 根据普华永道 2015 年对德国企业进行的"为什么进行能效投资"的调研，89% 的企业选择了"降低自身能源成本"，47% 的企业投资是为了提升自身价值与竞争力，仅有 33% 的企业承认只是为了适应法律规定。参见 PWC, Energiewende Mitteland, 2015。

② Henry Schäfer, "Green Finance and the German Banking System", Research Report, No. 01/2017, University of Stuttgart, April 2017, pp. 17 – 18.

③ 2011 年日本福岛核事故发生后，德国宣布将在 2022 年彻底退出核能，全面开启发展可再生能源和向绿色经济转型的进程。

④ Henry Schäfer, "Green Finance and the German Banking System", Research Report, No. 01/2017, University of Stuttgart, April 2017, p. 19.

环境友好转型提供金融激励方面发挥的关键作用都受到广泛认可。下文将对 KfW 在绿色金融领域的贡献做专门的梳理与分析。

二　德国复兴信贷银行集团（KfW）承担的绿色金融功能

德国复兴信贷银行集团（KfW Bankengruppe，以下简称 KfW）的前身是 1948 年在马歇尔计划资助下成立的复兴信贷银行（Kreditanstalt für Wiederaufbau），是由德国联邦政府和州政府全资拥有的国家开发银行。[①] 截至 2017 年底，该行的总资产规模约为 4723 亿欧元，是德国第三大银行，也是世界上最大的国家开发银行之一。[②] 虽然由政府全资拥有，但是该行在经营上不受政府干预，可以完全独立地开发金融产品，在项目选择上也遵循一套标准化的评估程序，从而能较好地保证资金的高效公平使用。前文述及，自 1970 年代以来，KfW 一直是支持德国绿色经济发展最重要的金融机构。有研究认为，近年来德国在工业和经济绿色化发展（包括发展可再生能源和提高能效）上优势突出，主要得益于三个方面的推动：环境法规与能源政策的引导、上网电价补贴以及 KfW 的积极参与。[③] 尤其是，在 2011 年德国宣布新的能源转型战略以及 2013 年正式提出工业 4.0 战略之后，该行投入绿色经济领域的资金进一步增加。作为政策性银行，KfW 对于德国绿色金融的贡献不单单是为绿色项目提供资金，还肩负着拉动私人投资和从技术与制度层面完善绿色金融体系的重任。

第一，KfW 是德国绿色资金的主要提供者，其绿色经济投资规模在世界各国的政策性银行中首屈一指。2016 年，该行的总投资额约为 810 亿欧元，其中高达 44%（约 356 亿欧元）投资于气候与环境项目。[④] 该行下设多个子部门，而在绿色金融领域最为活跃的三个部门分别是 KfW 中小企业银行

---

① 德国联邦政府拥有该集团所有权的 80%，其余 20% 由州政府拥有。另外，为简便起见，后文中"德国复兴信贷银行集团"统一简写为"德国复兴信贷银行"。

② 德国复兴信贷银行集团的情况介绍，参见该银行官方网站：https://www.kfw.de/KfW-Group/About-KfW/。

③ M. Mazzucato and C. Penna，"The Rise of Mission-Oriented State Investment Banks: The Cases of Germany's KfW and Brazil's BNDES"，SPRU-Science and Technology Policy Research，University of Sussex，2015.

④ 2016 年德国复兴信贷银行的投资及分类数据参见该银行官方网站：https://www.kfw.de/KfW-Group/About-KfW/Geschäftsbericht-2016/Kennzahlen-und-Finanzberichte/。

（KfW Mittenlstandsbank，服务于德国中小企业和初创企业）、KfW 市政与私人银行（KfW Kommunal-und Privatkundenbank，服务于德国公共基础设施和私人投资项目）以及 KfW 国际与出口银行（KfW IPEX，负责为德国和欧洲企业的出口项目提供融资）。①

由于可凭借德国联邦政府的信用担保以优惠条件在资本市场筹资，同时作为公共非营利机构享有企业税豁免权，复兴信贷银行在放贷利率上拥有相当大的灵活性，其针对绿色项目的主要投资方式是提供长期贷款和低息贷款。例如，对于大型基础设施项目，该行通常以市场利率提供长期贷款，而对于中小企业和家庭能效项目，则常常以低于商业银行的利率放贷。2012年，该行向家庭能效项目放贷的年利率仅为 1%。② 除了直接放贷外，该行有时还向地方商业银行提供低息贷款，由后者支持本地绿色投资项目。值得一提的是，该行尤为重视支持中小型绿色项目，在 KfW 中小企业银行下专门设有"能效贷款项目"，主要为供热、能效建筑和可再生能源领域的中小企业提供低息贷款。2016 年，这一项目为德国中小企业提供了约 35 亿欧元的资金。③ 此外，该行还为一些绿色项目提供担保，使得项目以较低利率获得商业贷款，进而提高收益率。总体而言，上述投资方式有助于将绿色项目的正外部性适度内部化，从而吸引私人投资者参与。

第二，KfW 在带动其他投资者进入绿色金融领域发挥了重要作用。鉴于绿色投资项目大多存在风险高或者风险被高估的情况，为带动其他各类投资，KfW 在主动承担风险和降低其他投资者的风险预期上做了大量努力。其具体做法包括：（1）充当投资先行者（First Mover），吸引后续投资者进入。尤其是在项目开发者是新入行者或者项目本身涉及创新性技术或商业模式时，该行在综合评估项目前景后会率先投资，承担先行者风险，帮助项目开发者逐步获得行业内认可，为其吸引后续投资打下基础。（2）通过自身参与和追加投资形成示范效应。由于在金融市场上的信用等级高，其投资行为本

① KfW, *KfW Sustainability Report* 2015, pp. 12 – 13.
② Anna Geddes and Tobias Schmidt, "The Role of State Investment Banks in Technological Innovation Systems: The Case of Renewable Energy and Energy Efficiency in Australia, Germany and the UK", EPG & CP Working Paper, August 2016, p. 8.
③ Henry Schäfer, "Green Finance and the German Banking System", Research Report, No. 01/2017, University of Stuttgart, April 2017, pp. 15 – 16.

身就会降低外界的风险预期。① 例如，海上风电项目普遍被认为风险高，但是近年来 KfW 国际与出口银行投资的多个海上风电项目均成功吸引到商业银行和机构投资者的联合投资。此外，该行还成立了海上风电专项基金，带动了更多投资进入该领域。（3）为一些绿色项目提供担保也有助于降低其他投资者的风险预期。

第三，KfW 从技术与制度层面推动了德国绿色金融体系的完善。发展绿色金融并非仅仅推动资金向绿色经济领域流动，还要培育金融机构在绿色项目运营和风险管理方面的能力，才有望实现经济向绿色化转型的长期目标。这就要求相关金融机构具备专业化的人才和经验储备。KfW 的绿色金融团队由高素质的金融专业人才与绿色技术专家构成。得益于这两类人才的通力合作，该行针对行业、企业与市场的尽职调查和针对具体项目的风险评估都非常专业化，并受到私人投资者的高度信赖。例如，KfW 国际与出口银行因"技术性强"而闻名，其尽职调查和风险评估被视为业界的风向标。② 此外，该行还将这些专业化知识传授给其他投资者，使其尽快熟悉相关技术和市场风险，并且提供咨询服务，为企业培训能效方面的专家，为需要聘请外部独立能效评估专家的中小企业提供补助金。③ 在德国，KfW 被公认为绿色投资领域的权威，该行一旦宣布要投资某个项目，通常会迅速吸引多家私人投资者进入。更重要的是，该行还将自己开发的尽职调查与风险评估的标准化程序推广至地方商业银行，后者据此决定是否为某个具体项目提供融资。这样，该行的标准就逐步发展成为事实上的国家标准，相当于提供了规则性公共产品，这无疑有利于推动本国绿色金融体系的构建。④

综上所述，迄今为止德国并未出台系统的发展绿色金融的政策框架，其

---

① 德国复兴信贷银行在标准普尔、惠誉等多家国际权威评级机构的信用评级中长期拥有 AAA 等级，且连续多年被美国金融杂志《全球金融》（*Global Finance*）评为"全世界最安全的银行"之一。

② Anna Geddes and Tobias Schmidt, "The Role of State Investment Banks in Technological Innovation Systems: the case of renewable energy and energy efficiency in Australia, Germany and the UK", EPG & CP working paper, August 2016, pp. 9 – 10.

③ Mariana Mazzucato and Caetano Penna, "The Rise of Mission-Oriented State Investment Banks: The Cases of Germany's KfW and Brazil's BNDES", SPRU-Science and Technology Policy Research, University of Sussex, 2015, p. 16.

④ 德国复兴信贷银行评估投资项目的程序与标准，参见 KfW, *KfW Sustainability Report* 2015, pp. 18 – 19。

绿色金融的主要践行者仍是政策性银行和资产规模很小的选择银行，银行体系的传统"三支柱"并未成为发展绿色金融的"主角"；但是，不可否认，德国的绿色金融发展的确在欧洲乃至世界处于领先地位，尤其是该国政策性银行——德国复兴信贷银行发挥的作用对于他国具有重要的参考意义。近年来，德国发展绿色金融的经验表明，在现阶段工业和经济绿色化发展的投融资活动中，政府仍然而且有必要发挥重要的引导、协调和激励私人投资的作用。

第三节　英国绿色金融发展与绿色投资银行的角色

一　英国绿色金融发展及其政策框架

英国是世界上最早实现工业化的国家，也是较早遭遇严重环境污染问题的国家。1950 年代的"伦敦烟雾事件"促使英国开始深刻反思其经济发展模式，并由治理环境污染入手，从政策与立法层面逐步推动经济向可持续性发展转型：1956 年，出台专门针对空气污染的《清洁空气法》，后于 1968 年做了修订；1974 年，颁布《污染控制法》；1990 年，出台《环境保护法》；1995 年，出台综合性的《环境法》；2000 年，修订更新"养老金法案"，规定养老基金在投资时必须考虑社会、伦理、环境等因素；2003 年，英国政府发布《英国能源白皮书——我们能源的未来：创建低碳经济》，首次提出低碳经济概念，并确定了 2050 年建成低碳社会的总体目标。[①]

近几年，英国陆续出台了一系列政策法规，大体上确定了向绿色经济转型的路线图。其中最重要的政策法规情况如下。2008 年通过了《气候变化法案》，该法案使英国成为世界上第一个针对减少温室气体排放、适应气候变化问题而建立长期法律框架的国家；2010 年和 2012 年，英国连续更新了《英国尽职管理守则》(*The UK Stewardship Code*)，加入了管理活动需考虑环境因素的原则和内容；2011 年，卡梅伦政府将促进海上风电在内的可再生能源发展作为产业战略确定的 11 个关键部门之一；2013 年，英国对《公司法》进行了修订，规定上市公司必须报告本企业在全球范围内的年度温室气

---

① The UK government, *Our Energy Future-Creating a Low Carbon Economy*, Energy White Paper, 2003.

体排放情况、影响绩效的环境因素（包括公司经营对环境的影响）以及任何相关政策及效果；2017 年，梅政府提出的新产业战略将"向清洁增长转型"作为要积极应对的四大挑战之一，具体的重点发展方向包括电动汽车制造、海上风电、智能能源系统、可持续建筑、精细农业和绿色金融。

在上述一系列政策法规的推动下，近年来英国的绿色经济发展取得了显著成绩。2014 年至 2016 年，可再生能源发电占全部发电量的比重由 19.1%提升至 24.6%。尤其是，近年来英国能效稳步提升，在欧盟主要成员国中表现颇为抢眼。图 9-2 给出了 2005 年、2010 年和 2015 年欧盟整体及其主要成员国能效的变化趋势，其中能效表现以国际通用的能源强度（Energy Intensity，即生产单位 GDP 的能源消耗）来表示。由该图可以发现，近年来欧盟整体及其主要大国的能源强度均呈稳步下降趋势，其中英国的表现颇为突出。2005 年与 2010 年，英国的能效表现不仅明显优于欧盟整体水平，也优于德国、法国和西班牙。近几年，能效进一步提高。2015 年，英国生产 1000 欧元 GDP 的平均能耗仅为 94.3 千克油当量，远低于欧盟整体水平（120.4 千克油当量），居欧盟五大国之首。

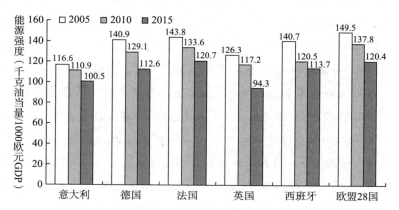

图 9-2　2005 年以来欧盟整体及其主要成员国能源强度变化

资料来源：根据欧洲统计局数据制作。

得益于上述发展绿色经济的切实努力，同时依托拥有伦敦金融城的独特优势，英国在发展绿色金融方面取得了显著成绩，如今已在绿色金融的诸多技术层面（包括绿色金融产品开发、绿色金融管理标准等）处于世界领先地位。2012 年，英国成立了由政府全资控股的绿色投资银行（Green Investment Bank，GIB），专门用于支持绿色投资，是一家典型的政策性绿色金融机构。

后文将专门对 GIB 的运行做较为细致的剖析。总体而言，近年来，英国的私人部门已经能够积极地将环境使命纳入其生产与投资模式，并且通过相关的专业知识将绿色金融的影响推及全世界。中国于 2016 年倡议成立的 G20 绿色金融研究小组由中国人民银行和英格兰银行共同担任主席，即体现了中国与 G20 其他成员国对英国绿色金融发展水平与经验的认可。

值得注意的是，在 2016 年之前，英国并未正式酝酿出台系统的发展绿色金融的国家战略或政策，也并未给出"英国版"的绿色金融定义。2016年，作为 G20 峰会的新议题，绿色金融迅速引起世界各国的广泛重视。作为绿色金融研究小组的联合主持国，英国开始严肃思考出台本国的绿色金融发展规划。2016 年 1 月，英国政府联合伦敦金融城市政当局①提出了"绿色金融倡议"（Green Finance Initiative）。该倡议旨在依托伦敦金融城的既有优势，汇聚金融服务领域的国际高端专业知识储备与人才，从公共部门与市场两个维度将伦敦打造成发展绿色金融的领跑者和国际中心，提出有利于在世界范围内推动绿色金融发展的规制与政策建议。②

虽然近年来英国在发展绿色金融的实践上成绩斐然，但是与实现既定环境与气候目标所需要的资金相比，其绿色金融的投资缺口仍很大。根据伦敦金融城市政当局 2016 年 11 月发布的报告，为了实现环境与气候目标，2011年至 2020 年，英国需在绿色经济领域投资 3330 亿英镑。然而，至 2016 年底，这一投资目标尚未完成一半。③ 为了加快英国经济向低碳化转型的步伐，英国政府于 2017 年 9 月发起成立了"绿色金融特别工作组"（Green Finance Taskforce），旨在协助英国政府加快出台系统性的绿色金融发展政策，尤其是推动能源与交通基础设施领域的环境友好型投资。这一特别工作组由英国政府商业、能源与工业战略部和财政部联合领导，由前伦敦市市长罗杰·吉法德（Roger Gifford）爵士任主席，另有来自伦敦金融城的银行家和英国著名绿色金融研究机构的专家共计 15 人组成。④ 由工作组的人员构成可知，英国的潜在

① City of London Corporation，亦称伦敦市法团。
② 有关伦敦金融城"绿色金融倡议"的介绍，可参见该倡议官方网站：http://greenfinanceinitiative. org/about/who-we-are/。
③ City of London Corporation，"Globalising Green Finance：The UK as an International Hub"，Green Finance Initiative Research Report，November 2016，p. 12.
④ 英国"绿色金融特别工作组"的人员构成见：https://www. gov. uk/guidance/green-finance。

绿色金融投资主体相当多样化，除了商业银行外，还包括投资银行和股票市场的各类投资者。这也是资本市场在英国金融体系中占据重要地位的体现。

虽然英国的绿色金融政策框架仍在酝酿当中，但是该国从一开始就将发展绿色金融与保持和提升伦敦国际金融中心地位的目标结合起来的确颇具战略眼光。前述伦敦金融城市政当局的报告明确提出，绿色金融必须走国际化道路才能成功，而伦敦凭借既有的经济、金融和环境伙伴关系网络，加上具有创新性的国际气候基金，正在为动员国际绿色资本提供支持。[①] 该倡议提出的将英国打造成为绿色金融国际中心的六点计划可视为未来该国绿色金融政策框架的雏形：（1）由政府和工业界联合出台一套全面的绿色金融发展战略；（2）尽快出台绿色发展指南；（3）实行自愿原则；（4）促进国际合作，加强双边与多边绿色金融研讨，建立世界级绿色金融中心网络；（5）通过立法将环境与气候风险考量纳入金融投资决策；（6）充分发挥公共部门的统领与引导作用，将绿色目标与绿色衡量方法纳入工业发展战略，将风险评估分析和绿色使命纳入公共部门基金，继续发挥国际气候基金（International Climate Fund）和绿色投资银行的作用。[②] 据上述六点计划不难发现，英国的绿色金融发展与工业发展战略密不可分，服务于工业与整体经济向绿色低碳转型的总体目标。

二　英国绿色投资银行承担的绿色金融功能

英国绿色投资银行（以下简称 GIB）由英国政府于 2012 年成立，是世界上第一家专门从事绿色投资的国家级政策性银行，主要支持英国的可再生能源、节能与循环经济方面的基础设施建设项目。GIB 成立时的资本金仅为 30 亿英镑，规模远不及德国 KfW，但是作为世界上第一家绿色投资银行，其成立向国际社会和金融市场传递了一个明确信号，即英国正在寻求成为绿色金融领域的国际领导者。值得注意的是，该行在创建时即确定了在时机成熟时私有化的目标。2017 年 8 月，英国政府宣布，将该行正式出售给私人投资机构麦格理集团（Macquarie Group）。虽然已不再是国有银行，但是根据出

---

① City of London Corporation, "Globalising Green Finance: The UK as an International Hub", Green Finance Initiative Research Report, November 2016, p. 12.

② City of London Corporation, "Globalising Green Finance: The UK as an International Hub", Green Finance Initiative Research Report, November 2016, p. 7.

售协议，该行将继续支持低碳项目，在出售后三年内向绿色经济领域的投资将不少于 30 亿英镑，并且设定了"特别股份"安排以保证这一承诺得以践行。① 这意味着该行将在一段时间内继续保留政策性金融机构的部分功能。

根据欧盟委员会依照欧盟竞争政策的"国家援助条款"批准的范围，GIB 的投资领域如下：至少 80% 的资金须流向海上风电、废物循环、转废为能（垃圾发电）、非住宅能效以及英国政府提出的"绿色协议"② 等方向；余下的 20% 资金将流向生物质发电、碳捕捉与存储、海洋能、可再生能源供热等。作为政策性银行，与德国 KfW 的功能类似，GIB 对英国绿色金融的贡献不仅是为绿色项目提供融资，还力图为拉动私人投资、从技术与制度层面构建绿色金融体系以及开展绿色金融国际合作等方面做出重要贡献。当然，与 KfW 相比，GIB 在绿色金融的理念和具体做法上有其独特之处。

第一，虽然英国 GIB 在投资规模上比德国 KfW 小得多，但是作为专门的绿色投资银行，其投资理念和方式颇具特色，尤其是在拉动私人投资方面取得了显著成效。自 2012 年 10 月正式投入运营到 2016 年中，英国绿色投资银行共投资了 78 个项目，投资额约为 28 亿英镑，动员的总投资额约为 110 亿英镑。换言之，该行每投资 1 英镑，就能带动大约 3 英镑的额外投资，大体上实现了成立时设定的 3 倍的杠杆率目标。③

值得注意的是，自成立起，英国 GIB 即确立了投资的"双重底线"（Double Bottom Line）标准，规定所有目标投资项目必须同时满足"绿色效应"和"投资回报"两个原则。"绿色效应"原则要求被投资项目必须符合以下五个目标中的一个或多个：（1）减少温室气体排放；（2）提高自然资源使用效率；（3）保护和改善自然环境；（4）保护和改善生物多样性；（5）提高环境可持续性。"投资回报"原则明确了该行作为营利性机构的定位，这体现了英国政府与金融界的一个重要信条，即只有绿色投资银行自身展现出较好的赢利能力，才能吸引更多私人部门投资于绿色经济。④ 基于上述原则，

---

① 有关英国政府将绿色投资银行出售给麦格理集团的声明，参见英国政府网站：https://www.gov.uk/government/news/green-investment-bank-to-boost-support-for-low-carbon-projects-as-government-confirms-sale-to-macquarie.

② 绿色协议项目（The Green Deal）英国政府于 2013 年发起的允许银行向房屋节能措施提供贷款的倡议。

③ UK Green Investment Bank，*Annual Report and Accounts* 2015 – 16，pp. 9 – 11.

④ UK Green Investment Bank，*Annual Report* 2013，2013，p. 9.

该行并不提供优惠贷款，而是主要以股权投资和提供条件类似于商业银行的贷款来支持绿色项目，有时也为项目提供担保。在股权投资方面，该行或通过直接投资或通过基金管理公司间接投资获得绿色项目的股份，在项目运营后且有能力回报股东时领取分红。有研究人员曾就此做过相关访谈，结果显示，英国 GIB 通过股权投资直接参与项目经营不仅传递出明确的政策信号，而且直接承担了项目风险，对私人投资的带动作用比提供优惠贷款更为显著。① 在放贷方面，该行只提供与商业银行利率相当的贷款，其收入来源主要是贷款承诺费和利息收入。根据该行年报，自成立以来，其项目投资的年均回报率在 8% 以上，且自 2014～2015 年起扭转了税前亏损状况，在 2015～2016 年实现了约 990 万英镑的税前利润。② 虽然遵循"投资回报"原则，但是英国 GIB 并未放弃支持高风险项目。例如，该行创建了世界上第一个海上风电基金（Offshore Wind Fund），并且成功吸引了多家投资银行和机构投资者加入。至 2017 年中，英国海上风电产能的 60% 是由该行投资的。③ 为分散投资风险，保证整体回报率，该行始终注重兼顾与平衡不同风险等级的投资项目，其投资模式与业绩对合作投资者起到了良好的示范效应。

此外，英国 GIB 还在风险评估方面对其他投资者产生了重要影响。例如，在投资风险被普遍高估的可再生能源领域，该行的人才储备和业绩纪录使得其投资行为对其他投资者形成带动效应。通常情况下，在其宣布参与某个投资项目后，即便尚未实现盈利，也会很快吸引到其他投资者，有时甚至出现资金供给相对过剩的情形，这主要是因为其尽职调查（Due Diligence）深得其他投资者信任，大大降低了后者的风险预期。

第二，GIB 从技术与制度层面推动英国绿色金融体系的完善，同时通过国际交流与合作提升英国在绿色金融领域的国际影响力。鉴于可用资金规模较小，英国 GIB 从创建起就将自身定位为服务主导型的政策性银行，其业务范围涵盖以下五个方面：（1）提供全套的金融服务与产品，包括在资金到位

---

① Anna Geddes and Tobias Schmidt, "The Role of State Investment Banks in Technological Innovation Systems: The Case of Renewable Energy and Energy Efficiency in Australia, Germany and the UK", EPG & CP Working Paper, August 2016, p. 8.

② UK Green Investment Bank, *Annual Report* 2016, 2016, p. 9.

③ 有关英国绿色投资银行投资海上风电的数据资料，参见该集团官方网站：http://greeninvest-mentgroup. com/what-we-do/。

与建设阶段获得股权、提供贷款以及资产融资等。（2）项目交付和投资组合服务，主要是为第三方提供绿色基建项目的技术、项目交付和运营管理服务。GIB 可直接代表投资者管理各类绿色资产。（3）并购和债务咨询，为低碳经济企业提供专业并购服务。（4）绿色银行咨询，向第三方提供特定项目、绿色债券或资产组合的绿色影响报告。（5）绿色影响评估服务，立足于世界第一家绿色投资银行的运营经验，就建立有效的绿色金融机构向其他国家政府和国际多边机构提供咨询服务。① 可以说，与提供绿色资金相比，GIB 对自身的定位更多的是从技术和制度上促进英国绿色金融体系尽快步入可持续发展轨道。

得益于发达的金融业与发展绿色经济的实践经验，英国 GIB 雇用了一批高水平的专业化人才，以保证投资项目符合"双重底线"标准。对于一些起初投资价值不明显的项目，该行的专业化团队会帮助其进行创新以达到银行可接受的标准。例如，该行先帮助企业和公共部门设计结构颇为复杂的能效方案，此后再进行投资，以此带动私人投资者进入。英国 GIB 还基于投资实践为一些项目（以能效项目为主）制定评估标准，而后将其推广至整个绿色金融领域。2015 年，该行发布了《绿色投资手册》，基于自身投资经验，给出了对项目的绿色效应进行预估、跟踪和评估的标准化程序，旨在为英国和其他国家投资者的绿色投资决策提供一个参考体系。② 在英国政府的推动下，该手册很快被译成中文和西班牙文推介到中国和西班牙语国家，大大提升了英国在绿色金融领域的国际影响力。③ 可以说，中国倡导将绿色金融纳入 G20 杭州峰会议题，并邀请英国担任 G20 绿色金融研究小组的联合主席国，与《绿色投资手册》对英国绿色金融实践的宣介不无关系。

第四节　小结

本章梳理剖析了近年来欧盟层面及其代表性成员国——德国和英国促进

① 英国 GIB 的业务范围介绍参见该行官方网站：https://www. gov. uk/government/organisations/uk-green-investment-bank。
② UK Green Investment Bank, *Green Investment Handbook：A Guide to Assessing, Monitoring and Reporting Green Impact*, February 2017.
③ UK Green Investment Bank, *Annual Report and Accounts* 2015 – 16, p. 41.

工业和整体经济绿色化发展的投融资政策，也即绿色金融政策，旨在以小见大，洞察有关欧盟及其主要成员国推进新产业革命和落实新产业战略的投融资模式及其主要特征。基于前文，可以得出以下几条基本认识。

第一，由于新产业革命具有高度的创新导向性，而技术创新及其早期应用又具有高风险和典型的外部性特征，因此，通过适当的公共政策和适度的公共投资，应对乃至纠正市场失灵，刺激和引导私人投资流向代表着工业智能化、网络化和绿色化发展的领域，是欧盟及其主要成员国的新产业战略得以落实的关键。近年来欧盟层面及其主要成员国发展绿色金融的实践即充分体现了这一点。无论是欧盟层面还是德国和英国等重要成员国，为了促进工业和整体经济向绿色化发展转型，政府和公共部门都扮演了重要的引导者和协调者角色，甚至通过率先投资的方式主动承担风险，以激励私人部门投资的积极性。

第二，在新产业革命框架下，欧盟层面及其主要成员国支持工业和经济绿色化发展的投融资活动——绿色金融取得了显著进展。近几年，在《巴黎协定》设定的气候目标、深化欧洲金融市场一体化以及"再工业化"战略的推动下，欧盟层面的系统的绿色金融发展政策得以形成。考虑到欧洲金融市场一体化尚有相当长的路要走，欧盟委员会能够立足于欧盟整体出台发展绿色金融的政策框架，体现了欧盟层面对于以绿色金融推动其工业和整体经济向低碳绿色转型的高度重视，同时也标志着欧洲金融市场一体化的深化向前迈进了重要一步。

第三，近年来，德国和英国在发展绿色金融领域都取得了显著成绩，两者的发展路径既有相似之处，也存在明显差异，体现了欧盟成员国促进工业和整体经济绿色化发展的多样化的投融资模式。两者的相似之处在于，绿色经济领域都存在大量资金缺口，同时都认识到该领域存在正外部性难以内部化、投资周期长、风险高或者被普遍认为风险高等特征，因而都主张政府和公共部门在绿色金融领域发挥积极作用，这一点在两国的政策性银行——德国 KfW 和英国 GIB 承担的绿色金融功能上有明确体现。

第四，作为两国绿色金融体系的"龙头"机构，德国 KfW 和英国 GIB 投资于绿色项目的理念与方式明显不同。沿袭支持战后重建的初衷与具体做法，德国 KfW 主要将支持绿色经济视为公共非营利性活动，为绿色项目提供资金的方式也一直以长期贷款和低息贷款为主，股权投资所占比重极小。[①]
因此，该行一方面是德国绿色资金的最主要提供者，另一方面其"一家独
大"的投资模式对于其他投资者的带动作用则相对有限，以至于长期以来大
多数德国商业银行并不重视环境友好型项目带来的投资机遇。[②] 英国 GIB 自
成立起即确定了投资回报原则，并以股权投资作为主要投资方式。[③] 虽然该
行资金规模相对较小，但是通过股权投资直接承担了项目风险，在一定程度
上扮演了市场创造者的角色，对私人投资的拉动作用优于提供优惠贷款。此
外，该行以类似于商业银行的条件放贷更加有助于向外界展示绿色项目的可
营利性，进而提高其他投资者的积极性。总之，从投资方式与资金规模上
看，KfW 在德国绿色金融体系中一直扮演着"主角"，而英国 GIB 则更多地
发挥了撬动私人投资的杠杆作用。

---

① 截至 2016 年末，德国 KfW 的股权投资占总资产的比重仅为 5%，参见该银行官方网站：ht-
tps://www. kfw. de/KfW-Group/About-KfW/。

② Henry Schäfer, "Green Finance and the German Banking System", Research Report, No. 01/
2017, University of Stuttgart, April 2017, pp. 16 – 17.

③ 截至 2015 年末，英国 GIB 的股权投资占总资产的比重高达 50%，参见 UK Green Investment
Bank, *Annual Report and Accounts* 2015 – 16, p. 30。

第十章 欧盟及其主要成员国新产业战略落实进展评估

　　前文大致勾勒出了近年来欧盟及其主要成员国出台的新产业战略的整体图景。那么，迄今为止，欧盟层面及其主要成员国落实新产业战略的进展如何？是否在实现预期目标上取得了显著成绩？能否对这些战略的实施进行定量评估？本章将试图回答这些问题。

　　按照经济政策分类，欧盟层面及其主要成员国近年来提出的新产业战略属于产业政策的范畴。对于如何评估产业政策，笔者曾做过专门讨论。① 现做一简述。一般而言，对一项经济政策进行评估，有两个不同的重要角度：一是效率的评估，二是效果的评估。对于一国的宏观经济政策（货币政策和财政政策）而言，从这两个角度进行评估都是可行的。但是，对既包括中观又包括微观经济措施在内的产业政策进行整体评估历来是极为困难的。首先，从效率的角度看，评估一项经济政策的核心工作是在确认存在市场失灵的前提下进行成本－收益分析，即考察该项政策能否纠正市场失灵，并且获得的社会总收益是否超过所投入资源的机会成本。然而，在产业政策领域，现实操作中的种种困难使得实际的政策评估工作往往难以进行。一方面，要证明某种市场失灵的确存在并不容易，另一方面，即使确定了市场失灵的存在，要衡量失灵的程度和严重性也很难，从而也就很难确定具体的纠正措施将对社会福利造成的实际影响。对于个别的产业政策措施（如贸易政策中的关税、配额和建立关税同盟等）来说，已经有了一些衡量其效率的方法，可

---

　　① 孙彦红：《欧盟产业政策研究》，北京：社会科学文献出版社，2012，第 191～196 页。

运用竞争性市场的一般均衡模型或寡头市场的博弈模型等进行分析。但是，迄今为止，针对大多数其他措施（如研发补贴、规制性措施等）收益的数量分析还非常不成熟。[①] 当要评估的产业政策是一项整体产业发展战略时，不仅具体措施纷繁复杂，而且不只局限于纠正市场失灵，那么要对其效率做量化分析就更加困难。

其次，从效果的角度看，对一项经济政策进行评估就是看是否实现了预期的目标。实际上，效果评估是在效率评估不可行情况下的一个次优选择。效果评估的逻辑相对简单得多：如果一项政策成功地实现了预期目标，那么就是成功的，而不论其具体目标是什么。依照这一逻辑，如果某个产业发展了，那么支持这一产业的措施是成功的（至少不是失败的），如果该产业在国际上有竞争力，那就是巨大的成功。效果评估的标准在具体操作和逻辑上都存在一定的缺陷：其一，容易忽略政策执行的细节，世界各国的经验已经证明，类似的政策措施由不同素质和效率的政府执行，结果会有相当大的差异；其二，根据效果来评判政策实际上是一种"后此"（Post Hoc）推断法，[②] 后果是很容易忽略掉不属于产业政策范畴的其他重要因素的影响，如初始条件的差异和经济周期的影响等。鉴于产业政策自身措施繁多，同时又往往与其他许多政策重叠在一起的事实，要确定产业政策的范围，分离出它的独立效果，并进行较为准确的定量分析，其难度可想而知。这些缺陷使得对产业政策效果评估的实际可行性不容乐观。

正是出于上述原因，迄今为止，产业政策领域的绝大多数经验研究都集中于定性描述，往往是对一国（或地区）在特定时期内所采取的各种类型的措施和项目做描述性分析，而相关的定量评估非常少见。[③] 可以说，评估产业政策所面临的最大困难在于评估方法，也即如何评估的问题。近年来，对旨在促进产业（和地区）发展的公共政策的评估引起了一些学者的兴趣，引发了一些争论，也相应地带动了这方面的研究活动。然而，这些评估基本上

---

① Lenihan, H., Hart, M. & Roper, S., "Introduction-Industrial Policy Evaluation: Theoretical Foundations and Empirical Innovations: New Wine in New Bottles", *International Review of Applied Economics*, Vol. 21, No. 3, 2007, pp. 313 – 319.

② "后此"推断法的逻辑是：后此，故因此。简单地说，就是如果乙事件发生在甲事件之后，即将乙事件归因为甲事件。

③ Patrizio Bianchi and Sandrine Labory, "Empirical Evidence on Industrial Policy Using State Aid Data", *International Review of Applied Economics*, Vol. 20, No. 5, December 2006, p. 603.

仍未超出对特定项目或计划的资源投入和影响进行分析的范围，在方法上没什么突破。虽然有个别学者也尝试开发一种主流的（或者说标准化的）产业政策评估方法或量化评估体系，但是这些方法要么因过于简单而现实意义不大，要么就是过于复杂，在实际操作中往往因缺乏必要的信息和数据而无法真正应用。[①] 此外，近几年，有学者提出，对于政府产业政策的评估还需具备动态眼光，要充分衡量政策的溢出效应，包括带动多少私人投资和创新，以及创造出多少新的经济与技术机遇，而要做到这些，无疑需要构建新的评估方法和指标。[②]

综上所述，要从整体上对近年来欧盟及其主要成员国的新产业战略做出恰当的效率和效果评估，目前尚无足够科学的方法。也许正是出于上述原因，迄今为止，欧盟委员会从未发布过一份详细评估 1990 年以来产业政策实施情况的报告，也并未对近几年提出的"再工业化"战略做过专门评估。然而，考虑到欧盟委员会 2012 年提出"再工业化"战略至今已逾 6 年，而自英国 2011 年提出产业战略、德国 2013 年提出工业 4.0 战略、意大利 2013 年提出国家能源战略和法国 2013 年提出"新工业法国"计划，至今均逾五年，评估这些战略的落实情况似乎是本研究难以回避的问题。鉴于此，本章将尝试从效果的角度，对过去几年欧盟"再工业化"战略及欧盟主要成员国新产业战略的落实情况和进展做一简要评估。需要强调的是，在现实中，欧盟层面的"再工业化"战略和成员国的新产业战略是叠加、交织实施的，要单独分离出哪一方的具体影响都不太可能。因此，本章的工作算不上是严格意义上的效果评估，只能尽量给出一个进展概貌，以期为读者更加全面深入地理解和把握上述战略提供必要的参考。

第一节 欧盟"再工业化"战略进展评估

为了更好地理解欧盟"再工业化"战略的实施情况，在评估其进展之

---

① Helena Lenihan, Mark Hart & Stephen Roper, "Introduction-Industrial Policy Evaluation: Theoretical Foundations and Empirical Innovations: New Wine in New Bottles", *International Review of Applied Economics*, Vol. 21, No. 3, July 2007, pp. 313 - 314.

② Mariana Mazzucato, *The Entrepreneurial State: Debunking Public vs. Private Sector Myths*, revised edition, Public Affairs, 2015.

前，有必要立足于欧盟制定该战略时工业与整体经济的发展状况对其实施的基础与困难做一剖析。

一 欧盟"再工业化"战略实施的基础与困难

"再工业化"是欧盟基于自身经济现实与外部竞争压力而做出的战略选择，因此，其能否实现预期目标既有赖于欧盟自身的条件，也取决于国际经济环境的演变。整体而言，欧盟"再工业化"战略的实施既具备一定的现实基础，又面临着诸多不容忽视的挑战。

1. 基础与优势

首先，欧盟"再工业化"战略的目标明确，推进计划较为系统全面，符合新产业革命对于系统性变革的要求。如前所述，新产业革命在欧盟已酝酿多年，欧盟层面及一些成员国对此都有深刻认识。尤其是作为欧洲经济领头羊的德国，其上至联邦政府、下至各类企业对新产业革命的践行均为其他成员国做出了表率。德国提出的"工业4.0"概念几乎被公认为引领了新一轮产业革命的方向。正是基于理念与实践上的长期准备，欧盟"再工业化"战略不仅"突破性"地提出将制造业比重提升至20%的目标，还专门设计了"四大支柱、六大优先领域"的实施框架，可谓系统全面。此外，欧盟"再工业化"战略特别强调可再生能源与先进制造技术齐头并进的发展思路，这与在推进新产业革命实践上更加偏重发展数字制造技术的美国相比更加全面、均衡。鉴于新产业革命是一项系统工程，既要求促进工业"泛用"技术的突破与应用，又要求推动工业主导动力来源的革新，既要有顶层设计和规划，又要有具体措施，欧盟的"系统性"思维整体上看有助于战略实施的延续性与各项政策间的协同。

其次，在节能环保与发展可再生能源方面，欧盟具有较为坚实的民意与技术基础，且在一些领域已取得"先行优势"。由于传统化石能源短缺及对环境保护的长期关注，节能环保与开发可再生能源的理念在欧盟早已深入人心，在实践上也积累了丰富的经验。德国、法国、英国、意大利、瑞典、丹麦等国的节能环保与可再生能源技术已具备世界领先优势，一些领域走在了美国的前面。欧洲专利局（EPO）的数据显示，虽然自21世纪以来欧盟在该局的技术专利注册整体上处于"守势"，但是在生态创新领域十分活跃：2010年，几乎一半的能源生产与转化技术专利注册来自欧盟国家，美国为

23%；尤其是在风能、潮汐能和太阳能技术方面，欧盟国家明显处于领先水平。[①] 相比之下，虽然美国政府近年来也一再呼吁发展可再生能源，但是民众的认知不那么深刻，传统能源产业的强大利益诉求也阻碍了实质性政策的出台。另外，近年来美国掀起的所谓"页岩气革命"仍属于传统化石能源范畴，虽然中短期内会明显提高能源自给率、降低生产成本，但是长期而言恐有延误发展可再生能源时机之虞。

再次，在化学、机动车辆、航空与机械工程等部门的既有优势以及擅长专业化生产的特点是欧盟推进"再工业化"的另一有利条件。化学、汽车、机械等是欧盟的传统优势产业，至今仍保持着较强的竞争力，是欧盟制造业对外贸易顺差的主要贡献部门。这些部门是以新材料、新能源汽车、先进自动控制技术等为主要内容的新产业革命的主要发生行业，同时其上下游产业覆盖了当今世界制造业的绝大多数部门与生产环节，在这些领域的既有优势构成欧盟推进"再工业化"的坚实基础。另外，从整体上看，多数欧洲国家（尤其是德、法、英、意等主要经济体）尤其擅长专业化生产与开拓细分市场，同时具有渐进式改进已有工业技术、并将之与传统手工工艺及文化元素等相结合的突出能力，因而其产品与服务易从专业化、质量、品牌、设计、个性化定制等方面获得高附加值。这些特征承载着欧洲几百年现代工业文明的积淀，既有一定的稳定性，又不易为他国复制和超越，是欧盟进一步夯实产业竞争力的独特优势。

最后，规模达 5 亿人且集中了全世界约一半"高端"需求的内部大市场，参与制定国际经济规则与标准的优先权仍将保持较长时间等因素，也是欧盟推进"再工业化"的重要基础。

2. 困难与挑战

首先，国际金融危机造成的经济困境是欧盟实施"再工业化"战略的直接障碍。危机爆发后，作为实体经济中最核心也最具外向性的部分，欧盟工业不可避免地受到强烈冲击，诸多行业在短期内迅速陷入困境乃至危机。虽然此后于 2010 年出现短暂回暖，但是随着主权债务危机的发酵与蔓延，欧盟工业生产再次陷入下滑通道。2012 年，欧盟工业产出远低于 2008 年的危

---

① 有关欧洲专利局技术专利注册的技术类别与申请方国别信息，可见该机构官方网页：http://www.epo.org/service-support/publications/patent-information.html。

机前峰值，仅相当于 2004 年的水平，制造业产出甚至还不及 2001 年的水平。图 10 - 1 给出了 2000 年至 2013 年欧盟 27 国（不包括 2013 年加入的克罗地亚）的制造业与建筑业生产指数走势，据此不难发现欧盟提出"再工业化"战略时其工业发展所处的窘境。在成员国层面，2012 年，即使是受危机冲击最小的德国，其工业生产指数也未恢复至 2008 年的水平，法、英、意、西等国的情况更加糟糕，尤其是受到主权债务危机直接冲击的意大利与西班牙，其工业生产指数甚至低于 2001 年的水平。究其原因，正是危机持续时间之久与演变之复杂造成经济预期的不确定性有增无减，导致消费信心与商业信心之间相互抑制，工业投资复苏障碍重重。

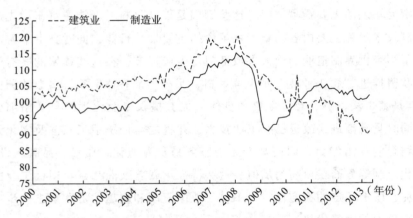

图 10 - 1　欧盟 27 国制造业与建筑业生产指数（2010 年 = 100）

资料来源：European Commission，"Industrial Policy Indicators and Analysis"，Monthly Note，June 2013.

其次，从技术创新与应用上看，诸多结构性弱点导致欧盟从整体上推进"再工业化"困难重重。"再工业化"战略的核心是促进新技术的开发与广泛应用，而欧盟在这方面至少有两点关键性"不足"。一是研发投入长期不足。根据欧洲统计局的数据，2011 年，在世界的研发总支出中，美国一家就占了 31%，欧盟整体仅为 17%；2011 年欧盟研发支出占 GDP 的比重为 2.03%，而美国则高达 2.87%。这一现象在很大程度上可由近年来欧盟产业结构的停滞得到解释：自 1970 年代末至国际金融危机爆发前后，欧盟制造业在高技术、中等技术、低技术部门的附加值分布结构几乎未发生变化，其优势一直集中在中等与中 - 高技术部门，高技术部门附加值的比重甚至出现了下降的趋势，这种结构难免造成研发投入难以提高。① 二是科学研究商业化的能力不足。虽然在很多前沿科学研究上处于世界领先水平，但是由于缺乏培养技术型企业家的传统、技术人才储备欠缺、缺乏有效的风险资本市场等一系列掣肘因素，欧盟将科研成果转化为新产品、新工艺与新服务的能力明显落后于美国。② 另外，从劳动力市场上看，虽然德国在经历施罗德改革后正在重新焕发活力，但是直到欧盟提出"再工业化"战略的 2012 年，包括法国、意大利在内的其他西欧多国的劳动力市场依旧僵化刻板，缺乏流动性与灵活性，失业率（尤其是青年失业率）长期居高不下，不利于劳动技能的及时转型。虽然近年来欧盟各国正在推行的结构性改革大都有针对劳动力市场的内容，但是由于牵涉多方利益，阻力巨大。

最后，虽然"再工业化"战略由欧盟层面提出，但是其实施更多地依赖成员国及产业自身的行动，执行的实际难度不容忽视。"再工业化"战略在欧盟层面产业政策的框架下提出，而如今大部分的产业政策权力（尤其是涉及公共财政与结构性改革的领域）仍掌握在成员国手中，欧盟层面的政策仍处于指导性、协调性与辅助性的地位，其执行也遵循以多方交流协商为特点的"软"机制。虽然"再工业化"战略明确规定通过"欧洲学期"机制强化欧盟对成员国落实行动的监督与管理，并设定了一套包含多个指标的效果评估体系，但是这并未从法律上改变欧盟委员会与成员国政府之间在产业政策上的权限分配。另外，虽然欧盟2014～2020 年度财政框架下增加了研发与创新预算，但是鉴于欧盟层面的高科技项目预算仅相当于成员国科技研发预算总额的 1/20 左右，③ 从行动能力和效果上看，欧盟产业政策似乎也只能作为成员国政策的一种补充而存在。从成员国的角度看，一方面各国的产业政策传统与实施方式各不相同，另一方面各国经济状况差异甚大，结构性改革的具体内容与现实困难亦有不同，因此，虽然"再工业化"战略受到普遍认可，但是要齐头并进地实施缺乏现实可行性。

---

① European Commission, *Commission Staff Working Document accompanying the document "Strategy for the Sustainable Competitiveness of the Construction Sector and its Enterprises"*, SWD（2012）236 final, 2012, pp. 21 – 22.

② 根据世界知识产权组织（WIPO）的统计，2010 年美国每万人居民申请专利数为 7.82 件，同期欧盟仅为 2.19 件，其中最高的德国也仅为 5.75 件。

③ Jacques Pelkmans, "European Industrial Policy", in Patrizio Bianchi and Sandrine Labory（eds.）, *International Handbook on Industrial Policy*, Cheltenham, UK · Northampton, MA, USA: Edward Elgar, 2006, p. 74.

二 欧盟"再工业化"战略的进展与效果评估

上文基于 2012 年欧盟委员会提出"再工业化"战略时欧盟的工业与经济状况分析了该战略落实的基础与困难。值得注意的是，过去几年，发生了两个方面的重要变化，对继续落实该战略产生的影响不容忽视：其一，自 2013 年起，欧元区和欧盟经济开始复苏，2017 年欧元区和欧盟经济增长率均达到 2.5%，超过了美国。经济形势的逐步好转使得"再工业化"战略实施的宏观环境得以改善。其二，自 2012 年提出"再工业化"战略后，根据经济形势变化和战略落实情况，欧盟委员会又于 2014 年和 2017 年分别发布了两份旨在完善和更新"再工业化"战略的产业政策通报，对该战略进行了调整。那么，迄今为止，欧盟"再工业化"战略的落实取得了哪些进展？根据前文的分析，要严格而准确地回答这一问题难度极大。然而，我们可以通过观察过去几年欧盟工业的各项关键指标是否朝着"再工业化"的方向发生了积极变化来尝试给出一个相对直观的概貌。下文拟从工业（制造业）增加值占 GDP 的比重、工业（制造业）劳动生产率、研发投入、工业（制造业）产品的国际市场份额等几个指标的变化入手，初步做出评估。

首先，来看工业和制造业增加值占 GDP 的比重。欧盟"再工业化"战略设定的总体目标是到 2020 年将制造业增加值占 GDP 的比重提升至 20%，那么如今这一指标是否发生了积极的变化呢？根据欧盟委员会在 2017 年产业政策通报中的分析，过去几年，欧盟已经扭转了工业和制造业增加值占比下降的趋势。2009 年至 2016 年，欧盟 28 国的工业增加值增长了 4.7%，欧盟 27 国（不包括即将脱离欧盟的英国）的工业增加值增长了 6.4%。同期，欧盟 28 国的制造业增加值增长了 23%，欧盟 27 国的制造业增加值增长了 25%，增速明显高于工业整体水平。截至 2016 年底，欧盟 28 国的工业增加值占 GDP 的比重提升至 19%，制造业增加值占 GDP 的比重提升至 16.1%；欧盟 27 国的工业增加值占 GDP 的比重提升至 21%，制造业增加值占 GDP 比重提升至 17.1%。[1] 观察图 10 - 2 和图 10 - 3 不难发现，无论是 2009 年以来，还是欧盟提出"再工业化"战略的 2012 年以来，欧盟工业与制造业增

---

[1]　European Commission，"Investing in a Smart，Innovative and Sustainable Industry：A Renewed EU Industrial Policy Strategy"，COM（2017）479 final，September 2017，pp. 2 - 3.

加值占 GDP 的比重总体上都处于上升态势，2014 年之后这一趋势更加明显。此外，过去几年，欧盟工业就业人数下降的趋势也开始扭转。2009 年至 2013 年，欧盟 27 国的工业就业人数减少了 180 万（大约减少 5.4%）；然而，自 2013 年至 2016 年，欧盟工业创造出了超过 150 万个新增就业岗位，同期制造业部门的工作岗位增长速度更快，而且主要集中在高收入的工程类、专业化和管理类岗位。[①]

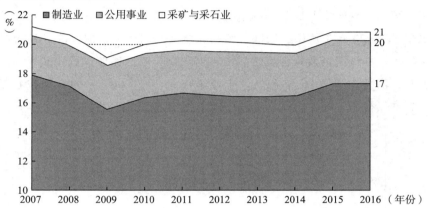

图 10 - 2 欧盟 27 国工业与制造业增加值占 GDP 的比重（2007 年至 2016 年）

资料来源：European Commission，"Investing in a Smart，Innovative and Sustainable Industry：A Renewed EU Industrial Policy Strategy"，COM（2017）479 final，September 2017，p. 3。

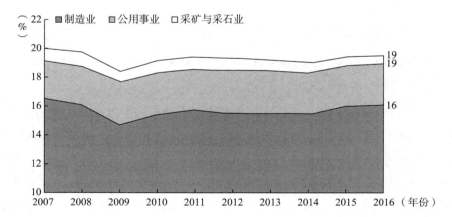

图 10 - 3 欧盟 28 国工业与制造业增加值占 GDP 的比重（2007 年至 2016 年）

资料来源：同图 10 - 2。

① European Commission，"Investing in a Smart，Innovative and Sustainable Industry：A Renewed EU Industrial Policy Strategy"，COM（2017）479 final，September 2017，p. 3.

　　然而，若做进一步的深入分析可发现，欧盟工业和制造业增加值占 GDP 比重的变化并非完全如欧盟委员会评估的那样乐观。第一，由图 10 – 2 和图 10 – 3 可以发现，无论是欧盟 27 国，还是欧盟 28 国，欧盟整体的工业和制造业增加值占 GDP 的比重仍未恢复至国际金融危机爆发前，也即 2007 年的水平，因此，过去几年该指标的回升似乎可部分地归因于经济复苏效应，即由工业与制造业生产恢复所致，能否断定为产业结构的根本性变化仍待继续观察。第二，欧盟主要成员国的情况似乎也可佐证这一判断。图 10 – 4 给出了 2007 年至 2016 年德国、法国、英国和意大利制造业增加值占 GDP 比重的变化趋势。据该图可发现，虽然 2012 年至 2016 年上述四国的该指标都有微弱提升，但是直到 2016 年底仍低于或者仅相当于 2007 年的金融危机前水平，尚难以得出"再工业化"取得实质性进展的结论。

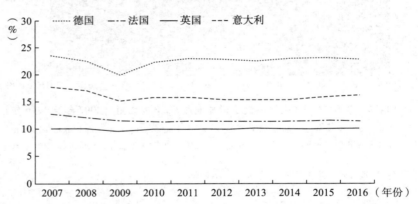

图 10 – 4　欧盟主要成员国制造业增加值占 GDP 的比重（2007 ~ 2016 年）

资料来源：笔者根据 Eurostat 数据制作。

　　其次，从衡量一国（或地区）产业竞争力的关键性指标——劳动生产率上看，2009 年至 2016 年，欧盟 28 国工业部门的劳动生产率年均增长率为 2.7%，明显高于同期美国的劳动生产率增长率（0.7%），也高于韩国（2.3%），略低于日本（3.4%）。[①] 图 10 – 5 给出了 2011 年至 2017 年欧盟 28 国及其主要成员国制造业劳动生产率的变化趋势及与美国的对比，采用的指标是从业者每小时 GDP，单位为美元/时。据该图可以发现，2012 年以来，

---

① European Commission, "Investing in a Smart, Innovative and Sustainable Industry: A Renewed EU Industrial Policy Strategy", COM (2017) 479 final, September 2017, p. 3.

欧盟 28 国整体、德国和法国的制造业劳动生产率都进入了快速增长通道，增速高于美国，与美国劳动生产率绝对值的差距在逐步缩小。同期，英国劳动生产率自 2015 年之后才开始增长，而意大利的劳动生产率则变化不大。

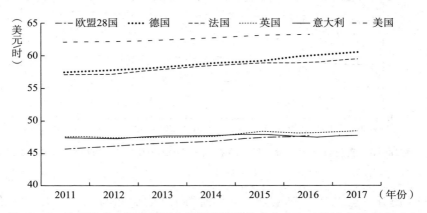

图 10 – 5 欧盟及其主要成员国与美国制造业劳动生产率（2011 年至 2017 年）

资料来源：笔者根据 Eurostat 数据制作。

再次，鉴于欧盟"再工业化"战略将促进研发创新置于首要地位，也可通过研发投入的变化来考察其进展。图 10 – 6 给出了 2007 年至 2016 年欧盟整体及其主要成员国研发投入占 GDP 的比重。可以发现，虽然自 2007 年以来，欧盟整体的研发投入占 GDP 的比重呈现明显的上升趋势，但是自 2012 年起开始趋缓。2012 年以来，除了德国的研发投入比重由 2.87% 显著提升至 2.94% 外，欧盟整体和法国、英国、意大利的该指标均只有微弱提升，上升趋势并不明显。特别是，在研发投入比重本来就偏低的法国和意大利，该指标在 2016 年甚至出现了回落。这表明，除德国之外的其他欧盟主要成员国的研发投入并未明显增加。鉴于工业和制造业是研发活动的主要发生领域，可以大致认为，欧盟"再工业化"战略的落实整体上尚不具备坚实的研发投入支撑。

最后，来看欧盟工业产品的国际市场份额。图 10 – 7 给出了 2007 年至 2016 年世界主要经济体工业产品出口的国际市场份额。可发现，国际金融危机爆发后至 2011 年，欧盟工业产品的国际市场份额持续走低，而 2012 年以来，其份额大体保持在 16% 的水平，起伏不大，且在 2013 年被中国（不包括香港）赶超。同期，美国工业产品的国际市场份额先下降，后于 2012 年

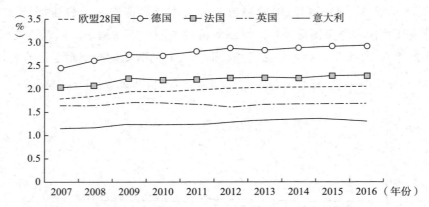

图 10 – 6 欧盟及其主要成员国研发投入占 GDP 的比重（2007 年至 2016 年）

资料来源：笔者根据 Eurostat 数据制作。

起开始提升，至 2016 年已恢复至危机前的水平，大约为 12% 。日本的份额则由约 7% 降至 5% 。可以说，过去几年，虽然欧盟制造业增加值占 GDP 的比重明显增加，制造业劳动生产率也有所提升，但是并未直接转化为其产品国际市场份额的提升。

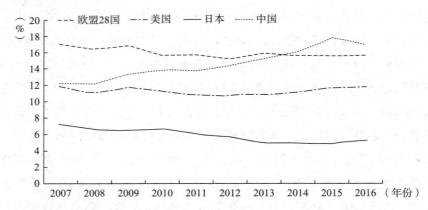

图 10 – 7 世界主要经济体工业产品出口的国际市场份额（2007 年至 2016 年）

资料来源：笔者根据 Eurostat 数据制作。

综上所述，自 2012 年提出"再工业化"战略以来，欧盟制造业和工业增加值占 GDP 的比重有明显提升，同时制造业劳动生产率也在持续提高，整体上正在朝着既定目标迈进。然而，如果将考察期拉长至国际金融危机爆发前，可以发现，过去几年欧盟工业和制造业的良好表现在较大程度上可归因于经济复苏过程中的生产扩张效应，至今尚未转化为其产品国际市场份额的显著提升。鉴于欧盟整体及其主要成员国（德国除外）的研发投入水平仍偏低，且过去几年并没有明显增加，未来"再工业化"战略的落实前景仍不容乐观。

三　欧盟智能电网建设的进展评估

智能电网是新产业革命倡导的核心基础设施，同时也是工业智能化、网络化、绿色化发展高度结合的代表性部门，同时承载着欧盟新产业革命的"技术内涵"、"能源内涵"与"市场内涵"，对于欧盟推进新产业革命意义重大，也是欧盟"再工业化"战略确定的六大优先发展领域之一。鉴于此，考察近年来欧盟在该领域的进展无疑可为我们把握欧盟"再工业化"战略的落实提供一个重要视角。本书第四章对近年来欧盟落实其智能电网发展政策的基础和困难做了剖析，本部分将对迄今为止欧盟建设智能电网取得的进展做一评估。

总体而言，过去几年，欧盟智能电网建设取得了较大进展，尤以三个方面最为突出。

第一，制定共同技术标准取得阶段性成果。在欧盟委员会的积极推动下，3家欧洲标准化组织于2012年和2014年先后发布了两批智能电网技术标准，涵盖智能电网发电、配电、用电等几乎所有环节，为后续技术开发与设备部署打下了基础。[①] 基于对上述工作与成果的简要分析，可发现几个特点：（1）目前欧盟发布的多为通用性术语与标准，大量具体设备与零部件的技术标准尚未制定，这反映出欧盟智能电网建设仍处于初级阶段；（2）为尽快突破可再生能源发电入网的瓶颈，欧盟尤其重视间歇式分布式电源接入电网、微型电源与配电网络接口等标准的研究与制定；（3）欧盟特别注重与国际标准的接轨与兼容，并积极预测与引导国际标准的未来走向。

第二，安装智能电表取得较大进展。早在2009年发布的电力市场指令中，欧盟即明确提出，智能电表是实现电力用户与供电企业双向互动的必要媒介，大规模安装智能电表将是启动智能电网市场的关键的"第一步"。在

---

① CEN-CENELEC-ETSI Smart Grid Coordination Group（SGCG），"First Set of Standards"，November 2012；SGCG，"SGCG/M490/G _Smart Grid of Standards"，Version 3.1，October 2014.

该指令中，欧盟制定了至 2020 年实现智能电表覆盖率达到 80% 的总体目标，要求成员国尽快进行成本 – 收益分析，并逐步落实各自的安装计划。截至 2014 年上半年，芬兰、意大利和瑞典已共计安装了 4500 万个智能电表，率先完成了 80% 的国内覆盖率目标。此外，英国、法国、西班牙、奥地利、丹麦、荷兰、爱尔兰等国也制定了大规模部署智能电表的具体计划。[1] 相关研究显示，在意大利，已安装智能电表的电力用户年均能耗减少了 10%。[2]

第三，开展了一系列技术研发与示范部署项目（Demonstration & Deployment Projects）。自 2004 年起，欧盟及其成员国启动了一系列研发项目与示范部署项目。至 2018 年 7 月，欧盟范围内共开展了 500 多个智能电网项目，累计有 1670 多家企业和机构参与，总预算约为 37.05 亿欧元。[3] 基于对这些项目的粗略分析，可发现几个特点：（1）由欧盟层面和成员国政府发起，私人部门与公共部门紧密合作，是当前欧盟智能电网项目的主要运行模式。从资金来源上看，在 459 个信息完备的项目（总预算金额为 31.5 亿欧元）中，私人部门投资占比为 49%，欧盟层面及成员国公共部门投资占 51%，且有 90% 以上的项目获得了公共部门的资金支持。这表明，当前阶段欧盟智能电网发展仍主要依赖公共部门的协调与支持。（2）由以研发项目为主导发展至以示范部署项目为主导。总体上看，在智能电网发展的初期阶段，技术研发项目居主导地位，近几年，欧盟智能电网建设步入实际部署阶段，示范部署项目受到更多的支持。如图 10 – 8 所示，在前述 459 个项目中，有 211 个研发项目和 248 个示范部署项目，总预算额分别为 8.3 亿欧元与 23.2 亿欧元，无论从项目数量还是从预算规模上看，示范部署项目所获支持力度明显更大。（3）成员国合作趋于广泛深入。在前述 459 个项目中，多国合作项目多达 172 个，预算额为 13.5 亿欧元，占总预算的 43%。

---

① European Commission, "Benchmarking Smart Metering Deployment in the EU – 27 with a Focus on Electricity", COM (2014) 356 final, June 2014, pp. 5 – 6.

② Vincenzo Cannatelli, "ENEL Telegestore Project is on Track", p. 4, 2016.

③ 有关欧盟智能电网研发与示范部署项目的详细数据，见欧盟联合研究中心（JRC）网页：http://ses. jrc. ec. europa. eu/inventory? field_proj_dev_stage_value = DEMP&field_proj_start_date_value [value] [year] = &field_proj_start_date_value2 [value] [year] = &field_proj_countries_involed_tid = Italy&titleproj = &field_proj_application_value = &page = 1。

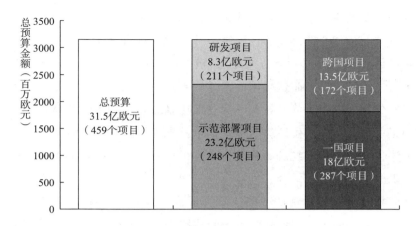

图 10-8　欧盟智能电网研发与示范部署项目概况

资料来源：根据欧盟联合研究中心（JRC）数据制作。

综上所述，近年来欧盟智能电网建设的确取得了不少进展，但是从技术创新、设备安装、商业模式确立以及推进欧洲能源市场一体化等多方面看，当前欧盟的智能电网建设仍处于实际部署的初级阶段，要实现智能电网全面取代现有电网尚有相当长的路要走。鉴于智能电网在欧盟新产业革命进程中所处的基础性与先导性地位，欧盟新产业革命的整体推进也将是一个较长期的过程。

第二节　德国工业4.0战略进展评估

德国是欧盟第一经济大国和第一工业强国，同时也在很大程度上引领和塑造了欧洲乃至全球新产业革命的发展方向，因此，为了更好地把握近年来欧盟及其主要成员国新产业战略的整体进展，有必要对德国工业4.0战略的落实进展做专门的分析与评估。本节将尝试开展这一工作。

总体而言，德国实施工业4.0战略具备了较好的基础。德国经济创新的核心是19世纪晚期以来在机械制造、电子技术工业和化工领域形成的多样化优质生产，这种创新更多地依赖综合考虑了市场需求、技术研发、生产流程和应用程序的整体解决方案，而这正是实施工业4.0的近乎完美的条件。此外，德国有政府、企业界与科学教育界长期协同合作的传统。这一方面体现于德国科研机构和高校在研发方面分工明确，另一方面则体现于大学、职业学校与企业在技术转化方面以及基于"二元制"职业培训体系的合作机制。这一体制既有利于高端技术的扩散，也有利于高素质技工的培养和职业稳定。德国经济和科技体制的这种组织与制度安排有利于持续、渐进性创新以及集成创新。① 如前文所述，德国实施工业 4.0 战略还具备一系列具体优势，包括在机械和设备制造领域的全球领导地位、在嵌入式系统和自动化工程领域的公认的领先优势、拥有一支高素质且有干劲的劳动力队伍、大企业与中小企业密切协作的生产组织形式，以及先进的研究与培训设施，等等。

上述各方面是德国经济的强项，也是工业 4.0 赖以推进的重要条件。可以说，工业 4.0 是德国结合了世界产业发展潮流与自身工业基础等多重考虑后做出的具有较高可行性的战略决定。那么，自 2013 年发布以来，德国推进工业 4.0 战略的进展如何呢？考虑到德国工业 4.0 是一项全面系统的产业战略，涉及工业价值链的几乎全部环节，其实质是工业发展全面向智能化、网络化和绿色化迈进，最终将带来生产方式乃至生活方式的深刻变革，因此要较为全面客观地衡量其进展，尤其是量化其进展存在诸多现实困难。本章第一节在评估欧盟"再工业化"战略进展的同时，给出了包括德国在内的欧盟主要成员国的若干重要工业指标的变化。过去几年，德国的制造业增加值占 GDP 的比重一直保持在约 23% 的高水平，同时研发投入和制造业劳动生产率也呈现明显的上升趋势，似乎可以大体上得出一个直观的认识，即德国工业 4.0 战略正在稳步推进，并取得了较好的成效。德国工业 4.0 战略旨在通过双元战略促进信息物理系统的全面开发与普遍应用，仅设定了到 2020 年有 83% 的德国企业实现价值链的高度数字化的预期目标，并未就工业和制造业增加值比重、劳动生产率、研发投入等指标设定具体目标。基于此，笔者认为，目前阶段，要对德国工业 4.0 战略落实进展进行评估，可从三个相互联系的方面着眼：（1）核心组织机构发挥作用的渠道和取得的成果；（2）研发项目实施情况；（3）企业对于工业 4.0 战略的态度及应用工业 4.0 技术的情况。以下逐一作简要评估。

首先，工业 4.0 平台的启动及一系列活动的开展都表明该战略的顶层设计与协调在稳步推进当中。如第五章所述，在德国联邦政府的倡议下，德国机械设备制造商协会（VDMA），德国信息技术、电信和新媒体协会（BITK-

---

① 史世伟："实施工业 4.0 对于德国经济的意义及其对中国制造业转型的启示"，《当代世界》2016 年第 1 期，第 53～54 页。

OM）以及德国电气和电子制造商协会（ZVEI）等三大行业协会组成秘书处，共同组建了工业4.0平台。该平台于2013年正式启动，由来自100多家机构和企业的超过250名代表组成，是世界上最大、机构来源最为多样化的工业4.0网络。自启动后，该平台开展了一系列协调、组织和研究工作，主要包括为产业与企业提供工业4.0技术进展的最新信息、不定期发布相关研究报告、为企业投资于工业4.0发布投资指南、协调工业4.0框架下与其他欧洲国家的工业合作，等等。例如，2016年5月1日，该平台发布"工业4.0指南"，为国内企业，尤其是中小企业参与工业4.0提出指导性原则。[①] 再如，2016年4月，工业4.0平台联合各大行业协会在汉诺威工业博览会上宣布成立"工业4.0标准化委员会"，目标是尽快推进跨行业的工业4.0标准化工作。[②] 此外，该平台还着力推动德国工业4.0战略与法国"未来工业"计划以及意大利工业4.0计划的合作，三国于2017年3月成立了工业合作"指导委员会"，宣布在工业数字化领域开展合作。[③] 虽然工业4.0平台运转的时间并不长，但是作为推进工业4.0战略的核心组织机构，其实践已经为其他国家实施新产业战略提供了重要的经验。

其次，从技术研发与应用项目的实施情况上看，工业4.0战略开局良好，并得以稳定推进。根据德国工业4.0平台的统计，截至2018年8月，德国登记在案的工业4.0研发与应用项目共计343个。从项目的应用领域看，主要分布在制造业（171个），其他领域包括物流（26个）、继续教育与再教育（21个）、基础设施（20个）、农业（8个）以及其他（13个）。从项目涉及的产品类型看，数量最多的是软件解决方案（123个），其次是自动化组件（87个），另有生产服务（32个）、机电一体化设备（28个）、咨询项目（20个）、制造业（2个）以及其他领域（10个）。从项目所处价值链的位置看，处于生产与供应环节的最多（256个），其次是设计与工程（85

---

① Platform Industrie 4.0, "Guideline Industrie 4.0", May 2016, https：//www. plattform-i40. de/I40/Navigation/EN/Home/home. html.

② 有关工业4.0标准化委员会（Standardization Council I4.0）的情况，可参见工业4.0平台网页的介绍：https：//www. plattform-i40. de/I40/Redaktion/EN/Downloads/Publikation/blog-standardization-council-en. html。

③ 有关德国、法国、意大利在新产业战略框架下的合作，参见工业4.0平台网页的介绍：https：//www. plattform-i40. de/I40/Redaktion/EN/News/Actual/2018/2018 - 01 - 18-trilaterale-kooperation. html。

个）、服务（79 个）、物流（70 个）以及其他价值链环节（43 个）。从项目所处的技术发展阶段看，研发项目最少（53 个），示范项目（66 个）和初入市场/试验性项目（76 个）稍多一些，最多的是市场成熟/生产性使用项目（197 个）。从地区分布看，呈现明显的不均匀态势，处于工业实力最强的德国的巴登－符腾堡州（111 个）、北莱茵－威斯特法伦（75 个）和巴伐利亚州（51 个）的项目最多，余下的依次为黑森州（21 个）、下萨克森州（19 个）、柏林州（15 个）、萨克森州（9 个）、莱茵兰－普法尔兹州（7 个）、勃兰登堡州（7 个）、萨尔兰州（7 个）、图林根州（6 个）、汉堡州（5 个）、石荷州（4 个）、萨克森－安哈尔特州（3 个）、不莱梅州（2 个）、梅前州（1 个）。从承担项目企业的规模看，雇员在 250 人及以下的中小型企业最多（149 个），而雇员为 250~5000 人的企业（71 个）、5000~15000 人的企业（62 个）以及超过 15000 人的企业（66 个）承担的项目数比较接近。[①]

　　值得一提的是，上述项目中的相当一部分获得了德国联邦政府的资金支持，且支持力度较大。根据德国联邦教育与科研部 2017 年发布的有关工业 4.0 项目实施情况的报告，截至 2017 年 8 月，共计超过 70 个项目获得该部资助立项，其中大多数为研发项目。这些项目依技术方向被划归至生产（包括生产环节与生产设备）、信息技术系统、通信系统与信息技术安全、电子系统、中小企业创新等不同主题或领域。项目周期通常为 2~4 年，大多为 3 年，资金规模从 30 万欧元到 3300 万欧元不等。值得一提的是，对于获得政府资助的绝大多数项目，联邦教育与科研部提供的补贴占项目总金额的比重都在 50% 以上，甚至在一部分项目中达到 100%，即完全由政府出资。从项目资金规模上看，第五章述及的旨在保障数据安全的"工业 4.0 的 IT 安全国家参考项目"总投入为 3300 万欧元，其中 63%（约 2080 万欧元）由联邦教育与科研部承担，是迄今为止德国联邦政府支持的资金投入最多的工业 4.0 研发项目。其他资金规模较大的项目包括：属于信息技术系统领域的"嵌入式系统软件平台扩散与转移"项目（SPEDiT），总资金投入 654.7 万

---

① 此处相关项目总数及统计分类情况，参见工业 4.0 平台网页的介绍：https://www.plattform-i40.de/I40/Navigation/Karte/SiteGlobals/Forms/Formulare/karte-anwendungsbeispiele-formular.html。需要说明的是，德国工业 4.0 平台的数据由相关企业自行自愿填报，企业在依照具体标准将项目归类时有较大自主权，可将一个项目归入多个类别，也可以不归入任何类别，因此会出现分类后项目加总与总项目数不符的情况。

欧元，其中联邦教育与科研部承担 437.3 万欧元，占比达到 67%；属于通信系统领域的"专业无线工业网络"项目（PROWILAN），旨在为适应未来工业发展而开发下一代无线网络技术，总资金投入 720 亿欧元，其中联邦教育与科研部承担 455 万欧元，占比达到 63%；属于电子系统领域的旨在开发高水平传感系统的 AMELI 4.0 项目，由弗劳恩霍夫协会生产体系与设计技术研究所（Fraunhofer IPK）牵头开展，总资金投入 695 万欧元，其中联邦教育与科研部承担 55%，约为 382 万欧元。此外，2012 年 1 月，在德国联邦政府主持的"尖端集群竞赛"中，东威斯特法伦地区里珀市（Lippe）的智能技术体系集群脱颖而出。之后，该集群的一系列研发项目获得联邦教育与科研部的支持。德国联邦政府支持的工业 4.0 项目的情况及进展，见本书附录 1。[①]

最后，从德国企业对工业 4.0 战略的态度和应用工业 4.0 技术的情况看，过去几年德国工业 4.0 战略的确取得了明显进展。为评估该战略的实施，德国已经有个别市场分析机构试图构建衡量工业 4.0 进展的量化指标，并跟踪其变化。以下将基于德国知名咨询公司诗道芬（Staufen AG）的研究报告梳理工业 4.0 战略的进展。Staufen AG 选取了 394 家代表性企业（其中超过 70% 的企业来自机械与设备制造、电子工业与汽车业），基于其在生产、物流、研发、售后、服务、配送、销售/客户联系、采购、管理等产业链和价值链各个环节对工业 4.0（或数字化）的依赖，以及应用工业 4.0 技术的情况，构建了德国工业 4.0 指数，并基于该指数的变化观察和把握工业 4.0 战略的进展。根据 Staufen AG 的调查统计，2014 年，德国工业 4.0 指数为 16，此后快速提升，到 2017 年已经达到 41。[②] 进一步剖析构成工业 4.0 指数的关键指标的变化，有助于更深入地了解工业 4.0 在德国企业界的"渗透"情况。图 10-9 给出了 Staufen AG 选取的 394 家代表性企业落实"智能工厂"（Smart Factory）的情况，时间跨度为 2014~2017 年。可以发现，2014 年时，完全置身于"智能工厂"之外的企业比重为 34%，到 2017 年已降至 8%；2016 年时，还有约 1/3 的企业对"智能工厂"处于观察与分析阶段，到 2017 年时降至 24%；2014 年至 2017 年，处于"智能工厂"筹划与测试

---

① BMBF, *Industrie 4.0-Innovationen für die Produktion von morgen*, August 2017.
② 根据 Staufen AG 的调查统计结果，德国工业 4.0 指数在 2014 年为 16，2015 年为 30，2016 年为 35，2017 年为 41，呈快速提升态势。Staufen Digital Neonex GmbH und Staufen AG, *Industrie 4.0-Deutscher Industrie 4.0 Index* 2017.

阶段的企业比重由 6% 上升至 14%；同期，已开始在个别项目中落实"智能工厂"的企业比重由 14% 上升至 41%；虽然已步入全面落实"智能工厂"阶段的企业比重仍然较低，但是考虑到步入这一阶段的难度，该比重由 2014 年的仅为 1% 提升至 2017 年的 7% 可谓成绩斐然。

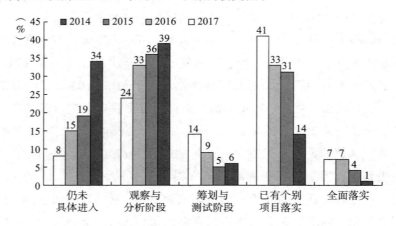

图 10 - 9　德国企业落实"智能工厂"情况问卷调查结果

资料来源：Staufen Digital Neonex GmbH und Staufen AG，*Industrie 4. 0-Deutscher Industrie 4. 0 Index* 2017，S. 17.

此外，得益于德国企业之间横向与纵向联系密切，经验与知识易在行业间扩散，德国不同产业部门向工业 4.0 转型的程度差异并不显著，大体上呈现齐头并进、全面铺开的态势。2017 年，汽车制造业的工业 4.0 指数为 46，电子行业为 43，机械与设备制造业为 40。汽车制造业的工业 4.0 应用水平稍稍领先，在很大程度上可归因于汽车制造企业普遍规模较大，拥有较强的资源整合能力，研发与应用工业 4.0 技术的客观条件更优。相比之下，电子行业和机械与设备制造业则以中小企业居多，大多处于工业 4.0 的筹划和测试阶段。[①]

当然，德国实施工业 4.0 战略也面临一些挑战。首先，从技术上看，与美国相比，德国在互联网技术方面相对落后，同时国内市场规模相对狭小。美国要实现"工业互联网"的目标，力图基于互联网优势夺取新一轮产业革命的先机，一方面立足于本国已经领先全球的互联网技术和谷歌、亚马逊等大企业，另一方面依赖巨大的国内市场为互联网技术提供的广阔商业应用空

---

① Staufen Digital Neonex GmbH und Staufen AG，*Industrie 4. 0-Deutscher Industrie 4. 0 Index* 2017. S. 16.

间。然而，这两方面的条件都是德国所欠缺的。另外，相对于强大的制造业，德国在软件领域的竞争力相对薄弱。通过政策制定引导工业企业切实克服上述劣势造成的路径依赖，走出所谓"能力陷阱"是德国工业 4.0 实现其蓝图的关键所在。

其次，从观念上看，不少德国企业，特别是中小企业对于工业 4.0 的认知度还不够，而且当前德国企业应用工业 4.0 技术的动机仍然停留在提高企业效率、降低成本的阶段，要从根本上改变生产与商业模式还需要通过实践逐步促成观念的真正转变。根据前述 Staufen AG 所做的调研，2017 年，德国大部分企业应用工业 4.0 技术的出发点是提高内部效率（企业比例为82%）、提高流程透明度（75%）和降低成本（60%）等传统商业动机，而力图打造新商业模式的企业比例仅为 39%。[①]

最后，从生产组织和企业结构变革上看，德国企业要实现真正的数字化和智能化尚有较长的路要走。这方面存在的差距从企业领导层职位的设置上可见一斑。根据 Staufen AG 的调研结果，在 394 家企业中，只有 30% 设立了首席数字官（CDO）或首席创新官（CIO）的职位，其中设立 CDO 的企业比例仅为 10%，远低于美国。这说明德国企业尚未将数字技术置于核心地位。

综上所述，过去几年，德国工业 4.0 战略在落实上的确取得了可圈可点的成绩。然而，由于该战略提出的时间不长，因此尚未进入全面推进阶段。整体而言，在德国，工业 4.0 在技术上尚处于自动化深化阶段，在实施范围上也主要局限于企业内部，要实现信息物理系统（或物联网）大规模应用的蓝图，也即贯穿整个产业链和价值链的全面的智能制造还有相当长的路要走。确切地说，德国落实工业 4.0 战略面临的挑战不仅在技术层面，还需要通过技术应用的实践不断打破旧思维、确立新思维，为打造全新的生产与商业模式做好观念上的准备。

第三节 欧盟其他主要成员国新产业战略进展评估

本章前两节分别对近年来欧盟"再工业化"战略和德国工业 4.0 战略的

---

① Staufen Digital Neonex GmbH und Staufen AG, *Industrie 4.0-Deutscher Industrie 4.0 Index* 2017. S. 20 – 21.

进展和进一步落实面临的挑战做了评估。本节将对近年来欧盟其他主要成员国新产业战略的进展做出梳理和剖析。为了与第一节对欧盟建设智能电网的进展有所呼应，对意大利的评估将重点分析其国家能源战略的进展。考虑到目前阶段数据资料的可得性，将仅对英国和法国新产业战略的进展做简要分析。

一 意大利落实国家能源战略的进展

第八章专门对意大利 2013 年提出的国家能源战略和 2016 年提出的工业 4.0 国家计划做了较为细致的论述。值得注意的是，国家能源战略提出时间较早，且设定了至 2020 年要实现的竞争力、气候、能源安全、经济增长等方面的明确目标，因此，目前基于可得数据对该战略关注的重点领域的进展做出评估基本上是可行的。总体上看，虽然过去几年意大利历经多次政府更迭，但是迄今其国家能源战略一直处于稳步推进当中，尤以三个方面的成绩最为显著。[①]

第一，可再生能源发展迅速，提前完成了欧盟为其设定的 2020 年目标。在持续多年的补贴激励、技术成本迅速下降、电网升级改造等因素的推动下，过去几年意大利可再生能源发展明显加速。2014 年，该国可再生能源占最终能源消耗的比重已升至 17.1%，提前 6 年完成了欧盟为其设定的至 2020 年达到 17% 的目标，2015 年继续升至 17.5%，2016 年为 17.4%。表 10-1 给出了 2010 年至 2016 年欧盟整体及其主要成员国可再生能源占最终能源消耗比重的变化，据此不难发现，当前意大利可再生能源比重既高于欧盟整体水平，也高于其他欧盟大国，是最早完成欧盟设定的 2020 年目标的大国。此外，2010 年至 2015 年，意大利可再生能源发电占总发电量的比重由 22% 升至 33.5%，不仅提前完成了欧盟为其设定的任务，也有望提前实现国家能源战略设定的 35% ~ 38% 的目标。值得注意的是，过去几年，意大利太阳能光伏发电获得了长足的发展，2014 年装机量已位居世界第二，仅次于德国。尤其是，随着该国光伏发电成本的大幅下降，于 2014 年大体实现了"市电

---

① 本节对意大利国家能源战略进展评估所引各项数据，如无特别说明均来自欧洲统计局（Eurostat）网站。

平价"（Grid Parity），① 生产模式正在由政府补贴推动逐步转向自主发展，企业自生能力大大提高。这无疑为其太阳能光伏发电的可持续发展奠定了基础。

表 10－1　欧盟及其主要成员国可再生能源占最终能源消耗的比重（2010 年至 2016 年）

单位：%

年份	2010	2011	2012	2013	2014	2015	2016	欧盟为各国设定的2020 年目标
意大利	13	12.9	15.4	16.7	17.1	17.5	17.4	17
德国	10.5	11.4	12.1	12.4	13.8	14.6	14.8	18
法国	12.6	11.1	13.4	14	14.3	15.2	16	23
英国	3.7	4.2	4.6	5.6	7	8.2	9.3	15
西班牙	13.8	13.2	14.3	15.3	16.1	16.2	17.3	20
欧盟 28 国	12.8	13.1	14.3	15	16.1	16.7	17	20

资料来源：笔者根据 Eurostat 数据制作。

　　第二，能效稳步提高，在欧盟主要成员国中表现抢眼。近年来，在严格的能效标准、白色证书机制与公共部门"热力账户"等制度以及大规模安装智能电表的积极推动下，意大利在提高能效方面取得了令人瞩目的成绩。第九章在论述英国的绿色金融发展时曾通过图 9－2 给出了 2005 年、2010 年和 2015 年欧盟及其主要成员国能效的变化趋势。由该图可发现，近年来欧盟整体及其主要成员国的能源强度均呈稳步下降趋势，其中意大利的表现颇为突出。2005 年与 2010 年，意大利的能效表现不仅明显优于欧盟整体水平，也居欧盟五大国之首。近两年，随着国家能源战略的实施，能效提高进一步加快。2015 年，意大利生产 1000 欧元 GDP 的平均能耗仅为 100.5 千克油当量，远低于欧盟整体水平（120.4），也明显低于德国（112.6）、法国（120.7）和西班牙（113.7），略高于英国（94.3）。考虑到意大利的工业比重较高，其综合能效表现仍不失为欧盟大国中的最佳。

　　第三，国内能源市场竞争性增强，电价显著下降，逐步接近欧盟平均水

① 2008 年至 2012 年，意大利太阳能光伏发电成本下降了约 70%，到 2014 年降至与市场电价相当的水平，即"市电平价"。参见 Zachary Shahan，"Commercial Solar Grid Parity：Now Reality in Italy，Germany & Spain"，*Clean Technica*，March 23，2014，http://solarlove.org/commercial-solar-grid-parity-now-reality-italy-germany-spain/，last accessed on 8 April 2016。

平。过去几年，意大利相继放开了配电部门与天然气分销部门的市场定价权，同时加强了大区之间电网与输气管道的互联互通。受此推动，其国内电力与天然气市场的竞争性持续增强，至 2015 年已高于欧盟的平均水平。① 在能源市场竞争性增强、能源结构逐步改善、可再生能源发电成本下降等因素的作用下，近几年意大利国内电价持续下降。图 10 – 10 给出了近年来意大利与欧盟整体以及德国、西班牙工业平均电价的变化对比。2010 年至 2017 年，意大利国内工业平均电价由 11.89 欧分/千瓦时降至 8.29 欧分/千瓦时，降幅高达 30%。同期，意大利与欧盟整体工业电价差额由 2.75 欧分/千瓦时降至 0.41 欧分/千瓦时，与德国工业电价差额由 2.68 欧分/千瓦时降至 0.68 欧分/千瓦时，与西班牙的价差更是由正转负，工业电价已明显低于后者。总之，意大利国内电价正朝着向欧盟平均水平看齐的目标稳步迈进。

可见，虽然意大利国家能源战略出台时间不长，但确实在诸多关键领域取得了重要进展。基于这些进展，该国的能源对外依赖度也明显下降，由 2010 年的 82.6% 降至 2016 年的 77.5%，能源安全状况有所改善。

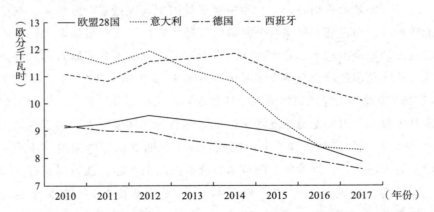

图 10 – 10　意大利与欧盟整体及德国、西班牙工业平均电价走势（2010 年至 2017 年）
资料来源：笔者根据 Eurostat 数据制作。

然而，不容忽视的是，未来意大利进一步推进国家能源战略也面临着困难与挑战，以下两个方面较为突出。

首先，国内投资复苏缓慢，拖累能源部门投资。近几年，在危机的冲击

① European Commission, "Country Report Italy 2016", Commission Staff Working Document, SWD (2016) 81 final, Brussels, February 26, 2016, p. 86.

下，意大利的商业信心始终难以提振，国内投资也一直在低谷徘徊。虽然2015 年以来该国终于摆脱持续多年的经济衰退，投资也在逐步回暖，但是仍明显低于危机前水平。根据意大利国家统计局（ISTAT）的数据，2017 年，意大利非金融部门的整体投资率为 21.1%，远低于 2007 年的危机前峰值23.6%。考虑到该国经济仍未强劲复苏，同时银行业不良贷款问题仍较为严重，[①] 预计公共与私人投资短期内都难以出现强劲反弹，能源部门投资增长也难免会受到抑制，这对发展智能电网与输气管网等需大规模投资的能源基础设施尤为不利。

其次，能源部门研发投入低，研发活动缺乏指导和协调，不利于技术创新与应用。意大利的研发投入长期低于欧盟其他主要大国，能源部门也是如此。根据欧洲统计局的数据，2014 年，意大利能源部门的研发总投入为 13亿欧元，远低于德国（40 亿欧元）和法国（38 亿欧元），也低于英国（15亿欧元）。从构成上看，私人研发投入偏低尤为突出。2014 年，德国能源部门的私人研发投入为 26 亿欧元，法国为 29 亿欧元，英国为 12 亿欧元，均明显高于意大利的 9 亿欧元。此外，国家层面缺乏指导与协调导致国内研发活动割裂也是意大利能源部门技术创新的一大软肋。受此影响，近年来意大利在低碳技术领域的全球专利份额也呈现下降趋势。这一状况显然不利于能源部门的中长期发展与转型。

综上所述，目前意大利整体上正朝着国家能源战略制定的目标稳步迈进，未来该战略进一步落实既具备了较为坚实的基础，也面临着不少挑战。具体而言，可从三个层面对该战略的落实前景做出简单展望：（1）对于发展可再生能源、提高能效、温室气体减排等"单项指标"，意大利不仅能够提前完成欧盟为其设定的任务，而且有望提前实现国家能源战略的目标；（2）在改善能源结构与提高能源安全等"总量与结构指标"方面，意大利正在稳步推进当中，如期实现预设目标的可能性较大；（3）要实现推动能源部门投资与技术创新进而促进经济可持续增长、降低能源价差以提高经济竞争力等

---

① 2015 年 11 月意大利政府批准救助四家小银行以及 2016 年初多家大银行股票遭抛售等情况使得该国银行体系的不良贷款问题浮出水面。自 2007 年至 2016 年，意大利银行系统不良率由 5.8% 一路攀升到 18%。至 2016 年 10 月，该国银行业不良贷款累积额已高达约 3600 亿欧元，占欧元区银行业不良贷款的近 1/3，其中坏账高达 2100 亿欧元。至 2018 年初，意大利银行系统不良率仍高达 14.5%。

"宏观经济目标",既有赖于继续落实能源战略,也离不开国际经济环境的改善以及劳动力市场改革、公共管理体系改革等其他重要结构性改革的协同推进。换言之,该战略在推动能源部门自身转型与发展方面的确成就显著,但是在促进整个经济体系提质增效方面仍存在不确定性,具体效果有待观察与深入分析。

二 法国和英国新产业战略的落实进展

鉴于评估方法和数据的局限性,同时考虑到篇幅有限,本书成稿时尚难以对法国和英国的新产业战略做出适当评估。根据本章第一节对欧盟"再工业化"战略评估中的相关分析,可以得出近年来法国和英国新产业战略落实的概况。首先,从制造业增加值占 GDP 的比重看,近几年法国和英国的这一指标均未有明显增长,且仍低于 2007 年国际金融危机爆发前的水平;其次,从研发投入占 GDP 的比重看,近几年法国和英国的这一指标均未有明显提升,与德国的差距不断拉大;最后,从劳动生产率看,法国劳动人口的时均 GDP 明显高于英国,且近几年增长较快,而英国的这一指标自 2015 年以来才有微弱增长。可以说,迄今为止,法国和英国新产业战略的实施尚未转化为上述重要指标的实质性变化,其未来的落实与效果有待进一步观察。以下仅对法国"未来工业"计划的落实情况做一简要归纳。

法国奥朗德政府于 2015 年提出"未来工业"计划,该计划的核心目标之一是加速法国工业的数字化进程,并且将提升中小企业数字化水平和竞争力作为重中之重。[①] 虽然落实该计划也面临着诸多挑战,如生产设备老化、中小企业自动化水平不高以及教育体制僵化等,但是法国同时也拥有竞争力集群提供的协同创新平台、灵活的扶持工具、基础雄厚的数字技术、世界领先的特定产业门类、蓬勃发展的初创企业、顶尖的数学与信息科学等优势。作为传统的工业大国,法国工业网络密集、占据价值链中高端、创新人才资源丰富,在数字化转型中具有基础优势。普华永道的研究显示,2018 年,法国已有 10% 的企业处于数字化尖端领域,超过了欧洲平均水平。在航空航天领域,法国每年的研发投入高达 36 亿欧元,空客、泰雷兹等实力雄厚的大

① 有关法国"未来工业"计划的各类项目的推进情况,可参考本书表 7-1 所做的梳理。

企业掌握了前沿技术，成为数字化转型的领军者。① 然而，法国中小企业的数字化情况至今仍不太乐观，大型企业与中小企业在向数字化转型方面开始呈现两极分化的趋势，这一趋势未来能否得以扭转还有待观察。

第四节　小结

本章尝试对近年来欧盟"再工业化"战略和欧盟主要成员国新产业战略的进展做一简要评估。虽然这项工作仍存在诸多不足，但是大致给出了有关这些战略推进情况的一个概貌，有助于我们更加全面客观地看待近年来欧盟及其主要成员国推动产业结构升级的做法与收效。总结前文，可以得出以下几点基本认识。

第一，自 2012 年提出"再工业化"战略以来，欧盟制造业和工业增加值占 GDP 的比重有明显提升，同时制造业劳动生产率也持续增长，整体上正在朝着既定目标迈进。然而，上述表现很大程度上可归因于危机后经济复苏形成的生产扩张效应。迄今为止，欧盟制造业的多项关键指标仍未恢复至 2007 年的危机前水平，其产品的国际市场份额也未有明显提升。因此，目前尚难以得出欧盟"再工业化"取得实质性进展的结论。考虑到欧盟整体及其主要成员国（德国除外）的研发投入仍偏低，且增长趋势不明显，未来其"再工业化"战略的落实前景似乎并不乐观。

第二，智能电网在欧盟新产业革命进程中处于基础性与先导性地位，因而其发展情况是观察欧盟版新产业革命和"再工业化"战略推进的一个重要视角。评估表明，从技术创新、设备安装、商业模式确立以及推进欧洲能源市场一体化等多方面看，当前欧盟的智能电网建设仍处于实际部署的初级阶段，要实现智能电网全面取代现有电网尚有相当长的路要走。此外，现阶段欧盟智能电网发展的主导力量仍是政府与公共部门，未来如何确立适当的市场化运作模式仍有待继续摸索。由此可见，欧盟新产业革命的整体推进也将是一个较长期的过程。

第三，从成员国层面看，德国工业 4.0 战略的进展最为显著。无论从核心组织机构——工业 4.0 平台发挥的作用、各类研发和应用项目的实施情

---

① "法国工业数字化提速"，《人民日报》2018 年 10 月 25 日第 22 版。

况，还是企业对于工业 4.0 战略的态度以及应用工业 4.0 技术情况等方面看，过去几年，德国工业 4.0 战略的落实都取得了可圈可点的成绩。然而，还需看到，在德国，工业 4.0 在技术上尚处于自动化深化阶段，在实施范围上也主要局限于企业内部，要实现贯穿整个产业链和价值链的全面的智能制造还有相当长的路要走。值得关注的是，德国落实工业 4.0 战略面临的挑战不仅在技术层面，还需要从观念上为打造全新的生产与商业模式做好准备。

第四，近几年意大利整体上正朝着国家能源战略制定的目标稳步迈进，在促进能源部门自身转型与发展方面取得了显著成就，但是在促进整个经济体系提质增效方面仍存在不确定性。另外，迄今为止，法国和英国新产业战略的实施尚未转化为重要的工业和制造业指标的实质性变化，其未来的落实与效果有待进一步观察。

综上所述，无论从欧盟整体还是其主要成员国的层面看，当前欧盟版新产业革命仍处于推进的初级阶段，各项新产业战略的落实也尚未带来工业和制造业的全面复兴。第一章述及，弗里曼和苏特在《工业创新经济学》一书中曾总结道："（产业革命时期）要实现新投资和就业的重大经济回升和转变，必须在新基础结构上有众多技术创新在推广。这种新基础结构以及相应的大量技术创新有个前期孕育阶段，时间可长达数十年。"① 从近年来欧盟"再工业化"战略及其主要成员国新产业战略的实施进展来看，这一总结对于当前欧盟正在推进的新产业革命似乎仍然适用。对于欧盟而言，由"去工业化"到"再工业化"，由工业 3.0 迈向工业 4.0，实现整个工业生产模式的具有重大飞跃意义的创新和升级，并全面协调经济社会转型，必将是一个长期的渐进的过程。

---

① Chris Freeman and Luc Soete, *The Economics of Industrial Innovation*, Third Edition, The MIT Press, 1997, pp. 21 – 22.

第十一章　理论探讨：西欧国家政府经济角色演变的新趋势

　　本书第二章至第十章以新产业革命为背景，结合国际金融危机爆发以来欧盟面临的内外部经济环境的变化，对近年来欧盟及其主要成员国出台的新产业战略做了较为全面系统的实证研究，勾勒出有关这些战略"是什么样子"的一幅相对完整的图景。根据这一图景，不难得出一个较为笼统的认识，那就是在西欧主要国家，近年来政府经济角色都出现了相对于新自由主义政策取向的不同程度的回调，向更加积极主动转型，其中最突出的表现就是富有新内涵的产业政策的回归，各国纷纷制定新的产业发展战略。那么，如何更加全面客观地看待这一现象背后的逻辑呢？本章将结合前文的实证研究进行理论探讨，尝试回答有关近年来欧盟及其主要成员国"为什么"出台产业战略以及其产业战略"为什么如此"等问题。

　　近年来，欧美经济学界掀起了一轮反思浪潮，主流理论与政策观念正在发生变化，与此同时，世界主要经济体的经济政策实践也经历着快速的发展演变，这两者相互影响、相互推动。一方面，经济政策实践难以继续从主流经济学中直接获得指导，在很大程度上带有探索和试错的色彩。换言之，经济政策实践的发展受到经济理念变迁的影响，但是并非遵循着明确的经济理念而制定和推进。另一方面，经济学界的相关研究和理念变迁也从经济政策实践中不断获得启示，这既包括总结以往经济政策实践的得失，也包括对当下经济政策实践的思考，换言之，经济政策实践本身就是经济理论和政策理念变迁的重要推动力。可以说，当前欧美经济学界的主流政策理念正处于反思与摸索期，而世界主要经济体的经济政策实践也处于调整期，理论与实践都是高度动态化的，因此很难说政策实践是基于特定的经济理论基础，或者说受后者指导。具体到原本在学界和政界均缺乏共识的产业政策和产业战略领域，情况更加如此。可以说，过去几年，在欧盟及其主要国家的产业政策与产业战略领域，正是经济理念的变迁与经济政策实践的演变密切互动，共同塑造着政府经济角色的新定位。正因为如此，本书开篇时并未给出一个既定的理论分析框架，而是试图在完成绝大部分实证研究之后再展开必要的理论探讨，以期从理念与实践互动的角度总结提炼出近年来欧盟层面及其主要成员国（可看作西欧国家的典型代表）政府经济角色演变的新趋势。

总体而言，近年来，受到国际金融危机爆发和新产业革命兴起的触动，欧美经济学界开始从不同角度对主流经济理论与政策理念进行反思，如今这一反思仍在进行中。究其实质，这一轮反思的关键在于重新定位政府的经济角色，重振实体经济，以适应后危机时代实现经济可持续发展和参与国际经济竞争的新需要。本章的大部分工作将聚焦于近年来欧美经济学界有关政府经济角色的反思和对产业政策的认识转变，以期从中提炼出有价值的政策启示。

第一节　围绕"去工业化"和"再工业化"的探讨

2008 年国际金融危机的爆发及其造成的强烈冲击触动了欧美发达国家对工业与服务业、实体经济与虚拟经济关系的深刻反思，工业和实体经济的地位重新获得认可与重视，而这一认识转变又有力地推动新产业革命迅速升温。总体而言，近年来欧美国家政府再度重视工业地位的政策实践略早于经济学界针对这一问题的集中探讨。实际上，早在国际金融危机爆发前，欧盟委员会即开始重新认识到工业的重要性，产业政策的地位也得以提升。2009年，美国奥巴马政府启动"再工业化"战略。2012 年，欧盟委员会正式发布"再工业化"战略。此外，近年来德国、英国、法国和意大利出台的新产业战略无一不是基于对工业地位的高度重视或再度重视而制定的，都或多或少地带有扭转"去工业化"或推动"再工业化"的意图。回顾历史，从"工业化"到"去工业化"再到"再工业化"，似乎可以粗线条地勾勒出自18 世纪下半叶西欧国家开始由农业社会向工业社会转型，到 19 世纪后期至1960 年代工业的高速发展，再到 1980 年代以来"去工业化"趋势日渐加剧，直至近几年欧盟层面及多个成员国纷纷呼吁再次将工业置于产业结构核心位置这一长达 200 多年的欧洲产业结构变迁历程。从这个层面看，欧美发达国家"再工业化"战略的提出在理论与实践上都具有一定的划时代意义。本节将聚焦于近年来欧美经济学界围绕"去工业化"和"再工业化"展开的探讨。

对于工业和制造业地位的重要性，欧盟委员会和欧盟主要成员国在其产业战略文件中大体上都是从就业、创新、出口等方面入手，分析和强调其对整体经济发挥的引擎作用，很少从产业结构演变规律的角度对"去工业化"和"再工业化"做深入分析。近几年，经济学界围绕这一主题的讨论开始多起来。以下对两位有代表性的学者的相关研究成果做一概述。

菲奥娜·特雷盖那（Fiona Tragenna）近几年曾发表过多篇论文，专门围绕"去工业化"和"再工业化"做了较为细致的全球比较研究。① 她的研究首先聚焦于世界各国的"去工业化"现象，基于实证分析区分了两类"去工业化"。一类是"积极的去工业化"（Positive Deindustrialization），即受到制造业劳动生产率迅速增长的推动，制造业产出和增加值增长的同时其就业人数不断流向服务业；另一类是"消极的去工业化"（Negative Deindustrialization），即在制造业劳动生产率提高和国际贸易等因素的共同作用下，制造业增加值占 GDP 的比重和制造业就业人数占总就业人口的比重同时持续下降。特雷盖那认为，"积极的去工业化"是一国（或地区）产业结构升级的表现，而"消极的去工业化"才是真正值得担忧的，这一趋势不论出现在发达国家还是发展中国家，都会抑制长期经济增长，不利于社会稳定，需要加以防范和纠正。基于此，特雷盖那又对"再工业化"做了界定，即制造业增加值占 GDP 的比重和制造业就业人数占总就业人口的比重同时持续增加。无论是对发达国家还是一些过早出现"去工业化"趋势的发展中国家而言，"再工业化"对于促进长期经济增长都至关重要。然而，在经历"去工业化"后实现"再工业化"并非易事，与此前的"工业化"进程相比要困难得多。最后，特雷盖那认为，由"去工业化"到"再工业化"离不开强有力的产业政策的推动。

美国经济学家丹尼·罗德里克（Dani Rodrik）是产业经济和产业政策领域的知名学者。他近几年发表了多篇论文专门论述制造业的重要性，并且对

---

① 特雷盖那与此相关的代表性论文包括：Fiona Tregenna, "Characterising Deindustrialisation: An Analysis of Changes in Manufacturing Employment and Output Internationally", *Cambridge Journal of Economics*, Vol. 33, No. 3, 2009, pp. 433 – 466; Fiona Tregenna, "Manufacturing Productivity, Deindustrialization and Reindustrialization", *WIDER Working Paper*, No. 57, 2011。

"去工业化"现象和如何扭转"去工业化"做了深入分析。[①] 虽然他的论文主要针对发展中国家"过早去工业化"的问题，但是也关注发达国家的"去工业化"状况，以期通过对比得出更具一般性的结论。罗德里克的研究发现，美国自 1950 年代即开始了"去工业化"进程，而欧盟主要国家自 1970 年代起也经历着"去工业化"。与 1980 年代以来部分发展中国家（尤其是拉美国家）正在经历的"过早去工业化"相比，发达国家的"去工业化"更多地是由其制造业劳动生产率提高和人均收入达到较高水平所致，另外也部分地受到全球化背景下国际贸易和投资效应的影响。"去工业化"不仅不利于经济增长，而且会在社会领域造成一系列负面影响，甚至最终导致民主机制运转出现问题，因此，以"再工业化"取代"去工业化"是必要的。最后，他认为，基于各自发展程度的差异，欧美发达国家实现"再工业化"要比发展中国家的难度小一些。

归结起来，近年来有关"去工业化"和"再工业化"的学术讨论有几个共同特点：第一，都指向工业的经济地位应受到更多重视这一结论；第二，大多是基于现有产业分类的相对静态的分析，其局限在于缺乏前瞻性，没能对新产业革命与"再工业化"的关系做充分讨论；第三，最终都指向更加明确而强有力的产业政策。总体而言，当前欧美经济学界有关"再工业化"的理论探索仍在进行中，尚无获得广泛共识的定论。随着欧美各国"再工业化"战略的推进和相关实践经验的积累，这方面的理论研究有望进一步深化和系统化。

第二节　反思资本主义

2008 年爆发的国际金融危机被普遍视为 1929 年以来最严重的资本主义危机。由于世界主要经济体的政府和中央银行都采取了紧急应对措施，避免了全球金融系统的全面崩溃，此次危机并未引发像 1930 年代那样毁灭性的萧条和恐慌，但是仍然导致欧美发达国家陷入"二战"结束以来最严重的经

---

① Dani Rodrik, "Unconditional Convergence in Manufacturing", *Quarterly Journal of Economics*, 128 (1), Feb. 2013; Dani Rodrik, "Premature Deindustrialisation", *NBER Working Paper Series* 20395, Feb. 2015.

济衰退。更值得关注的是，欧美主流经济学界事先几乎完全未预测到此次危机的发生，对于危机造成的严重后果也难以给出合理解释，更加无力为资本主义国家走出危机指明方向。经济现实与经济理论面临的双重窘境促使欧美经济学界开始反思当前资本主义遇到的难题，包括疲弱而不稳定的经济增长、生活水平停滞的同时分配不平等加剧、气候变化和环境风险等，同时也开始积极思考如何修正和发展经济学理论，以适应资本主义发展的新需要。以下从两个方面做简要梳理，着重提炼其中与政府经济角色和产业政策密切相关的内容。

一　对新自由主义经济政策的反思

国际金融危机爆发后，欧美发达国家越来越多的机构和学者在批评"华盛顿共识"的同时，也开始了新一轮对新自由主义经济政策主张的反思。反思的结论之一就是认为需要强化政府在现代经济中的作用，同时对产业政策持肯定态度的思潮正在强势回归。在这方面，法国著名经济学家托马斯·皮凯蒂（Thomas Piketty）、诺贝尔经济学奖获得者约瑟夫·E. 斯蒂格利茨（Joseph E. Stiglitz）、美国知名经济学家丹尼·罗德里克以及创新经济学领域的知名学者玛丽安娜·马祖卡托（Mariana Mazzucato）等人的观点颇具代表性。以下逐一做简要归纳。

皮凯蒂于 2013 年出版了《21 世纪资本论》一书，随即在全球政界和学术界激起巨大反响和热烈讨论。皮凯蒂虽然是一位年轻的经济学家，但是自学生时代即开始关注和研究财富分配问题，《21 世纪资本论》可谓他基于多年研究推出的集大成之作。该书基于对 18 世纪第一次产业革命以来美国、日本、德国、法国和英国等主要资本主义国家的财富分配数据的分析，得出以下基本结论：如果放任自流，资本主义发展的结果注定是财富分配不平等持续加剧，自由市场经济本身并不能解决这一固有问题，而这将潜在地威胁民主社会以及作为其基础的社会正义价值；过去 30 多年，发达国家的资本与国民收入之比大幅上升，财富集中度也因此大幅提升；尽管 2008 年危机之后发达国家采取的实用主义措施有效避免了最坏情况的发生，但是这些措施并未能真正解决引发危机的结构性问题，包括金融透明度的严重缺乏以及贫富差距的扩大，今后再次爆发危机的风险仍很高；要缓解乃至解决这一问题，避免金融和经济危机再次发生以及由此引发的民主危机，需要诉诸新的政策工具，那就是全球累进资本税，同时大幅提升国际金融交易的透明度，这样才有可能避免无休止的不平等呈螺旋式上升，控制令人担忧的全球资本集中。① 虽然该书出版后引起了相当大的争议，包括对其中所用"资本－收入比"这一指标的科学性的质疑、对作者本人立场中立性的质疑，以及对该书给出的政策建议可行性的争论等，但是不可否认，该书不仅是近年来发达国家经济学家深刻反思资本主义体系的一部力作，而且抓住了当前资本主义体系面临的核心挑战之一——分配不公，并由此引发了学术界对于资本主义未来的大讨论，其学术价值不容忽视。虽然皮凯蒂并未直接讨论产业政策与产业战略，但是他主张"国家回归"，即政府应在资本主义经济中扮演更积极的角色，尤其要高度重视应对分配不公现象，这对于近几年有关产业政策合理性和方向的讨论具有启示意义，且产生了重要影响。

斯蒂格利茨是"新凯恩斯学派"的代表人物之一，他一向主张政府适当干预经济生活是合理而必要的。国际金融危机爆发后，他多次撰文提出政府应在资本主义经济运行中发挥更加积极主动的作用。② 近几年，基于对世界主要经济体纷纷提出新产业战略的观察，斯蒂格利茨开始呼吁产业政策的回归，并在这一领域做了大量研究工作。2014 年，他与中国经济学家林毅夫等人合作主编出版了《产业政策革命》系列两部专著，并在其中撰文论述对于产业政策回归的认识以及他本人对产业政策方向和内容的主张。在为该书撰写的序言"产业政策的复兴"中，斯蒂格利茨指出，2008 年至 2009 年的经济大衰退令主流经济学界开始重新思考一些"旧智慧"的现代价值，其中就包括产业政策，如今产业政策的重要性已被几乎所有主流经济学家和政治领导人所认可，不论其政治意识形态归属如何。出于对"市场失灵"的危害的再认识，如今经济学界已经不再纠结于是否需要产业政策，而是在探讨如何更好地制定与实施产业政策。③ 对于当前和未来一段时期产业政策的方向与

---

① 〔法〕托马斯·皮凯蒂：《21 世纪资本论》，巴曙松等译，北京：中信出版社，2014。
② Joseph E. Stiglitz, "Inequality and Economic Growth", in Michael Jacobs and Mariana Mazzucato (eds.), *Rethinking Capitalism-Economics and Policy for Sustainable and Inclusive Growth*, John Wiley & Sons, 2016; Joseph E. Stiglitz, "The State, the Market and Development", *WIDER Working Paper*, 2016/1.
③ Joseph E. Stiglitz, Justin Yifu Lin and Célestin Monga, "Introduction: The Rejuvenation of Industrial Policy", in Joseph E. Stiglitz and Justin Yifu Lin (eds.), *The Industrial Policy Revolution I: the Role of Government beyond Ideology*, Houndmills, UK and New York: Palgrave Macmillan, 2016, pp. 1 – 15.

内容，斯蒂格利茨认为，由于企业创新与劳动者技能决定着一国（或地区）的经济增长前景和民众生活水平，而这两个方面既内生于经济活动体系之中，又存在明显的外部性，因此需要政府的适度介入，而培育"学习型社会"（Learning Society）应是各国政府产业政策的主要努力方向。[1]

丹尼·罗德里克长期从事公共政策研究，他早在 2004 年就发表了"21世纪的产业政策"一文，提出面对 21 世纪激烈的国际经济竞争，各国政府不得不重新思考产业政策的必要性。[2] 国际金融危机爆发以来，他发表了一系列文章质疑自由放任的经济政策导向，呼吁旨在促进经济结构调整的产业政策回归。他基于大量的实证研究提出，过去 30 年世界各国经济增长表现的差异并不能简单地归因于技术水平或市场的效率，政府促进产业结构调整的努力也扮演着重要角色。在那些政府能够积极应对结构变革的国家，其经济增长表现也更好。[3] 此外，基于对中国等新兴经济体的实证研究，罗德里克提出，由于以世界贸易组织为代表的国际社会设定了过多的限制，中国等发展中国家难以依靠贸易政策和产业政策推动经济结构转型，只能被迫寻求通过汇率政策实现上述目标，这不仅不利于这些国家的经济结构升级，还加剧了世界经济的失衡，发达国家对此应有正确认识并加以改变。[4] 有关产业政策的内容和方式，罗德里克认为，随着新产业革命的迅速兴起，政府应将注意力更多地放到一些重点部门而非泛泛地支持所有部门。此外，他还主张，基于政府与私人部门合作（PPP）的产业政策应成为未来产业政策的主流。[5]

玛丽安娜·马祖卡托长期致力于创新经济学和创新政策的研究，并发表了一系列被广泛传播的论著。在 2013 年出版的《企业家型政府》一书中，

---

[1] Bruce Greenwald and Joseph E. Stiglitz, "Industrial Policy, the Creation of a Learning Society and Economic Development", in Joseph E. Stiglitz and Justin Yifu Lin (eds.), *The Industrial Policy Revolution I: the Role of Government beyond Ideology*, Houndmills, UK and New York: Palgrave Macmillan, pp. 43 – 71.

[2] Dani Rodrik, "Industrial Policy for the Twenty-first Century", paper prepared for UNIDO, 2004.

[3] Dani Rodrik, "Unconditional Convergence in Manufacturing", *The Quarterly Journal of Economics*, 128 (1), 2013, pp. 165 – 204.

[4] Dani Rodrik, "Do We Need to Rethink Growth Policies?", in Olivier Blanchard, David Romer, Michael Spence and Joseph Stiglitz (eds.), *In the Wake of the Crisis: Leading Economists Reassess Economic Policy*, Cambridge: The MIT Press, 2012, pp. 157 – 167.

[5] Dani Rodrik, "The Past, Present and Future Economic Growth", *Global Citizen Foundation Working Paper*, June 2013.

她挑战新古典经济学对政府功能的定位，围绕资本主义国家政府的经济角色提出了大胆的新构想。① 在该书中，马祖卡托对国际金融危机的原因和后果做了评析，她提出，国际金融危机的始作俑者是私人部门，尤其是最近十几年获利巨大而又几乎不受监管的私人金融机构，但是，当爆发危机时，却要政府出面救助私人部门，也即由全社会来承担和消化损失，这是当前资本主义体系存在的一个严重问题。要改变这种不可持续的、不公平的状况，就要调整公共部门和私人部门的角色，尤其要鼓励政府在经济生活中发挥更积极的作用。她进而提出"企业家型政府"这一未来的发展方向，并阐述了其核心内容：首先，政府可以在生产和创新中扮演风险承担者和市场创造者的重要角色，像企业家一样行事；其次，政府可以像投资人一样，通过多样化的"投资组合"进行"择优"；最后，政府承担了经济风险，就应该获得适当的收益，用以增进全社会的福利，探索更加公平公正的社会积累机制，以扭转新自由主义体制下财富分配差距不断拉大的状况。

二　围绕绿色增长的讨论

近几年，欧美经济学界越来越多地从气候与环境变化角度反思资本主义体系面临的问题，进而将绿色增长视为保证资本主义长期可持续发展的重要途径，"绿色产业政策"的重要性因此得以凸显。在这方面，尤以罗德里克和卡洛塔·佩雷斯等人的研究最具代表性。

罗德里克在 2014 年发表的题为《绿色产业政策》的论文中专门讨论了绿色增长与产业政策的关系。② 他在论文开篇即提出，绿色增长代表着资本主义未来的发展方向，实现绿色增长需要绿色技术的开发与大规模应用。绿色技术作为新兴技术的重要领域，其开发与应用过程存在明显的正外部性难

---

① 参见 Mariana Mazzucato, *The Entrepreneurial State*：*Debunking Public vs. Private Sector Myths*, revised edition, PublicAffairs, 2015。该书首次出版于 2013 年，并于当年获选英国《金融时报》和美国《福布斯》杂志年度图书；2013 年，因该书的出版，美国《新共和党人》（*New Republic*）杂志评价马祖卡托是"创新领域最重要的三位思想家之一"；2014 年，马祖卡托因该书获得"新政治家 SPERI 政治经济学奖"（New Statesman SPERI Prize in Political Economy）；2015 年，该书获得德国 Wirtschaft Weiter Denken 图书奖。该书出版至今，已被相继翻译成 10 多种语言在世界各地出版。

② Dani Rodrik，"Green Industrial Policy"，*Oxford Review of Economic Policy*，Vol. 30，No. 3，2014，pp. 469 – 491.

以内部化的问题。为了克服这一"市场失灵"现象，需要政府给予适度支持，以保证绿色投资达到必要的规模。他由美国奥巴马政府支持太阳能企业Solyndra 失败的案例引出对绿色产业政策合理性的讨论，认为根据该案例得出绿色产业政策必然失败的结论是草率的。通过对比分析美国、德国和中国的绿色产业政策实践及其成效，罗德里克提出，如果将一国的绿色产业政策看作一个大项目，那么其中存在个别甚至更多失败的案例是正常的，不能因此否定整个大项目的成效，更不能否定政府干预的合理性。最后，他从理论层面较为深入地讨论了产业政策和绿色产业政策的合理性以及如何提升绿色产业政策的效果。他认为，产业政策与其他公共政策（如教育政策、公共卫生政策和公共基础设施政策）类似，其合理性应受到普遍认可；产业政策应该走出"阴影"地带，不应再以其他经济政策的附属而存在，唯有将产业政策公开化，政府才能充分考虑相关的制度设计以规避干预带来的负面效应；要提高产业政策和绿色产业政策运行的效果，在制度设计上应遵循三个原则：（1）嵌入性（Embeddedness），即公共部门与私人部门的密切沟通与互动；（2）惩戒性（Discipline），即政府为产业政策的支持对象设定绩效标准，规避道德风险；（3）可信性（Accountabiltiy），即政府要保证产业政策的透明度，接受民众监督。

第一章曾对佩雷斯的"绿色增长"观点做过梳理。实际上，佩雷斯也是近年来积极反思资本主义的重要经济学家之一，她始终聚焦于绿色增长和相关政策领域，并且发表了若干文章。[①] 她提出，资本主义世界刚刚经历第五次技术革命——信息通信技术革命的转折点，2008 年国际金融危机的爆发标志着信息通信技术革命导入期的结束，目前正在迎来信息通信技术革命拓展期的开端，而以信息通信技术驱动的"绿色增长"将是这一阶段的发展方向。这里的"绿色增长"是个广义概念，包括发展可再生能源和可持续的产品，或旨在节约资源的创新，更是试图将信息通信技术合理地应用于全部生产与生活环节，从而达到充分有效利用自然资源的目标。由历次技术革命拓展期

① Carlota Perez, "Steering Economies towards the Next Golden Age", in Mariana Mazzucato and Cetano C. R. Penna (eds.), *Mission-Oriented Finance for Innovation: New Ideas for Investment Growth*, Rowman & Littlefield, 2015, pp. 51 – 58; Carlota Perez, "Capitalism, Technology and a Green Global Golden Age: The Role of History in Helping to Shape the Future", in Michael Jacobs and Mariana Mazzucato (eds.), *Rethinking Capitalism: Economics and Policy for Sustainable and Inclusive Growth*, Wiley-Blackwell, 2016, pp. 191 – 217.

的历史经验可知，为了开启"绿色增长"的黄金时代，欧美各国政府应重拾产业政策并尽快采取行动，为绿色经济的发展注入初始动力，促进经济增长和就业，同时减少社会不公平，逐步打造出资本主义未来二三十年发展的新模式。

以上从对新自由主义经济政策的反思和对绿色增长的讨论两个视角梳理归纳了近年来经济学界反思资本主义乃至试图修正和发展经济学理论的部分尝试。值得注意的是，这些尝试无不涉及政府的经济角色，或者说政府与市场的关系这一经济学的核心问题。不难发现，近年来，经济学界认识的转变正在呼吁产业政策回归，尤其是创新导向且兼顾可持续发展和更公平分配的产业政策的回归。由于前文述及的多位经济学家都身兼一国或多国政府经济顾问的角色，可以说，他们的研究不仅具有较强的政策启示意义，而且对现实世界的产业政策决策发挥了重要影响。实际上，在本书前面若干章节的论述中，或多或少地都能发现与上述理论发展相呼应的内容。

第三节　创新经济学的新发展

近年来，随着新产业革命的迅速兴起，世界主要经济体的政府都将创新置于其发展战略的首位，这也向相关经济学理论的发展提出了新要求。正如世界经济论坛主席施瓦布所言，"在第四次工业革命期间，国际经济竞争规则将发生重大改变。未来，国家和企业要保持竞争力，就必须在各方面处于创新前沿。这意味着，与过去的低成本战略相比，以创新方式提供产品和服务的战略会产生更好的效果。如我们当前所见，来自其他行业、其他国家的颠覆者与创新者给老牌企业带来了极大压力。同样，如果一个国家没有认识到建立创新生态系统的必要性，那么这个国家今后也会受到来自其他国家颠覆和创新的巨大压力"。[①] 在此背景下，同时出于在国际金融危机后探寻经济增长新空间的考虑，创新经济学获得了新的发展机遇，也的确取得了值得关注的新进展。

需要说明的是，创新经济学至今仍是一个较为宽泛的概念，涉及的各理论分支尚未汇聚成一个成熟且获得普遍认可的理论体系。熊彼特被公认为创

---

① 〔德〕克劳斯·施瓦布：《第四次工业革命：转型的力量》，李菁译，北京：中信出版社，2016，第37页。

新经济学的鼻祖，其成名作《经济发展理论》被誉为创新经济学的开山之作。1960 年代之后，出现了一批追随和发展熊彼特经济创新理论的后学，而后者多被冠以"演化经济学家"或"新熊彼特主义经济学家"之名。无论是创新经济学还是演化经济学，其主旨都是研究经济演化发展的过程，而"创新"在这一过程中扮演的角色则是两者共同关注的核心问题。鉴于篇幅所限，此处不对创新经济学本身做更多讨论，而是采取实用主义的办法，暂且将围绕创新展开的各类经济学研究和讨论都划入"创新经济学"的范畴。以下仅从两个方面梳理归纳近年来这一领域的新进展。

一　创新经济学理论构建的新进展

近年来，创新经济学展示出较强的"自我创新"活力，一方面主张将创新置于政府思维和行动的中心，另一方面则试图为政府制定与实施创新导向的产业战略提供指引。在国际金融危机爆发前的 2007 年，著名创新经济学家苏特就提出，创新政策将成为产业政策研究的核心问题。近几年，这方面的研究进展以当前创新经济学的领军人物之一———马祖卡托的工作最为引人关注。除了前文述及的《企业家型政府》一书外，近几年她还独立或与人合作发表了一系列论著，系统地阐述了国际金融危机和新产业革命背景下"创新"对于经济增长和提升竞争力的重要性，并且对政府应如何促进创新提出了独到的见解和颇具影响力的政策主张。[①]

马祖卡托在《企业家型政府》一书中提出，在创新领域，政府的作用不

[①] 这些论著主要包括：Mariana Mazzucato，"Financing Innovation：Creative Destruction vs. Destructive Creation"，*Industrial and Corporate Change*，Vol. 22，No. 4，2013，pp. 851 – 867；Mariana Mazzucato and Carlota Perez，"Innovation as Growth Policy：the Challenge for Europe"，in J. Fagerberg，S. Laestadius，and B. Martin（eds.），*The Triple Challenge：Europe in a New Age*，Oxford University Press，2014；Mariana Mazzucato and Cetano C. R. Penna（eds.），*Mission-Oriented Finance for Innovation：New Ideas for Investment Growth*，Rowman & Littlefield，2015；Mariana Mazzucato and Caetano Penna，"Beyond Market Failures：The Market Creating and Shaping Roles of State Investment Banks"，*Levy Economics Institute of Bard College Working Paper*（831），2015；Mariana Mazzucato and Caetano Penna，"The Rise of Mission-Oriented State Investment Banks：The Cases of Germany's KfW and Brazil's BNDES"，*SPRU-Science and Technology Policy Research*，University of Sussex，2015；Mariana Mazzucato，"From Market Fixing to Market-Creating：a New Framework for Innovation Policy"，*Industry and Innovation*，Vol. 23，No. 2，2016，pp. 140 – 156；Mariana Mazzucato，"Mission-Oriented Innovation Policy：Challenges and Opportunities"，UCL Institute for Innovation and Public Purpose，working paper，No. 1，2017。

应局限于新古典经济学支持的纠正"市场失灵",还应对资本主义的创新分工体系有全新的认识,重新认识公共部门和私人部门在生产和扩散创新方面发挥的作用。另外,她还基于对美国政府支持企业(包括苹果公司、特斯拉等)创新的大量研究指出,"市场至上"只是美国用来蒙蔽其他竞争对手的策略式宣传,实际上,美国政府在创新领域干预很多,政府而非私人部门才是美国技术创新的真正开拓者。① 此外,基于对德国复兴信贷银行的案例研究,她提出,德国政府长期以来在本国绿色技术的开发与应用中发挥了相当重要的推动作用。② 简言之,在创新政策领域,美国和德国等成功国家的经验表明,政府还应该扮演风险承担者和市场创造者的角色。

此外,根据传统的市场失灵理论,公共资金应主要在技术开发与早期示范阶段发挥作用;然而,马祖卡托等人对德国、英国和巴西等国政府通过政策性银行实施绿色产业政策的实证研究却表明,公共资金支持新技术的应用与推广项目,对加速技术创新与扩散的作用更为显著。这是因为,公共部门在技术应用与扩散阶段投资可以通过"干中学"和"用中学"形成反馈机制,起到"市场创造"而非仅仅修补"市场失灵"的作用,从而更好地促进技术进步。

基于上述认识,马祖卡托进一步提出了"使命导向型创新政策"(Mission-Oriented Innovation Policy)的构想,尝试为各国政府的创新与产业发展战略提供指引。所谓"使命导向型创新政策",指将应对特定挑战或解决特定问题作为使命,以此为导向设计创新政策,包括确定长期目标、跨产业部门合作的机制,以及公共部门、私人部门、研究机构和非政府组织合作的形式,等等。为使该构想更具可操作性,马祖卡托等人还发展了一个以"ROAR"命名的理论框架,ROAR是该框架四个关键要素的英文首字母缩写。R代表"路径与方向"(Route & Direction),指的是政府的政策工具应为创新指明方向。尤其是在新产业革命快速发展的当下,创新链条的各个环节都伴随着不同类型和不同程度的风险,仅依靠分散的市场主体难以判断创

---

① Mariana Mazzucato, *The Entrepreneurial State: Debunking Public vs. Private Sector Myths*, revised edition, PublicAffairs, 2015.

② Mariana Mazzucato and Caetano Penna, "The Rise of Mission-Oriented State Investment Banks: The Cases of Germany's KfW and Brazil's BNDES", *SPRU-Science and Technology Policy Research*, University of Sussex, 2015.

新的发展方向，此时政府和公共机构（包括政策性银行等）在创新的各个环节均能发挥巨大的推动作用。O 代表组织机构（Organizations），指的是要建立富有探索精神、善于学习和尝试的公共机构。这个要素的关键在于允许政府和公共部门在支持创新时犯错，而且要通过合理的政策设计，使得公共机构具备不断从失败中学习从而适时调整策略的能力。A 代表评估（Assessment），指的是要构建一套可操作的方法，以评估政府和公共部门在创造市场方面的作用。R 代表风险和收益（Risks & Rewards），指的是应该令公共部门和私人部门就创新中的风险分担和收益分配达成一致，尤其是，在政府和公共部门承担最核心风险的同时，应保证其获得适当的收益，以减少社会不公。[①] 总体而言，虽然这一构想尚处于完善阶段，至今并未在任何一个国家形成完整的实施方案，但是已受到高度关注和认可。英国梅政府提出的新产业战略就借鉴了这一框架，并基于此提出了亟待应对的四大挑战。2018 年 2 月，马祖卡托以欧盟委员会研究与创新总司咨询专家的身份向该总司提交了一份报告，建议欧盟在研究和创新领域采取"使命导向型政策"。[②]

二　工业创新理论的新发展

实际上，在这一轮新产业革命快速兴起之前，受到技术进步及其应用加速的影响，创新经济学领域即涌现出一系列重要研究成果。英国牛津出版社于 2004 年出版的《牛津创新手册》可谓集合了诸多高质量研究成果的一部经典之作。这些有关创新的新发现与新观点，大部分被近几年创新经济学的新发展所继承和推进，并且对世界主要经济体的创新政策和产业政策的制定产生了重要影响。此处仅挑选一个视角加以介绍，即"中低技术产业"的创新及相关政策。

[①] 参见 Mariana Mazzucato and Cetano C. R. Penna（eds.），*Mission-Oriented Finance for Innovation*：*New Ideas for Investment Growth*，Rowman & Littlefield，2015；Mariana Mazzucato，"From Market Fixing to Market-Creating：a New Framework for Innovation Policy"，*Industry and Innovation*，Vol. 23，No. 2，2016，pp. 140 – 156；Mariana Mazzucato，"Mission-Oriented Innovation Policy：Challenges and Opportunities"，UCL Institute for Innovation and Public Purpose，working paper，No. 1，2017。

[②] Mariana Mazzucato，"Mission-Oriented Research & Innovation in the European Union：A problem-solving approach to fuel innovation-led growth"，DG for Research and Innovation，European Commission，Feb. 2018.

著名创新经济学家尼克·冯·图兹曼（Nick Von Tunzelmann）等人所做的国际比较研究表明，世界各国政府的技术和产业政策往往更加重视高技术部门，忽视中低技术部门，甚至直接放弃了所谓"夕阳产业"，这体现了人们对于创新发生与扩散过程的认识误区。实际上，中低技术部门并不缺乏技术机会，当今世界没有真正的低技术部门，高技术完全有可能成功地扩散到低技术部门去。[①] 这一研究结论对于欧洲各国政府制定创新与产业政策具有重要的启示意义，也已经产生了一定的影响。如第七章述及，"新工业法国"计划不同于法国以往的产业政策，不再区分旧工业和新经济，而是认为夕阳产业中有兴盛企业，而新兴行业也存在大量缺乏竞争力的企业，推动产业竞争力提升的关键在于企业要具备持续创新、技术进步和更新产品的能力，而政府产业政策的目的恰恰是帮助企业具备这种能力。

综上所述，近年来创新经济学的新发展尤其强调政府应该扮演更加积极的经济角色，不仅要纠正"市场失灵"，还应该主动地承担风险和创造市场，推动解决问题导向的创新政策和产业发展战略，并且要更加全面客观地看待各类产业部门之间的关系。

第四节　理论与实践的呼应：西欧国家政府经济角色的新趋势

本节首先总结前三节经济学理论新进展的政策启示，而后对照近年来欧盟层面及其主要成员国新产业战略的实践，归结和提炼出近年来西欧国家政府经济角色演变的新趋势和新特点。

一　经济学理论新进展的政策启示

前三节从工业的地位、反思资本主义和创新经济学的新发展等三个角度梳理与总结了近年来欧美经济学界的重要讨论和理论进展。不难发现，这三个角度的界限并非泾渭分明，而是相互交叉、相互联系的，其相应的政策主

---

① 〔德〕尼克·冯·图兹曼、〔英〕弗吉尼亚·阿查："'低技术产业'的创新"，载〔挪〕詹·法格博格、〔美〕戴维·莫利、〔美〕理查德·纳尔逊主编《牛津创新手册》，柳卸林、郑刚等译，北京：知识产权出版社，2004，第398~419页。

张也不无重叠之处。归结这些理论进展，可以得出有关政府经济角色的几条重要启示。

第一，在国际金融危机爆发并不断发酵以及新产业革命兴起的大背景下，呼吁"政府回归"越来越成为经济学界的主流声音。无论是围绕工业地位的讨论、对当前资本主义体系的深刻反思，还是创新经济学的新进展，无不指向"政府在经济领域应具有战略思维"和"政府应扮演更加积极的经济角色"这一政策主张。与国际金融危机前大约30年间新自由主义占主导地位的状况相比，欧美经济学界的主流政策理念正在发生值得关注的重要变化。

第二，"政府回归"渐成经济学界主流认识的重要表现之一是产业政策的重要性再次获得认可。自1980年代初至20世纪末，新自由主义及相应的经济政策理念逐步盛行并占据主导地位，加之1990年代美国经历了"黄金十年"，而长期实行产业政策的日本却经历了"失落的十年"，经济学界的主流观点越来越排斥产业政策，许多学者甚至一度不屑于提及产业政策的概念，有关产业政策的研究进入沉寂期。进入21世纪后，随着技术进步突飞猛进和经济全球化加速，有关产业政策的研究又多了起来。[①] 近几年，经济学界有关产业政策的研究出现了蓬勃发展的新局面，而且就重拾产业政策这一问题大体上达成了共识，认为各国要在国际金融危机后实现可持续的、包容性的经济增长，以及抓住新产业革命机遇提升产业竞争力，产业政策是不可或缺的。需要强调的是，近几年经济学界对于产业政策的认可并非要重回旧的部门式直接干预的老路，而是主张政府扮演富有新内涵的经济角色。以下几条是对此做的专门阐述。

第三，在产业结构方面，高度重视工业的地位，是近年来经济学界主张的产业政策的重要内容之一。无论是对自1980年代即加速"去工业化"的发达国家，还是一些出现"过早去工业化"趋势的发展中国家而言，"再工业化"对于促进长期经济增长都至关重要。然而，要扭转"去工业化"趋势而后实现"再工业化"并非易事，比此前的"工业化"进程要困难得多，需要政府发挥更加积极的作用，促进新产业部门的壮大，推动价值链重构，

[①] 2006年，欧洲投资银行的年度论文集选择了"产业政策"作为主题，共收录了12篇有关产业政策理论和实践的论文；同年，英国的《应用经济学国际评论》杂志（*International Review of Applied Economics*）也将"产业政策"作为该年度第5期的主题，共刊发了5篇相关的学术论文。

这就需要面向未来的强有力的产业政策。

第四，将促进创新及其应用置于优先地位，是近年来经济学界主张的产业政策的首要方向。虽然自1980年代起，创新对于经济增长的引领作用已越来越受到重视，但是最近几年，无论是整个经济学界对资本主义的反思，还是创新经济学的新发展，都指向了一个强有力的共识，那就是高度推崇创新对于提高一国国际经济竞争力和实现智慧的、包容性增长的引擎作用。特别是，近几年创新经济学界围绕产业政策的研究产生了空前重要的影响，甚至可以说，如今经济学界主张的产业政策在相当大程度上即等同于产业创新政策。

第五，有关产业政策如何促进创新，主张政府和公共部门发挥更积极作用的看法渐成主流。近几年，创新经济学取得的新进展，尤其是有关公共部门和私人部门对于促进创新和创新成果扩散的作用的新观点颇为引人关注。具体而言，在促进创新方面，政府不应仅局限于新古典经济学主张的修复"市场失灵"，还能够并且应该扮演战略制定者、风险承担者和市场创造者的角色，通过适度的公共投资形成的引导、协调、激励和示范效应促进私人部门增加创新性投资。此外，政府和公共部门还应以合适的方式获得创新收益，以改善收入分配格局，减少社会不公。

第六，作为产业政策方式的新探索，使命导向型创新政策与产业战略越来越受到重视。使命导向型创新政策和产业战略不同于以往的部门政策或横向政策，它不再强调部门维度，而是以应对综合性挑战或解决综合性问题为导向，设计一整套全面系统的方案，包括明确的目标、各方合作的机制以及对政府行为的评估方法，等等。如果这一方式得以不断完善和推广，或许有望应对部门政策和横向政策相互割裂的不足，令产业政策更具可操作性和可持续性。

第七，促进绿色增长成为公认的世界经济发展新方向，相应地，绿色产业政策也成为近年来经济学界提倡的产业政策的重点内容。这里的"绿色增长"既包括发展可再生能源和使用传统手段提高能源和资源使用效率，也包括将信息通信技术等前沿技术合理地应用于生产与生活的各个环节，从而达到充分有效利用自然资源的目标。要实现这一愿景，设计得当的绿色产业政策必不可少。

综上所述，可将近年来经济学理论新发展的政策启示归结为：在后危机和新产业革命时代，政府应该在经济生活中扮演更积极的角色，尤其是应重拾产业政策，将促进工业和整体经济的创新作为首要任务，以系统性的行动引导、协调乃至激励私人部门投资，打造以创新驱动的、绿色可持续的、包容性的经济增长模式。值得一提的是，2018 年诺贝尔经济学奖获得者威廉·诺德豪斯（William D. Nordhaus）和保罗·罗默（Paul M. Romer）的贡献在于提供了有关技术创新和气候变化的原因和后果的基本见解，其研究成果为经济学界回答"如何实现可持续的全球经济增长"这一问题做出了重要贡献。虽然诺德豪斯和罗默的代表性论文均发表于 1990 年代，并非经济学理论的最新进展，但是他们于 2018 年获奖足以表明近几年经济学界关注重点的新变化，这与上文理论梳理的发现是一致的。

综上，可用图 11 - 1 大致表示近年来经济学理论的新发展及其政策启示。

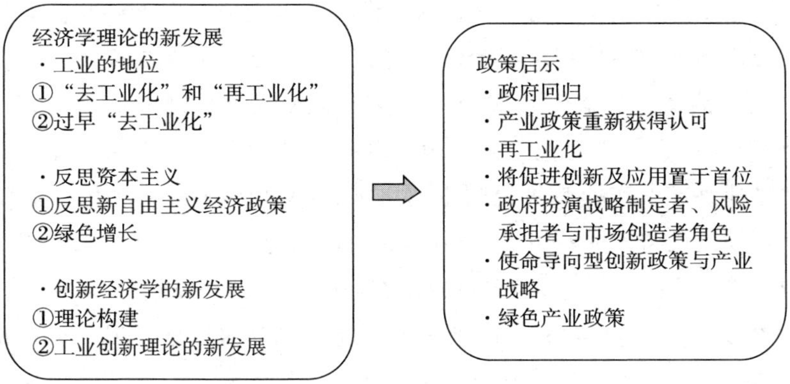

图 11 - 1　近年来经济学理论的新发展及其政策启示

二　西欧国家政府经济角色的新趋势：产业政策与产业战略的回归

上文总结了近几年欧美经济学界对主流经济理论与政策理念的反思及其政策启示。值得关注的是，在遭受危机严重冲击而又富于制度反思传统的欧洲，① 相关的反思不仅局限于学界，在政界也有十分明确的体现，而且呈现

---

① 厉以宁先生在其《工业化和制度调整——西欧经济史研究》一书中专门对西欧国家围绕 2008 年国际金融危机的反思做出过评价，他写道："有关金融危机引起的思考，在西欧国家比在美国更有市场，更有群众的响应。这是可以理解的，因为在资本主义制度调整方面西欧总是走在美国的前面，西欧各国的一些政党和职业政治家们所考虑的更深刻些。西欧各国一些群众团体在资本主义制度调整方面似乎也比美国一些群众团体更加激进。因此，尽管这场金融危机起始于西欧，而且除个别国家外，一般西欧国家所受到的来自美国金融危机的打击并不比美国更严重，但西欧社会对资本主义制度调整的反思却远远走在美国的前面。"参见厉以宁：《工业化和制度调整——西欧经济史研究》，北京：商务印书馆，2010，第 615 页。

值得关注的新趋势。回顾前面各章节的论述不难发现，近几年欧盟及其主要成员国的经济政策实践的确在很大程度上是与上述启示相呼应的，其中最突出的表现就是富有新内涵的产业政策和产业战略的回归，或者说产业政策由"阴影地带"重回经济政策舞台的中央。总体而言，在欧盟层面和欧盟主要成员国（可看作西欧国家的典型代表）里，政府经济角色都出现了对新自由主义政策取向的不同程度的回调，普遍开始加强或重新确立政府作为经济战略制定者的定位。除了对工业地位的高度重视或再度重视这一共同点之外，欧盟层面及其主要成员国的情况各有不同，以下做简要探讨。

欧盟委员会是欧盟层面的超国家机构，难以与民族国家的政府相提并论，但是，从产业政策的角度看，这一带有"准政府"色彩的超国家机构的确正在努力向经济战略制定者转型。如第二章所述，欧盟层面的产业政策于1990年正式启动，在整个1990年代并未进入欧盟经济政策的优先日程，进入21世纪后开始受到重视，直至2008年国际金融危机爆发后，加之新产业革命的迅速兴起，产业政策受到空前重视，2012年"再工业化"战略的提出标志着欧盟已将产业政策提升至战略层面，2017年的产业政策通报更是在题目中明确使用了"产业政策战略"的提法。上述一系列变化表明，作为欧盟的"准政府"，欧盟委员会近年来不断提升自身的战略意识，正在朝着成为经济战略制定者的目标而努力。这也表明整个欧盟的经济政策取向正在发生重大变化。[1]

德国具有政府与产业界互动合作的传统，德国政府长期注重在技术和技能方面为企业提供支持，并且取得了显著成绩。国际金融危机爆发后，德国政府在稳定经济和提升产业竞争力方面发挥的关键作用更是在世界范围内受到广泛认可和推崇。值得注意的是，近几年，德国政府正在进一步强化其经济职能，如今已成为名副其实的经济战略制定者，典型的体现就是2006年联邦政府出台第一个自上而下的国家高科技战略，2013年又率先出台工业

① 正如主持2014年3月欧盟工业部部长理事会的希腊发展与竞争力部长哈齐丹科斯（Kostis Hatzidakis）所言，与2008年国际金融危机爆发前相比，"（欧盟的）政策氛围已经完全不同了……（现在）朝着产业政策转向……所有人都意识到了我们过去所犯的错误"。参见 Frédéric Simon，"Europe's Re-industrialisation Agenda: A Green Policy U-turn?", Euractiv, Nov. 13, 2014. https://www.euractiv.com/section/energy/linksdossier/europe-s-re-industrialisation-agenda-a-green-policy-u-turn/。

4.0 战略。2019 年 2 月，德国又公布了"国家工业 2030 战略"，正式提出到 2030 年将本国工业增加值占 GDP 的比重提升至 25% 的目标。[①] 可以说，德国在很大程度上引领了近几年欧洲乃至世界主要经济体政府经济角色演变的新趋势。

英国是近年来对政府经济角色反思最为深刻的西欧国家，其对待产业政策态度的变化也最为明显。英国曾于 1980 年代率先"拥抱"新自由主义思潮，而且直至国际金融危机爆发前都是最积极地践行新自由主义经济政策的西欧国家。相比之下，如今英国各主要党派均认为，虽然存在"政府失败"的可能性，但是与自由放任可能带来的更大的经济风险相比，适当的政府干预必不可少，其中就包括制定和实施积极的产业战略。尤其是，保守党一向主张尽可能少的政府干预，2011 年保守党与自由民主党联合执政的卡梅伦政府提出产业战略而 2017 年保守党梅政府又提出新产业战略，这足以说明该国政界主流认识发生的深刻转变。此外，英国政府在其产业战略中提出的"政府必须具备战略眼光"、"政府的经济职能不应止步于维护公平的竞争秩序"等鲜明观点，以及在"使命导向型政策措施"方面的实践，都充分体现了近年来该国政界与学界对于政府与市场关系的积极反思。

法国有着长期的部门干预和"择优"传统，被公认为直接干预式产业政策的积极践行者，曾经并且仍在频繁地使用税收优惠、补贴、低息贷款和国家参股等形式多样的干预手段。近年来，法国对政府经济功能的认识更加明确，经济实用主义观念和战略意识进一步得以强化，产业政策的理念也随之发生变化。法国政府认为，除了营造支持产业发展的框架条件和必要的部门救助，政府还应在引导更具创新性和更高效的资源配置上扮演积极角色，并基于这一认识转变出台了"新工业法国"和"未来工业"计划。这两个计划较之以往的产业政策更加全面系统，也更具前瞻性，同时在干预方向上正在由相对保守的防御性措施向积极的创新政策转变，在具体做法上也由传统的部门政策逐步转向带有"使命导向型政策"特征的综合解决方案。

在经济政策领域，意大利政府属于典型的"弱政府"。与其他发达国家相比，长期以来，意大利政府在纠正市场失灵、缩小社会不公以及制定国家

---

① BMWi, *Nationale Industriestrategie 2030. Strategische Leitlinien fuer eine Deutsche und Europaeische Industriepolitik*, Frankfurt: Druck-und Verlagshaus Zarbock GmbH & Co. KG, February 2019.

经济发展战略方面，都存在明显的功能缺位。近年来，受到国际金融危机和新产业革命的推动，意大利政府在力图弥补战略缺失、强化自身经济职能方面做了不少积极尝试。意大利于 2013 年出台的国家能源战略和 2016 年发布的工业 4.0 国家计划，分别是"二战"结束以来该国首次立足于国家战略层面制定的能源发展规划和工业发展规划，充分体现了该国政府由功能缺位向积极有为转变的努力。意大利政府积极向经济战略制定者转变的趋势，无疑是整个欧盟经济政策取向发生变化的明证。

表 11 - 1 给出了近年来欧盟层面及其主要成员国政府产业政策与产业战略回归的具体表现，由此不难发现当前西欧国家政府朝着经济战略制定者积极转型的新趋势。

表 11 - 1　近年来欧盟层面及其主要成员国产业政策与产业战略回归的表现

国家/机构	产业政策与产业战略回归的表现
欧盟委员会	产业政策的重要性提升，提出"再工业化"，并提升至战略层面
德国	联邦政府首次出台国家高科技战略，率先提出工业 4.0 战略，后又提出"国家工业 2030 战略"
英国	深刻反思新自由主义，保守党主导的卡梅伦政府提出产业战略，之后保守党梅政府又提出新产业战略
法国	经济实用主义观念和战略意识进一步强化，产业政策向创新政策转变
意大利	"二战"后首次提出国家能源战略和工业战略（工业 4.0 国家计划），由"弱政府"向有为政府转变
共同点	对工业地位的高度重视或再度重视

三　西欧国家政府经济角色的新特点

上文从产业政策和产业战略角度简要总结了近年来欧盟委员会和欧盟主要成员国政府向经济战略制定者转型的新趋势。那么除了制定经济与产业发展战略，近年来西欧国家政府和公共部门的经济角色还有哪些新的体现？呈现出哪些新特点？基于前文各章节对欧盟"再工业化"战略和欧盟主要成员国新产业战略的论述，笔者将之归结为四个方面。以下逐一简要讨论。

第一，落实产业战略的引导者和协调者。总体而言，既要充分发挥政策的激励效应，又要将政府干预控制在适度范围内，确保私人部门在产业结构升级中始终扮演"主角"，是欧盟层面及其主要成员国推进新产业战略的共同原则。基于这一原则，在落实战略的过程中，引导和协调私人部门的经济活动越来越成为欧盟委员会和欧盟主要成员国政府的重要职能。就欧盟层面而言，"再工业化"战略属于欧盟委员会产业政策的范畴。产业政策不是欧盟的共同经济政策，不具有强制性，与共同经济政策接近于垂直管理的"硬"机制不同，其运行是一种以多方交流协商为特点的"软"机制。[①] 因此，在"再工业化"战略的落实过程中，欧盟委员会是最关键的协调者，其核心作用在于引导和协调成员国推动"再工业化"的政策与措施。就成员国层面而言，德国、英国、法国和意大利政府在落实新产业战略的过程中均发挥了不可或缺的引导和协调作用。在德国，由联邦经济与能源部和教育与科研部牵头三大行业协会成立的工业 4.0 平台，在整个工业 4.0 战略的落实中起到"发动机"的作用。在英国，梅政府上台后不久即通过机构合并成立了商业、能源与产业战略部，具体负责引导与协调产业战略的实施。在法国，生产复兴部和经济与财政部在"新工业法国"和"未来工业"的落实中起到重要的引导作用。在意大利，由政府总理牵头成立的工业 4.0 国家指导委员会是落实工业 4.0 计划的"中枢"机构。图 11 - 2 给出了德国工业 4.0 平台的组织架构图，其中联邦政府发挥的引导与协调作用一目了然。[②]

第二，研发创新项目的资金提供者。前文述及，如今经济学界主张的产业政策在相当大程度上可以等同于产业创新政策。在实践上，无论是欧盟"再工业化"战略，还是欧盟主要成员国的新产业战略，都将促进创新及其应用置于首要地位。由于绝大多数创新活动涉及科技研发活动，是公认的因具有外部性而存在"市场失灵"的领域，政府适度提供资金以带动私人投资是必要的。近年来，为应对新产业革命的挑战，欧盟委员会和欧盟主要成员国政府都加大了支持研发活动的力度。在欧盟层面，虽然欧盟委员会 2014 ~ 2020 年度财政预算总额较之上一周期（2007 ~ 2013 年度）有所削减，但是用于支持研发创新的预算不降反升，"地平线 2020 计划"的总预算为 800 亿

---

① 有关欧盟产业政策的运行机制，参见孙彦红：《欧盟产业政策研究》，北京：社会科学文献出版社，2012，第 122 ~ 141 页。

② 除了三家行业协会外，德国工业 4.0 平台还包括来自联邦经济与能源部（BMWi）、联邦教育与科研部（BMBF）、联邦总理府、联邦内政部、公共研究机构弗劳恩霍夫协会（Fraun-hofer-Gesellschaft）、联邦州、BDEW 和 BDI 等其他行业协会以及金属行业工会等政府、产业、工会和科学界的重要代表。其中联邦经济与能源部和联邦教育与科研部的代表均为国务秘书。

主席
BMWi部长与BMBF部长
产业界、工会与科学界代表

科技/实践能力 决策	政策引导，社会 推广	市场活动
引领者 （企业） ·在BMWi与BMBF参与下 由企业家领导 ·工作组领导，其他发起者 产业战略发展、科技合作、 决策与落实	**战略小组** （政界、产业界、工会和科学界） ·BMWi与BMBF国务秘书领导 ·引领者代表 ·总理府及BMi代表 ·各联邦州代表 ·各协会代表（BDEW，BDI，BITKOM， DIHK，VDA，VDMA，ZVEI） ·工会代表（金属工业工会） ·科学界代表（FhG） 设定日程，政策方向，推广	**产业联合与倡议** 市场落实： 测试平台 与应用案例 （LNI4.0等）
工作组 ·参考架构、标准和规范 ·技术与应用场景 ·安全联网系统 ·法律框架条件 ·劳动、培训与继续教育 ·工业4.0中的数字社会模式 ·其他需求 具有科技与实践能力的工作 单元，参与单位：BMWi， BMBF，BMi，BMAS		**国际标准化** 国际标准化委员会 （SCI4.0，DIN， DKE等），联合
	研究顾问团	**备注** *BDEW:联邦能源与水经济协会* *BDI:联邦工业协会* *BITKOM:联邦数字协会* *DIHK:德国工商总会* *VDA:德国汽车工业协会* *VDMA:德国机械与设备制造协会* *ZVEI:德国电子与电气工业总会* *BMWi:德国联邦经济与能源部* *BMBF:德国联邦教育与科研部* *BMi:德国联邦内政部* *BMAS:德国联邦劳动与社会部* *FhG:弗劳恩霍夫协会*
秘书处提供服务 网络协调、组织、项目管理、内外联络		

图 11-2　德国工业 4.0 平台组织架构

资料来源：德国工业 4.0 平台网站：https://www. plattform-i40. de/I40/Navigation/EN/ThePlatform/PlattformIndustrie40/plattform-industrie-40. html.

欧元，远高于第七科技框架计划的总预算（550 亿欧元）。在德国，自 2006 年启动第一个高科技战略以来，联邦政府的研发支出快速上升，并大幅超过了州政府研发支出。在英国，卡梅伦政府出台产业战略后不久，专门成立了绿色投资银行，从资金上支持绿色技术创新及应用。在法国和意大利，大幅增加税收优惠成为政府支持研发创新活动的主要手段。

第三，支持创新项目的示范性投资者和私人部门的投资合作者。近年来，无论是欧盟委员会还是欧盟主要成员国政府，在促进创新的实践上都不再局限于修复"市场失灵"，而是不同程度地扮演着风险承担者和市场创造者的角色，其中最典型的表现就是率先独立投资或者与私人部门合作投资于一些高风险项目，通过示范效应激励私人部门投资，以加速技术创新的扩散。近年来欧盟智能电网领域的建设进展和发展关键使能技术的政策措施都体现了这一点。如第十章所述，在欧盟及其成员国至今实施的智能电网项目中，私人部门投资占比为49%，公共部门投资占51%，且有90%以上的项目获得了公共部门的资金支持。在德国，在获得政府资助的绝大多数工业4.0项目中，联邦教育与科研部补贴占项目总金额的比重都超过了50%，有一部分项目甚至完全由政府出资；此外，德国的政策性银行KfW长期承担着该国绿色项目的示范性投资者和私人部门合作者的功能。在英国，绿色投资银行采取以股权投资和以类似于商业银行的条件放贷为主的投资方式，既直接承担了项目风险，又形成了积极的示范效应，对私人投资的带动作用颇为显著，可谓政府与私人部门合作（PPP）的成功典型。

第四，技术标准与规则制定的积极推动者与推广者。长期以来，欧盟及其主要成员国政府特别重视推动技术标准与规则的制定。近年来，随着新产业革命的兴起，大量技术创新集中涌现，欧盟及其主要成员国更加重视标准与规则制定对未来竞争力的影响，因而不遗余力地推动本国和欧洲内部大市场标准和规则的制定，并积极向国际层面推广。如前文所述，在建设智能电网的过程中，欧盟将推动相关研究机构和企业开发共同技术标准作为首要努力方向；在绿色金融领域，欧盟委员会正在推动为绿色债券和其他可持续资产建立欧洲统一标准和标签。在德国，工业4.0战略确定的八个优先行动领域的第一个就是构建工业4.0标准化体系和参考体系。在法国，政府在"未来工业"计划中强调要加强法国在欧洲标准制定方面的影响，而且要在食品生产领域成为国际标准制定者。在英国，政府通过绿色投资银行推动制定绿色产品开发和绿色金融管理标准，并通过国际合作不断扩大这些标准的国际影响力。在意大利，政府正在积极推进企业就物联网的定义开展标准化工作。

总之，除了制定经济与产业发展战略，近年来西欧国家的政府和公共部门还不同程度地充当着落实产业战略的引导者和协调者、研发创新项目的资金提供者、支持创新项目的示范性投资者和私人部门的投资合作者、技术标准与规则制定的积极推动者与推广者等角色，旨在通过引导、协调、激励和示范效应等促进私人部门的创新活动，进而推动本国工业生产方式的全面创新。这些新趋势和新特点的进一步演变值得关注。

第五节　小结

本章旨在从理论与理念层面探讨近年来欧盟及其主要成员国"为什么"出台产业战略以及其产业战略"为什么如此"等问题，并尝试基于此归结出西欧国家政府经济角色演变的新趋势。

近年来，受到国际金融危机爆发和新产业革命兴起的推动，欧美经济学界开始对主流经济理论与政策理念进行反思，其实质在于探寻政府与市场关系的新的平衡点，以适应后危机和新产业革命时代促进经济发展和参与国际经济竞争的现实需要。本章从工业的地位、反思资本主义和创新经济学的新进展等三个角度梳理归纳近年来欧美经济学界展开的重要讨论，从中提炼总结了与产业政策和产业战略密切相关的启示，而后结合欧盟及其主要成员国新产业战略的实践，归纳了近年来西欧国家政府经济角色演变的新趋势和新特点。

上述工作得出的基本结论如下：首先，近年来经济学理论的新发展已给出较为明确的政策启示，那就是在后危机和新产业革命时代，政府应该在经济生活中扮演更积极的角色，尤其是应重拾产业政策，高度重视工业的地位，将促进工业和整体经济的创新作为首要任务，以系统性的行动激励私人部门投资，打造创新驱动的、绿色可持续的、包容性的经济增长模式。其次，与此相呼应，在欧盟层面和欧盟主要成员国（可看作西欧国家的典型代表），政府经济角色都出现了相对于新自由主义政策取向的不同程度的回调，向更加积极主动转型，其中最突出的表现就是产业政策与产业战略的回归，政府开始要求自身具备战略眼光，纷纷制定经济与产业发展战略。最后，近年来，西欧国家的政府和公共部门还不同程度地充当着落实产业战略的引导者和协调者、研发创新项目的资金提供者、支持创新项目的示范性投资者和私人部门的投资合作者、技术标准与规则制定的积极推动者与推广者等角色，旨在通过引导、协调、激励和示范效应等促进私人部门的创新活动，进而推动本国工业生产方式的全面创新。

需要说明的是，近年来西欧国家政府经济角色回归与强化的新趋势的确意味着这些国家对自由市场经济的看法发生了重要转变，但是并非要否定市场的地位，确切而言，是为了扬长避短，通过强化政府对私人部门的引导、协调、激励、示范等作用，更好地发挥市场机制的积极效应，规避单纯依靠市场机制带来的投资不足、分配不公和环境污染等负面效应。欧盟及其主要成员国在产业战略文件中反复强调这一点，其政策实践也大体上遵循着这一原则。此外，从欧洲一体化的角度看，欧盟竞争政策在欧盟经济政策结构中所处的"共同准则"地位，也决定着成员国政府实行传统的直接干预式产业政策的空间相当狭窄，当前的"政府回归"必然是有限度的。

总之，近年来，受到国际金融危机爆发和新产业革命兴起的影响，西欧国家的政府经济角色正在发生值得关注的新变化，而欧美经济学界主流理念的变迁与经济政策实践演变的密切互动共同促成了这一变化。目前经济理念与政策实践仍处于探索之中，这一变化的前景仍具有较大的开放性，至今仍存在不少争议。[①] 未来西欧国家政府的经济角色将朝着什么方向演变？对其经济增长和产业竞争力会产生何种影响？对西欧资本主义制度的调整又意味着什么？这些都是值得跟踪研究的重要问题。

---

① 例如，德国联邦政府于 2019 年 2 月提出"国家工业 2030 战略"后，引起了该国经济学界的热议，该国经济界"五贤人"中的四位曾共同公开撰文提出反对意见，认为该战略赋予了政府过多干预经济的权力。

第十二章 总结与评价

—— 兼论对中国的启示和影响

前面十一章以新产业革命为背景，结合国际金融危机爆发以来欧盟面临的内外部经济环境的变化，对近年来欧盟层面及其主要成员国出台的新产业战略做了较为全面系统的研究，本章拟对前述研究进行总结与评价，主要有两个任务：一是总结前文，给出近年来欧盟及其主要成员国的新产业战略的一个"整体形象"；二是基于这一"整体形象"，从中国在新形势下制定与实施产业政策和中欧经贸关系的角度，探讨对中国的启示与影响，并提出有待进一步深入研究的相关问题。

第一节 对欧盟及其主要成员国新产业战略的总结与评价

继第一章对新产业革命兴起进行理论综述之后，第二章至第十一章对近年来欧盟层面及其主要成员国出台的新产业战略做了较为全面深入的研究。这一研究大体上循着"欧盟层面—成员国层面—欧盟整体（两个层面综合）"的路径展开。首先，在欧盟层面，除了聚焦于欧盟委员会"再工业化"战略的整体框架外，还围绕该战略确定的六大重点发展领域中的两个——关键使能技术和智能电网做了较为细致的剖析；其次，在成员国层面，分别聚焦于德国、英国、法国、意大利近年来提出的新产业战略，包括其出台背景、主要内容和实施框架，等等；最后，综合上述两个层面，立足于欧盟整体，对欧盟及其主要成员国落实新产业战略的投融资政策做了专门剖析，对其落实新产业战略的进展做了简要评估，并结合经济学研究的新发展进行了理论探讨，提炼归纳出近年来西欧国家政府经济角色演变的新趋势和新特点。在上述研究的过程中，实证研究的明线与理论探讨的暗线相互交错，相互印证，共同回答了近年来欧盟层面及其主要成员国"为什么"出台新产业战略、其新产业战略"是什么样的"以及"为什么如此"等问题。

本节旨在基于前文，对近年来欧盟层面及其主要成员国新产业战略的出台背景、产业结构定位、政策内容与实施框架、落实进展、理论与理念层面的启示等做出简要总结，从而描绘出上述新产业战略的"整体形象"。

第一，新产业革命迅速兴起是近年来欧盟层面及其主要成员国纷纷出台新产业战略的大背景，同时，国际金融危机爆发引起的深刻反思也起到不容低估的推动作用。进入 21 世纪以来，尤其是国际金融危机爆发后的近几年，"新产业革命"的概念在美欧兴起并迅速向全球传播，这对世界各国的产业政策实践产生了重要影响。本书专门对正在兴起的新产业革命做了较为详尽的理论综述，尝试从能源体系、制造业生产方式、技术变革和资本主义发展等四个角度梳理了当前国际学界有关新产业革命内容与愿景的代表性认识。总结四个版本的阐释，以系统性的科技创新推动工业部门的智能化、网络化、绿色化发展和服务业的高端化发展似乎可较好地概括当前这一轮产业革命的核心特征。此外，学者们还在一个问题上有广泛共识，那就是当前这一轮新产业革命尚处于开端阶段，在未来相当长的一段时期里，人们将亲历和见证新产业革命的全面推进，人类的生产生活方式也将发生前所未有的深刻改变。

第二，从产业结构定位看，对工业地位的高度认可或再度重视是近年来欧盟层面及其主要成员国出台新产业战略的一个共同出发点。自二战结束以来，欧盟及其多数成员国对于工业和制造业地位的主流认识经历了由高度重视到轻视，到再度认可，直至提升到战略层面这一转变过程。尤其是，2008年国际金融危机的爆发进一步促进了欧盟及其成员国对于实体经济与虚拟经济、工业与服务业关系的深刻反思，此后工业的地位进一步得到认可，相应的政策也更加受到重视。2012 年，欧盟委员会提出"再工业化"战略，设定了到 2020 年将制造业增加值占 GDP 的比重提升至 20% 的目标，这表明欧盟已由 21 世纪之初对"去工业化"的担忧逐步发展为如今提出"再工业化"，凸显了其产业结构调整方向上某种程度的"质变"。在成员国层面，虽然各国情况差异较大，德国和意大利一向重视工业，而法国和英国则经历了较为严重的"去工业化"过程,而且除了德国在 2019 年 2 月发布的"国家工业 2030 战略"中提出将工业增加值占 GDP 的比重提升至 25% 的目标之外,近年来英、法、意等国并没有设定明确的"再工业化"目标,但是其新产业战略无一不是基于对工业地位的高度认可或再度重视而制定的,都或多或少地带有扭转"去工业化"或推动"再工业化"的意图。具体而言,促进工业和整体经济的智能化、网络化和绿色化发展,是近年来欧盟层面及其主要成员国新产业战略的共同努力方向,这与新产业革命的总体发展趋势高度一致。

第三,从政策内容和实施框架看,无论是欧盟"再工业化"战略,还是其主要成员国的新产业战略,都将促进研发创新及其应用置于首要地位,其相关的认识和政策措施也在发生值得关注的变化。可以说,近年来欧盟及其主要成员国的新产业战略在相当大程度上等同于产业创新政策,其中绝大多数政策措施都是围绕如何推动和适应创新而制定的。在欧盟层面,从 2012年、2014 年到 2017 年的产业政策通报,"再工业化"战略始终将鼓励研发创新作为最重要的努力方向。具体而言,从 2012 年确定六大优先领域,到2014 年和 2017 年进一步出台细化措施,欧盟鼓励研发创新的做法也由最初的集中支持技术研发逐步向支持技术研发与市场化应用并重乃至更加注重支持研发成果的市场化应用转变,这表明随着政策实践的推进,欧盟层面对于创新传导机制的认识也在不断调整与转变。在成员国层面,无论是德国的工业 4.0 战略、英国卡梅伦政府和梅政府的产业战略、法国的"新工业法国"计划和"未来工业"计划,还是意大利的国家能源战略和工业 4.0 计划,都将鼓励研发创新置于首位,并依自身政策传统和产业结构特点出台了各具特色的促进措施。总体上看,德国更倾向于为研发创新项目直接提供补贴,而法国和意大利则更偏好于以税收减免措施刺激研发创新,英国的情况似乎是两种偏好的结合。另外,作为一种产业政策方式的新探索,融合了传统的横向政策和部门政策优势的"使命导向型创新政策和产业战略"正在受到欧盟主要国家的重视,且应用范围正在扩大。

第四,从取得的进展看,当前欧盟版新产业革命仍处于推进的初级阶段,欧盟层面的"再工业化"战略及其主要成员国新产业战略的落实尚未带来欧洲工业与制造业的全面复兴。就欧盟整体而言,自 2012 年提出"再工业化"战略以来,欧盟制造业和工业增加值占 GDP 的比重有明显提升,制造业劳动生产率也得以持续增长,然而,上述表现很大程度上可归因于危机后经济复苏形成的生产扩张效应。迄今为止，欧盟制造业的多项关键指标仍未恢复至 2007 年的危机前水平，其产品的国际市场份额亦未有明显提升。考虑到欧盟整体及其主要成员国（德国除外）的研发投入水平仍偏低，作为欧盟版新产业革命的核心基础设施的智能电网尚处于实际部署的初级阶段等事实，目前尚难以得出欧盟"再工业化"取得实质性进展的结论。就成员国层面而言，在德国，过去几年工业 4.0 战略在落实上的确取得了可圈可点的成绩，但是整体上看，德国工业 4.0 在技术上尚处于自动化深化阶段，在实施范围上也主要局限于企业内部，要实现贯穿整个产业链和价值链的全面的智能制造还有相当长的路要走。在意大利，近几年该国整体上正朝着国家能源战略制定的目标稳步迈进，在促进能源部门自身转型方面取得了显著成绩，但是在带动整个经济升级方面仍存在不确定性。此外，法国和英国新产业战略的实施至今尚未转化为主要工业指标的实质性变化，其未来的落实与效果有待观察。可以说，虽然近年来欧盟层面及其主要成员国纷纷出台新产业战略离不开国际金融危机爆发这一重大事件的推动，但是危机造成的严重冲击也在相当程度上拖累了这些战略落实的进展和效果。总之，对于欧盟而言，由"去工业化"到"再工业化"，由工业 3.0 迈向工业 4.0，实现整个工业生产模式的转变，并全面协调经济社会的转型，将是一个长期的渐进的过程。

第五，从理论层面看，基于对近年来欧盟及其主要成员国新产业战略的研究不难发现，西欧国家政府经济角色的演变正在呈现值得关注的新趋势。近年来经济学研究的新发展已给出较为明确的政策启示，那就是在后危机和新产业革命时代，政府应在经济生活中扮演更加积极的角色，尤其是应重拾产业政策，高度重视工业的地位，将促进工业和整体经济的创新作为首要任务，以系统性的行动激励私人部门投资，打造以创新驱动的、绿色可持续的、包容性的经济增长模式。与此相呼应，在欧盟层面和西欧主要国家，政府（可将欧盟委员会视为超国家的"准政府"）经济角色都出现了对新自由主义政策取向的不同程度的回调，向更加积极主动转型，其中最突出的表现就是再度重视产业政策，除了应对"市场失灵"外，政府还开始要求自身具备战略眼光，纷纷制定新的经济与产业发展战略。具体而言，近年来，西欧国家的政府和公共部门还不同程度地充当着落实产业战略的引导者和协调者、研发创新项目的资金提供者、支持创新项目的示范性投资者和私人部门的投资合作者、技术标准与规则制定的积极推动者与推广者等角色，旨在通过引导、协调、激励和示范效应等促进私人部门的创新活动，进而推动本国工业生产方式和经济发展方式的全面创新。值得强调的是，近年来西欧国家政府经济角色的回归与强化并非要否定市场的地位，而是为了扬长避短，更好地发挥市场机制的积极效应，规避单纯依靠市场机制导致的投资不足、分配不公和环境污染等负面效应。

需要说明的是，上述几条认识更多的是对近年来欧盟层面及其成员国新产业战略的共性特征的总结，旨在给出一个全貌。实际上，据前面各章节分析不难发现，鉴于相互间的国情差异，各成员国新产业战略的出台动因、主要内容、政策措施和取得的进展各有不同，未来也会呈现出不同的发展路径和特点。然而，从总体上看，在国际金融危机爆发和新产业革命兴起的大背景下，欧盟层面产业政策对于成员国产业政策发挥的引导、协调与补充作用较之以往更为突出，而成员国之间在产业政策与产业战略领域的协调也更加积极主动和有效，近几年德国、法国和意大利在新产业战略领域的密切合作即体现了这一点。可以预计，随着新产业革命在全球范围内的加速推进以及后危机时代国际经济竞争形势的变化，欧盟及其主要成员国还会对其产业战略不断做出调整和更新，这些战略的落实前景及对欧盟产业和经济竞争力的影响，需要持续跟踪研究。

第二节 对中国制定与实施产业政策的启示

近年来，随着自身产业结构的不断升级与综合国力的迅速提高，加之国际经济竞争形势日趋激烈复杂，中国产业政策的理念和实施方式也在逐步发生变化。特别是近几年产业政策成为国内经济学界讨论的热点话题之一，讨论的具体问题包括中国是否需要产业政策，应该实行什么样的产业政策，产业政策的重点方向是什么，应采取何种方式，等等。要更好地回答这些问题，除了充分考虑自身国情、总结自身经验外，中国还需要从世界各国——尤其是发达国家的产业政策实践和相关的研究成果中获得启示。欧盟及其主要成员国的经济发展阶段领先于中国，近年来其新产业战略的方向、内容以及背后所体现的经济理念变迁对于中国制定和实施产业政策具有重要的借鉴和参考意义，值得重视。以下尝试从几个方面简要探讨近年来欧盟及其主要成员国的新产业战略对中国制定与实施产业政策的启示。

一 中国是否需要产业政策

2016 年下半年，国内经济学界掀起了一场有关产业政策的大讨论。这场讨论由著名经济学家林毅夫和张维迎发起，迅速引起了国内学界、产业界和政界的广泛关注，并吸引了诸多经济学家加入。至今这场大讨论尚未完全落幕，但是也并未就有关产业政策的一些基本问题达成共识。究其原因，这场讨论最初即围绕"中国到底需不需要产业政策"而展开，以林毅夫为代表的一方坚持认为中国非常需要产业政策，以张维迎为代表的另一方则坚决反对产业政策存在的合理性，从而使得整个讨论变成了一场信念之争，很难深入下去。即便如此，这场大讨论的学术价值和现实意义仍不容低估，它体现了国内经济学者从产业政策角度对新形势下中国的政府与市场关系的严肃思考。那么，对于"中国到底需不需要产业政策"这一问题，我们可由近年来欧盟及其主要成员国的新产业战略及其背后的理念变迁获得什么启示呢？

本书得出的主要结论之一是，近年来，在国际金融危机爆发和新产业革命兴起的大背景下，欧盟层面和西欧国家的政府经济角色都出现了相对于新自由主义政策取向的不同程度的回调，向更加积极主动转型，其中最突出的表现就是产业政策的回归，政府开始要求自身具备战略眼光，纷纷制定新的产业发展战略。上述实践体现了近年来欧盟及其主要成员国对政府经济角色认识的反思和转变，其中包括对"市场失灵"和"政府失败"的新理解、对不同层次的政府经济职能的新阐释、对政府在一国的创新风险分担体系中扮演的角色的新认知，以及对政府在该国创新体系中发挥的作用的再认识，等等。这些反思与新认识都值得中国借鉴与思考。

鉴于后危机和新产业革命时代国际经济竞争将更趋激烈，以及欧美国家"政府回归"的事实，中国完全否定产业政策的合理性显然不可取。比较而言，笔者更倾向于同意林毅夫的研究结论，即"尚未见不使用产业政策而成功追赶发达国家的发展中国家，也尚未见不使用产业政策而能继续保持领先的发达国家。因此，不能因为大多数产业政策是失败的，就反对所有的产业政策。如果这样做，就是把婴儿跟洗澡水一起倒掉"。[①] 吴敬琏先生在 2017

---

① 林毅夫："产业政策与国家发展——新结构经济学的视角"，载林毅夫、张军、王勇、寇宗来主编《产业政策：总结、反思与展望》，北京：北京大学出版社，2018，第 5 页。

年的一次演讲中谈及国内有关产业政策的大讨论时评论道，在中国，产业政策面临的问题不是存废，而是转型。① 的确，如何基于发达国家产业政策的历史经验和现实选择，制定出符合中国国情和发展需要的产业政策与战略，才是中国的当务之急，也是经济学者应积极思考和研究的问题。

二 中国需要什么样的产业政策

就中国自身而言，产业政策的制定与实施需要考虑两方面的重要因素：一是外部经济环境，包括国际经济竞争形势和国际经济规则的制约等；二是自身的经济体制、发展阶段和产业结构特点。前者是世界各国制定产业政策的共同约束条件，决定了中国与欧盟在产业政策领域的相似之处，后者则要求中国的产业政策必须合乎自身国情，具有"中国特色"。从外部经济环境看，国际金融危机爆发和新产业革命兴起及其促成的国际经济竞争环境的变化是近年来中国与欧盟在产业政策决策时面临的共同的外在条件；从内部条件看，中国与欧盟在经济发展阶段、经济体制、产业结构特点上又存在较大差异。只有充分考虑了上述内外部经济条件，才能有所取舍、有所侧重地挖掘欧盟及其主要成员国的新产业战略对于中国的启示意义。至于中国究竟需要什么样的产业政策，涉及的领域和细节繁多，已超出了本书的研究范畴，此处仅围绕三个核心问题做简要探讨。

第一，对于中国制定与实施产业政策时如何把握政府与市场的关系，近年来欧盟及其主要成员国的理念与实践值得重视与思考。根据前文的总结，近年来，西欧主要国家的政府经济角色都在向更加积极主动转型，除了应对"市场失灵"外，政府还纷纷制定新产业战略，并且不同程度地充当着落实产业战略的引导者和协调者、研发创新项目的资金提供者、支持创新项目的示范性投资者和私人部门的投资合作者、技术标准与规则制定的积极推动者与推广者等角色。然而，西欧国家政府经济角色的回归与强化并非要否定市场的地位，而是为了更好地发挥市场机制的积极效应，规避其负面效应。总体上看，自 1970 年代末以来，政府与市场的关系始终是中国经济改革的核

---

① 吴敬琏："产业政策面临的问题：不是存废，而是转型"，在新浪·长安讲坛（总第 321 期）上的演讲，2017 年 9 月 28 日。该演讲全文可参见凤凰网：http://finance.ifeng.com/a/20170929/15702319_0.shtml。

心问题，也决定着各项经济政策的方向。党的十八届三中全会提出"使市场在资源配置中起决定性作用和更好发挥政府作用"，党的十九大决议继续强调了这一定位。这意味着在未来相当长一段时期内，政府和市场在资源配置中各自所处的地位和相互关系将以这一定位为目标，而中国产业政策的制定与实施也将循此目标进行调整。在处理政府与市场关系方面，中国的市场经济成熟度与欧盟主要国家相比仍然较低，如果说未来欧盟主要国家将致力于在保证良好市场竞争秩序的基础上追求"更多且更优的政府"的话，那么中国的核心任务则是在继续推进"市场化"的进程中追求"更优的政府"。从这个意义上说，近年来西欧国家政府经济角色的转变带给我们的启示似乎可归结为，在产业政策与产业战略领域，中国应继续调整政府角色，坚持"有所为、有所不为"，在政府"缺位"的领域及时加以弥补，在政府"越位"的领域及时撤出，做到更好地发挥市场机制的积极效应，同时尽量规避其负面效应。具体而言，欧盟及其主要成员国将竞争政策视为政府的首要和基础性的经济职能，值得我们在弥补政府"缺位"时思考和借鉴。要保证市场在资源配置中起决定性作用，最首要的就是要建立和维护公平有序的竞争，而这就要求充分尊重竞争政策的地位。从1993年出台《反不正当竞争法》到2008年正式颁布《反垄断法》，再到2018年成立国家市场监督管理总局，经过20多年的发展，中国的竞争政策正在不断走向系统化。未来，继续完善和切实贯彻竞争政策，做到以"竞争中性"原则对待不同类型的企业，将是中国政府的重要努力方向，或者说是制定和实施产业政策的重要前提。另外，为经济行为体提供必要的信息，减少相关的外部性，也是政府可着力加强职能的方向之一。在政府"越位"方面，近年来中国政府在减少不必要的行政命令和经济干预方面已做了大量工作，未来仍有较大努力空间。

　　第二，欧盟及其主要成员国的新产业战略将促进研发创新及其应用作为首要任务，其相关认识和做法的转变值得我们思考与借鉴。从政策导向上看，近年来欧盟及其主要成员国的新产业战略在相当大程度上可等同于产业创新政策，其中绝大多数政策措施是围绕推动和适应创新而制定的。这既是新产业革命的要求，也是欧盟国家反思国际金融危机进而探寻新的可持续增长之道的现实选择。鉴于新产业革命尚处于开端阶段，同时欧盟整体及其主要成员国（德国除外）的研发投入占GDP的比重与3%的目标相比尚有不小的差距，不难预料，未来欧盟委员会及其主要成员国政府将进一步加大促进研发创新的投入。近年来，随着我国经济进入从高速增长转为中高速增长、从要素驱动转向创新驱动和产业结构升级为基本特征的"新常态"，努力培育起以技术创新为基础的新的竞争优势，催生新产业、新业态、新商业模式，实现新旧动能转换成为重中之重。党的十八大明确提出创新驱动发展战略，而后于 2015 年正式发布《中共中央国务院关于深化经济体制机制改革　加快实施创新驱动发展战略的若干意见》，此后提出的五大发展理念将"创新"置于首位，党的十九大又进一步提出加快建设创新型国家。同期，中国的研发投入占 GDP 的比重增长迅速，由 2012 年的 1.98% 升至 2017 年的 2.13%，已达到欧盟国家平均水平。应该说，在政策导向上，中国的确正在全面布局创新发展战略，重视程度不逊于欧盟。然而，考虑到发展阶段的差异，在促进研发创新的方向和政策措施方面，欧盟的经验值得我们借鉴。党的十九大报告从四个方面提出了实施创新驱动发展战略、加快建设创新型国家的具体举措，其中第一个方面就是瞄准世界科技前沿，具有前瞻性、引领性的基础研究科技创新，而欧盟"再工业化"战略、德国工业 4.0 战略以及英国、法国、意大利的新产业战略确定的工业智能化、网络化、绿色化发展的方向以及相关的重点领域均可为此提供参考。就政策措施而言，近年来以解决综合性问题为目标的"使命导向型创新政策与产业战略"在欧盟颇受重视，其运行方式和效果值得深入考察。此外，就支持研发创新活动的手段而言，是采取直接补贴还是税收抵免的方式，也需要我们基于欧盟经验和国内不同地区、不同部门的情况做进一步的研究。

第三，近年来欧盟层面及其主要成员国对工业地位的高度认可或再度重视，提醒我们反思自身的产业结构演变趋势和产业政策方向，尤其是应警惕"过早去工业化"。自"二战"结束以来，欧盟层面及其多数成员国对于工业和制造业地位的主流认识经历了由重视到轻视，到再度认可，直至提升到战略层面的转变过程。近年来，欧盟层面出台了"再工业化"战略，德国、法国、英国和意大利提出的新产业战略也都或多或少地带有扭转"去工业化"或推动"再工业化"的意图。欧盟主要成员国都是西方工业发达国家，对"工业化"和"去工业化"进程的感受都更为真切，其对产业结构和工业地位的反思值得我们重视并引以为戒。尤其是，应警惕近几年国内出现的"去工业化"思潮，避免重蹈西欧国家"先主张去工业化，而后又艰难地推动再工业化"的覆辙。根据黄群慧等人的分析，在中国进入中等收入阶段后，制造业实际占比和生产效率增速同时出现下降趋势，在理论上、经验上和现实层面都可能出现了"过早去工业化"的现象，与此同时，由于传统工业化模式正面临着现实和理论的多重挑战，中国国内"去工业化"思潮影响空前，"退二进三"有向全国蔓延之势。他们对此提出质疑：中国跨越中等收入阶段仍然需要保持中高速的经济增长，但是服务业难以支撑像中国这样一个发展中大国保持稳定增长；虽然中国部分经济发达地区的服务业增加值占 GDP 的比重已接近甚至超过了发达国家的一般水平，但是经济增长的动力和稳定性都明显下滑，正在重新认识并强化制造业的功能；一些地方片面地将发达国家服务业占比高的结果当作经济增长的目标和手段，在发展服务业时存在"拔苗助长"的现象。基于此，他们认为，"去工业化易、再工业化难"，如果不及时认识到上述思潮的危害，中国因新旧动能转换失灵而陷入中等收入陷阱的风险将加大。[①] 基于对近年来欧盟及其主要成员国新产业战略的研究，笔者大体上同意上述观点。欧盟的经验告诉我们，工业对于一国（地区）的经济增长、就业、创新和竞争力具有决定性意义，对于正处于中上等收入阶段的中国至关重要。此外，欧盟新产业战略的落实进展表明，受到路径依赖的影响，实现"再工业化"的难度要远高于"工业化"。中国工业化的战略选择不应是"去工业化"，而是应该抓住新产业革命和全球产业链重构的重大机遇，参考欧盟主要成员国的新产业战略，推动工业智能化、网络化和绿色化发展，不断提升工业和制造业竞争力，以此促进经济发展方式的全面转型升级。

受到欧美国家纷纷出台新产业战略的推动，中国政府于 2015 年 5 月发布了"中国制造 2025"战略规划。对比上述三条启示，可以发现：首先，该战略强调了制造业在国民经济发展中的核心地位，同时明确了中国制造业"由大而强"的发展路径，这与欧盟及其主要成员国重视工业的态度类似；其次，从促进创新的政策措施看，我们应该继续深入研究欧盟及其成员国的具体做法，提炼出适合中国国情的经验；最后，关于在执行该战略过程中如何处理政府与市场的关系，这涉及中国经济体制改革的核心问题，需要通盘考虑、全面布局，也是未来应着力的最重要方向。

---

① 黄群慧、黄阳华、贺俊等："面向中上等收入阶段的中国工业化战略研究"，《中国社会科学》2017 年第 12 期。

第三节　对中欧经贸关系的影响

2008 年国际金融危机爆发以来，全球经济形势跌宕起伏，世界经济格局经历着复杂而深刻的变化，至今仍在调整重构过程中。尤其是，自 2017 年 1 月特朗普上任美国总统以来，美国的对外经济政策导向发生重大转变，导致全球经济保护主义抬头，国际经济竞争趋于激烈而无序，传统国际经济合作模式遭遇严峻挑战。更为严重的是，自 2018 年以来，美国启动对中国、欧盟、加拿大和墨西哥等经济体的进口产品加征关税，而其中针对中国的贸易保护措施最为极端，中美贸易摩擦至今未出现明显转机。总体而言，中国要在当前不利的国际经济形势下"突围"并保持自身地位，根本的应对之道在于"修炼内功"，以创新驱动产业结构升级和经济发展方式转型，与此同时，也要防止闭门造车和陷入被动，加强与美国之外的发达国家（地区）的经济合作必不可少。

总体而言，近年来欧盟层面及其主要成员国纷纷出台新产业战略，一方面造成中欧双方经济的竞争性加强，另一方面，也为中欧双方加强和深化产业合作创造了新机遇。

一　中欧双方经济竞争性加强

近年来，世界经济格局处于持续演变中，其中一个表现就是欧盟的整体经济实力相对下滑，而中国的国际经济地位快速提升。虽然中国作为发展中国家和欧盟主要成员国作为发达工业化国家的地位均未改变，但是不容置疑，中欧双方经济实力此消彼长的结果是相互间竞争性加强。这将是未来相当长一段时期内中欧经济交往的"底色"。具体到产业领域，从欧洲方面看，近年来欧盟层面及其主要成员国纷纷出台新产业战略：一方面是要探寻后危机时代的经济增长之道，另一方面则要抢占新产业革命的先机，在新一轮全球产业结构大调整中处于有利地位。从中国方面看，虽然在发展阶段上相对落后，但是已经确立了以创新驱动产业结构升级、追求高质量经济增长的目标，同时也对如何把握新产业革命做出了布局，其中最重要的举措就是出台"中国制造 2025"战略规划。

将欧盟"再工业化"战略、德国工业 4.0 战略以及法国、英国和意大利的新产业战略与"中国制造2025"战略规划进行对比，可以发现，中欧双方的确在很多方面存在竞争性。首先，双方都将工业和制造业置于经济发展的核心地位，基于这些战略，未来中欧在工业和制造业领域的竞争必然愈加激烈。其次，双方都将工业互联网、人工智能、3D打印、可再生能源等确定为重点发展领域，未来中欧在这些领域的竞争也势必加强。最后，目前中国的研发投入占GDP的比重已达到欧盟国家平均水平，且增长势头迅猛，而除德国外的欧盟主要大国的这一指标却徘徊不前，未来中欧双方在尖端技术领域的竞争也将有所强化。上述各方面原因共同造成未来中欧在产业领域的竞争性会持续加强。

当然，中国与欧盟在发展阶段方面的差距不容忽视。正如工信部部长苗圩强调的，实施"中国制造2025"，必须处理好2.0普及、3.0补课和4.0赶超的关系。笔者认为，2.0普及与3.0补课正是4.0赶超的必要基础，也是未来十年中国制造业发展的核心任务。鉴于当前中国制造业整体在技术水平、设计能力、产品质量、节能环保、品牌建设等诸多高附加值环节与发达国家仍存在不小的差距，以及中国经济必然走向更加开放，中国制造业必然更加全面深度地融入全球价值链等趋势，广泛开展国际合作，特别是与制造业水平领先的发达国家的合作必不可少，其中与欧盟国家的合作尤为重要。

二　中欧产业合作前景展望

双方经济实力此消彼长、竞争性加强是近年来中欧经贸关系领域发生的最显著的变化，但是还需看到，在相当长的时期内，中欧双方在经济领域仍存在两个重要的"不变"因素。其一，中国作为欧盟最具成长性的外部市场的地位短期内不会改变。未来中国将继续推进工业化进程，其间企业对中高端机械设备的需求和民众对高质量消费品的需求都将继续快速增长，而欧盟既是中国的第一大贸易伙伴，又是发达工业化国家云集的区域经济集团，恰可以通过满足中国快速增长的需求而受益。其二，欧盟作为中国累计第一大技术来源地的地位短期内不会改变。国际金融危机爆发后，出于周转资金和开拓国际市场的需要，欧盟的技术转让门槛整体上有所降低，中欧技术合作也呈现更加活跃的趋势。根据中国外交部的数据，欧盟长期是我国累计最大技术引进来源地，截至2016年底，中国自欧盟引起技术累计52467项，合同金额为 1972.4 亿美元。[1] 虽然当前欧盟已将中国确定为"经济竞争对手",但是考虑到中欧双方在高新技术领域的整体实力对比,以及中欧双方合作共赢的大趋势并未发生逆转,预计未来欧盟对中国的技术转让力度仍会大于美国和日本。鉴于这两个"不变"因素,当前和未来中欧双方基于各自的新产业战略进行产业合作——尤其是制造业合作的空间仍然很广阔。以下对中欧制造业合作前景做一展望。

(一) 中欧制造业深化合作的方向与重点领域

"中国制造 2025"战略规划提出了 2025 年之前中国制造业发展的九大战略任务与十大待突破发展的重点领域。考虑到欧盟及其成员国制造业的既有优势及近年来提出的新产业战略,中欧制造业在诸多方面与领域具备广阔的合作空间。

基于双方制造业的发展水平与结构,当前和未来一段时期,中欧双方在两个方向上深化合作的空间较大。第一,在提高创新设计能力、加强标准化体系建设、强化工业基础能力、加强质量品牌建设、全面推行绿色制造等方面,中欧制造业合作的潜力巨大。在这些方面,欧盟国家整体上处于领先地位,积累了丰富的制度与实践经验,中国企业应特别重视通过合作快速提高自身的技术、管理与经营水平。第二,在推进科技成果产业化、制造业与服务业协同发展、传统产业技术改造和促进大中小企业协同发展等方面,中国与欧盟国家的情况虽不尽相同,但是都面临着较多现实约束,通过合作与相互借鉴,克服困难、互利互惠的空间较大。

从具体领域看,"中国制造 2025"提出的重点领域与欧盟国家的优势产业以及近年来提出的重点发展领域存在大量相同或相近之处,既存在竞争,也有合作潜力待挖掘。首先,在高档数控机床和机器人、航空装备、海洋工程装备及高技术船舶、节能环保、电力装备、新材料、生物医药及高性能医疗器械等领域,欧盟国家整体上具备较强的优势,且未来仍将作为发展重点,中国在技术与管理体制上则处于相对劣势,有迫切的转型升级需求。其次,在新一代信息技术产业、航天装备、先进轨道交通装备、新能源汽车等领域,要么是中国与欧盟旗鼓相当,都面临着较大的升级压力,要么是中国

---

[1] 参见中华人民共和国外交部网站: https://www.fmprc.gov.cn/web/gjhdq_676201/gj_676203/oz_678770/1206_679930/sbgx_679934/。

的技术水平已跃居世界前列。针对上述不同领域，中国可分门别类地看待并制定相应的合作规划。

（二）未来加强中欧制造业深化合作的途径

目前中欧经济合作已具备相当的广度和深度，然而，为助力"中国制造2025"目标的实现，中国还可为推动中欧制造业深化合作做出更多努力。

第一，借进一步扩大开放之机，吸引更多欧洲制造业企业到中国投资，促进国内制造业同业竞争，推动国内企业创新和产业结构提升。近两年，虽然经济保护主义在全球有所抬头，但是中国始终坚持对外开放的步伐。特别是，在中美贸易摩擦激烈的背景下，中国于2018年上半年宣布进一步全面扩大开放，其中就包括大幅放宽金融业和制造业企业的市场准入条件。以汽车业为例，中国提出将尽快放宽国内企业的外资持股比限制，并将大幅降低汽车进口关税，这些措施必将加剧国内汽车业的竞争，也将促进国内汽车企业创新、提高消费者福利。由于来自欧盟国家的投资在中国制造业吸引外资中占比高，因此中国进一步开放市场必然会在相当大程度上影响中欧产业合作的内容与形式。从欧盟方面看，其主要国家正在工业3.0基础上向工业4.0迈进，同时受到经济前景尚不明朗的制约，对于工业2.0与工业3.0层次技术的转让力度有望加大，这恰是中国制造业积极引进所需的技术与设备，快速消化吸收，助力转型升级，最终提升自主创新能力的重大机遇。

第二，重视与欧盟不同规模企业的合作，尤其注重深挖与其中小企业的合作潜力。在高端装备、电力装备与智能电网、航空航天等在较大程度上倚重规模经济的领域，过去若干年中欧双方的大型企业合作已取得较大进展，未来仍需进一步加强。在其他诸多领域，无论是节能环保、新材料、生物医药及医疗设备、汽车等欧盟国家具备领先优势的部门，轻工、纺织、食品等欧盟国家正在升级改造的所谓"传统产业"，还是近几年兴起的3D打印等领域，中小企业都是欧盟竞争力的主要支撑力量。过去若干年，在危机的重压下，欧盟中小企业的对外合作意愿明显增强，其所依托的产业集群（或产业区）的对外开放度也有所提高，这都为中国企业提供了合作机遇。

第三，继续引导与鼓励中国制造业企业通过对欧投资实现转型升级。自2013年下半年起，中国企业对欧投资进入迅猛增长的新阶段，对英、德、法、意等欧洲主要国家的投资增长尤为迅速，这也为"中国制造2025"借重国际合作提供了更多选择。具体而言，在中东欧国家的投资方面，中国企业可依托相对较高的技术水平与价格优势开辟更广阔的市场；在对西欧制造业领先国家的投资方面，则可更多的依托资本优势收购对方的技术，学习对方的管理与经营经验，系统研究与适应对方的法律与规则制度。此外，欧洲国家的高端市场需求（包括对产品质量、节能环保、品位档次、个性化等的追求）也是鞭策中国企业提升产品附加值、带动国内制造业转型升级的"良性"外部压力。值得注意的是，自 2017 年以来，中国对欧投资引起了部分欧盟国家的关注与担忧，此后欧盟开始启动针对外国投资安全审查的立法，并于 2019 年 3 月通过《欧盟外国直接投资安全审查条例》,[1] 预计今后中国对欧投资将面临越来越多的约束。然而，考虑到未来一段时期欧盟部分国家对外资的需求仍具有"刚性"，而过去若干年中国企业也积累了不少对欧投资的经验，预计未来中国对欧投资仍有一定的增长空间。

---

[1] European Union, *REGULATION OF THE EUROPEAN PARLIAMENT AND OF THE COUNCIL establishing a framework for the screening of foreign direct investments into the Union*, Brussels, 20 February 2019.

附　录

德国工业 4.0 研发项目概况一览表

项目类别	项目名称缩写	项目周期	经费（万欧元）		
			总额	其中联邦教育与科研部（BMBF）承担	
				金额	比重（％）
1. 生产					
1.1　生产环节					
1.1.1	ADAPTION	2016. 1. 1－2018. 12. 31	417.5	243.6	
1.1.2	CPPSprocessAssist	2016. 1. 1－2018. 12. 31	354	204.5	
1.1.3	CyProAssist	2016. 1. 1－2018. 12. 31	561.6	312.4	
1.1.4	Intro 40	2016. 1. 1－2018. 12. 31	555.3	296.3	
1.1.5	IQ40	2016. 1. 1－2018. 12. 31	554.4	316.4	
1.1.6	JUMP40	2015. 11. 1.－2018. 10. 31	449.5	260.2	
1.1.7	KoSyF	2016. 1. 1－2018. 6. 30	264.7	152.5	
1.1.8	MyCPS	2016. 1. 1－2018. 12. 31	664.2	347.7	
1.1.9	NeWiP	2016. 1. 1－2018. 12. 31	326.2	177.8	
1.1.10	RetroNet	2015. 12. 1.－2018. 11. 30	493.3	286.7	
1.1.11	ScaleIT	2016. 1. 1－2018. 12. 31	496.7	274.3	
1.1.12	STEPS	2015. 11. 1－2018. 10. 31	326.6	181.6	
1.2　生产设备					
1.2.1	ePiTec	2016. 1. 1－2018. 12. 31	290.6	152.9	
1.2.2	HP3D	2015. 11. 1－2018. 10. 31	271.5	160.2	
1.2.3	iComposite 4.0	2016. 1. 1－2018. 12. 31	509.6	280.2	
1.2.4	MoPaHyb	2015. 10. 1－2018. 9. 30	513.7	269.5	
1.2.5	ToolRep	2015. 11. 1－2018. 10. 31	221.5	131.0	

续表

项目类别	项目名称缩写	项目周期	经费（万欧元）		
			总额	其中联邦教育与科研部（BMBF）承担	
				金额	比重（%）
2. 信息技术系统					
2.1	HPSV	2016.2.1 – 2019.1.31	196.1	159.2	
2.2	InDaSpace	2015.10.1 – 2018.9.30	487.7	487.7	
2.3	MANTIS	2015.9.1 – 2018.4.30	429.6	99.8 + 欧盟 135.6	
2.4	SPEDiT	2016.1.1 – 2018.12.31	654.7	437.3	
3. 通信系统与信息技术安全					
3.1 通信系统					
3.1.1	HiFlecs	2015.2.1 – 2018.1.31	652		72%
3.1.2	ParSec	2015.5.1 – 2018.4.30	960		57%
3.1.3	PROWILAN	2015.2.1 – 2018.1.31	720		63%
3.1.4	TreuFunk	2015.1.1 – 2017.12.31	530		54%
3.2 信息技术安全					
3.2.1	IUNO	2015.7.1 – 2018.6.30	3300		63%
4. 电子系统					
4.1	DnSPro	2015.11.1 – 2018.10.31	453		61%
4.2	Kontisens	2015.11.1 – 2018.10.31	235		65%
4.3	MoSeS – Pro	2015.10.1 – 2018.9.30	310		73%
4.4	PCB 4.0	2016.2.1 – 2019.1.31	480		63%
4.5	Scrutinize3D	2015.10.1 – 2018.3.31	172		63%
4.6	ACME 4.0	2016.2.1 – 2019.1.31	345		67%
4.7	AMELI 4.0	2015.12.1 – 2018.11.30	695		55%
4.8	DiSSproSiP	2016.2.1 – 2019.1.31	364		65%
4.9	LiONS	2015.10.1 – 2018.9.30	330		57%
4.10	ParsiFAl40	2015.11.1 – 2018.10.30	770		57%
4.11	ROLLE	2015.11.1 – 2018.10.30	420		60%
4.12	RoMulus	2015.10.1 – 2018.9.30	665		68%
4.13	Track-4-Quality	2015.12.1 – 2018.5.31	170		71%

项目类别	项目名称缩写	项目周期	经费（万欧元）		
			总额	其中联邦教育与科研部（BMBF）承担	
				金额	比重（%）
4. 电子系统					
4. 14	AQUILA	2015. 1. 1 – 2017. 12. 31	375		77%
4. 15	Freiform	2015. 5. 1 – 2018. 4. 30	446		67%
4. 16	ISA	2015. 1. 1 – 2017. 12. 31	420		58%
4. 17	NaLoSysPro	2015. 2. 1 – 2018. 1. 31	540		79%
4. 18	NetGuard6P	2015. 1. 1 – 2017. 12. 31	380		68%
4. 19	Sense4Tool	2015. 3. 1 – 2018. 2. 28	168		69%
5. 中小企业创新					
5. 1	ELBA4KMU	2014. 11. 1 – 2016. 12. 31	106. 7	64	
5. 2	JobNet 4. 0	2015. 6. 1 – 2017. 9. 30	76. 8	44. 7	
5. 3	MiMiK40	2014. 5. 1 – 2016. 6. 30	128. 9	77. 4	
5. 4	SEMAfusion	2014. 10. 1 – 2016. 9. 30	38. 3	23	
5. 5	FlexAEM	2015. 4. 1 – 2017. 9. 30	72. 2	50. 9	
5. 6	MontAss	2015. 9. 1 – 2017. 4. 30	81. 1	61. 4	
5. 7	PEBeMA	2015. 7. 1 – 2017. 6. 30	140	84	
5. 8	Production-Intelligence	2015. 3. 1 – 2017. 8. 31	176. 7	100. 8	
5. 9	WarehouseSpotter	2015. 5. 1 – 2017. 4. 30	129. 8	86. 3	
5. 10	KMU-innovativ-CMS-VI	2015. 8. 1 – 2018. 1. 31	175		64%
5. 11	KUM-innovativ-MSSpinCrash	2016. 2. 1 – 2019. 1. 31	260		63%
5. 12	KMU-innovativready4i	2016. 3. 1 – 2018. 2. 28	160		72%
6. "东威斯特法伦 - 里普"尖端集群 - 智能技术体系					
6. 1	ItsOWL-Arbeit40	2016. 1. 1 – 2017. 12. 31	100	100	
6. 2	itsOWL-efa	2014. 7. 1 – 2017. 6. 30	184. 6	55. 4	
6. 3	itsOWL-EUE	2014. 7. 1 – 2017. 6. 30	243. 3	75. 1	
6. 4	itsOWL-FlexiMiR	2015. 7. 1 – 2017. 6. 30	64	19. 6	
6. 5	itsOWL-Heatpipe	2014. 7. 1 – 2017. 6. 30	87. 4	31. 7	
6. 6	itsOWL-HERA	2014. 7. 1 – 2017. 6. 30	155. 1	48. 1	

项目 类别	项目名 称缩写	项目 周期	经费（万欧元）		
			总额	其中联邦教育与科 研部（BMBF）承担	
				金额	比重（%）
6. "东威斯特法伦－里普" 尖端集群－智能技术体系					
6. 7	itsOWL-HLE	2014. 10. 1 – 2017. 3. 31	89	27. 1	
6. 8	itsOWL-ImWR	2014. 7. 1 – 2017. 6. 30	225. 4	69	
6. 9	itsOWL-In	2014. 7. 1 – 2017. 6. 30	39	39	
6. 10	itsOWL-InnoArchIT	2014. 10. 1 – 2017. 6. 30	87. 2	26. 9	
6. 11	itsOWL-iWZM	2014. 7. 1 – 2017. 6. 30	204. 6	68. 5	
6. 12	itsOWLSelfXPro2	2015. 7. 1 – 2017. 6. 30	105. 3	32. 5	
6. 13	itsOWLSeparatori40	2014. 7. 1 – 2017. 6. 30	100. 1	31. 1	
6. 14	itsOWL-TT	2014. 7. 1 – 2017. 12. 31	1040	520	
6. 15	itsOWL-UG	2014. 7. 1 – 2017. 6. 30	40	40	

资料来源：根据 BMBF，*Industrie 4. 0-Innovationen für die Produktion von morgen*，August 2017 的相关内容整理。

参考文献

中文文献：

[1] G20 绿色金融工作小组："2017 年 G20 绿色金融综合报告"，2017 年 7 月。

[2] G20 绿色金融研究小组："2016 年 G20 绿色金融综合报告"，2016 年 9 月

[3] 〔英〕彼得·马什：《新工业革命》，赛迪研究院专家组译，北京：中信出版社，2013。

[4] 丁孝华主编《智能电网与电动汽车》，北京：中国电力出版社，2014。

[5] 黄群慧、黄阳华、贺俊、江飞涛：《面向中上等收入阶段的中国工业化战略研究》，《中国社会科学》2017 年第 12 期。

[6] 〔美〕杰里米·里夫金：《第三次工业革命：新经济模式如何改变世界》，张体伟、孙豫宁译，北京：中信出版社，2012。

[7] 〔德〕克劳斯·施瓦布：《第四次工业革命：转型的力量》，李菁译，北京：中信出版社，2016。

[8] 〔英〕克利斯·弗里曼、罗克·苏特：《工业创新经济学》，华宏勋、华宏慈等译，柳卸林审校，北京：北京大学出版社，2004。

[9] 寇蔻、史世伟：《德国创新体系对区域创新绩效的影响》，《欧洲研究》2017 年第 4 期。

[10] 厉以宁：《工业化和制度调整——西欧经济史研究》，北京：商务印书馆，2010，第 615 页

[11] 林毅夫、张军、王勇、寇宗来主编《产业政策：总结、反思与展望》，

北京：北京大学出版社，2018。

[12] 刘振亚主编《智能电网知识读本》，北京：中国电力出版社，2010。

[13] 罗红波主编《欧洲经济社会模式与改革》，北京：社会科学文献出版社，2010。

[14] 史世伟：《德国制造为何胜出日本制造》，《解放日报》2014 年 10 月 20 日第 W06 版。

[15] 史世伟：《工匠精神为何在德国根深叶茂》，《上海证券报》2016 年 5 月 4 日第 012 版。

[16] 史世伟：《实施工业 4.0 对于德国经济的意义及其对中国制造业转型的启示》，《当代世界》2016 年第 1 期。

[17] 史世伟、向渝：《高科技战略下的德国中小企业创新促进政策研究》，《德国研究》2015 年第 4 期。

[18] 孙彦红：《欧盟产业政策研究》，北京：社会科学文献出版社，2012。

[19] 孙彦红：《欧盟再工业化战略解析》，《欧洲研究》2013 年第 5 期。

[20] 孙彦红：《意大利学者谈欧盟东扩后的经济与政策》，《中国社会科学院院报》，2008 年 3 月 25 日。

[21] 〔法〕托马斯·皮凯蒂：《21 世纪资本论》，巴曙松等译，北京：中信出版社，2014。

[22] 吴敬琏：《产业政策面临的问题：不是存废，而是转型》，在新浪·长安讲坛（总第 321 期）上的演讲，2017 年 9 月 28 日。

[23] 许端阳、徐峰：《典型国际（地区）使能技术发展战略的共性特征分析及对我国的启示》，《科技管理研究》2011 年第 14 期。

[24] 〔美〕约瑟夫·熊彼特：《经济发展理论》，何畏、易家详等译，北京：商务印书馆，1990。

[25] 〔挪〕詹·法格博格、〔美〕戴维·莫利、〔美〕理查德·纳尔逊主编《牛津创新手册》，柳卸林、郑刚等译，北京：知识产权出版社，2004。

外文文献：

[26] Aiginger, K. & Sieber, S. (2006), "The Matrix Approach to Industrial Policy", *International Review of Applied Economics*, Vol. 20, No. 5.

[27] BCG (2015), *Industry 4. 0: The Future of Productivity and Growth in Manufacturing Industries.*

[28] Bianchi, P. and Labory S. (2006), "Empirical Evidence on Industrial Policy Using State Aid Data", *International Review of Applied Economics*, Vol. 20, No. 5.

[29] Bianchi, P. and Labory S. (eds.) (2006), *International Handbook on Industrial Policy*, Cheltenham, UK·Northampton, MA, USA: Edward Elgar.

[30] BIS (Department for Business, Innovation and Skills), "UK life Sciences Strategy", December 2011.

[31] BIS, "Growth is Our Business: Professional and Business Services Strategy", July 2013.

[32] BIS, "Industrial Strategy: UK Sector Analysis", BIS Economic Paper No. 18, September 2012.

[33] BIS, "Information Economy Strategy", 31 October 2013.

[34] BIS, "International Education: Global Growth and Prosperity", July 2013.

[35] BIS, "Nuclear Industry Strategy: the UK's Nuclear Future", March 2013.

[36] BIS, "Offshore Wind Industry Strategy: Business and Government Action", August 2013.

[37] BIS, "Reach for the Skies: a Strategic Vision for UK Aerospace", July 2012.

[38] BIS, "UK Agricultural Technologies Strategies", December 2013.

[39] BIS, "UK Oil and Gas Industrial Strategy: Business and Government Action Plan", March 2013.

[40] Blanchard, O., Romer, D., Spence, M. and Stiglitz, J. (eds.) (2012), *In the Wake of the Crisis: Leading Economists Reassess Economic Policy*, Cambridge: The MIT Press.

[41] BMBF (Bundesministerium für Bildung und Forschung), *The High-Tech Strategy for Germany*, 2006.

[42] BMBF, *Ideas. Innovation. Prosperity: High-Tech Strategy 2020 for Germany*, 2010.

[43] BMBF, *Industrie 4.0-Innovationen für die Produktion von morgen*, August 2017.

[44] BMBF, "Securing the Future of German Manufacturing Industry-Recom-

mendations for Implementing the Strategic Initiative INDUSTRIE 4. 0", final report of the Industrie 4. 0 Working Group, April 2013.

[45] BMBF, *The New High-Tech Strategy: Innovations for Germany*, 2014.

[46] BMWi, *Nationale Industriestrategie 2030, Strategische Leitlinien fuer eine Deutsche und Europaeische Industriepolitik*, Frankfurt: Druck-und Verlagshaus Zarbock GmbH & Co. KG, February 2019.

[47] Buehler, R., Jungjohann, A., Keeley, M. and Mehling, M. (2011), "How Germany Became Europe's Green Leader: A Look at Four Decades of Sustainable Policy-making", Solutions, Vol. 2, Issue 5.

[48] Cable, V. (2012), *Speech: Industrial Strategy: Cable Outlines Vision for Future of British Industry*, 11 September 2012.

[49] Cable, V. (2012), *Speech: Industrial Strategy: Next Steps-IPPR*, London, 27 February 2012.

[50] Cable, V. (2013), *Speech at Industrial Strategy Conference 2013*, 2013.

[51] Cable, V. (2013), Speech: *Vince Cable Describes Progress Made on Implementing the UK's Industrial Strategy and Sets out the Challenges ahead*, 11 September 2013.

[52] City of London Corporation, "Globalising Green Finance: The UK as an International Hub", Green Finance Initiative Research Report, November 2016.

[53] Cohen, E. (2007), "Industrial Policy in France: The Old and the New", *Journal of Industry, Competition and Trade*, Vol. 7, 213 – 227.

[54] Curiat, A. (2012), "Il Comparto non Sente la Crisi: crescita record degli occupati", Rapporto Energia, *Il Sole 24 Ore*, 21 febbraio 2012.

[55] Danish Technological Institute with IDEA Consult, "Cross-sectoral Analysis of the Impact of International Industrial Policy on Key Enabling Technologies", within the Framework Contract Sectoral Competitiveness ENTR/ 06/054 with European Commission, published by European Commission, Copenhagen, March 2011.

[56] Darmer, M. and Kuyper, L. (eds.) (2000), *Industry and the European Union: Analysing Policies for Business*, Cheltenham, UK · Northampton, MA, USA: Edward Elgar.

［57］ Electricity Networks Strategic Group （ ENSG ）, "A Smart Grid Ro-utemap", Feb. 2010.

［58］ EU High-level Expert Group on Sustainable Finance, "Financing a Sustain-able European Economy", final report 2018, January 2018.

［59］ EU High-level Expert Group on Sustainable Finance, "Financing a Sustain-able European Economy", Interim Report, July 2017.

［60］ European Commission, "Action Plan: Financing Sustainable Growth", COM （2018） 97 final, Brussels, March 2018.

［61］ European Commission, "Action Plan on Building a Capital Markets U-nion", COM （2015） 468 final, Brussels, Sept. 2015.

［62］ European Commission, "Action Programme to Strengthen the Competitive-ness of European Industry", COM （95） 87, 1995.

［63］ European Commission, "A European Strategy for Key Enabling Technolo-gies-A Bridge to Growth and Jobs", COM （2012） 341 final, Brussels.

［64］ European Commission, "A Framework Strategy for a Resilient Energy U-nion with a Forward-looking Climate Change Policy", COM （2015） 80 final, 2015.

［65］ European Commission, "An Action Plan to Improve Access to Finance for SMEs", COM （2011） 870 final, Brussels, Dec. 2011.

［66］ European Commission, "An Industrial Competitiveness Policy for the Euro-pean Union", COM （94） 319, Sep. 14, 1994.

［67］ European Commission, "An Integrated Industrial Policy for the Globalisati-on Era-Putting Competitiveness and Sustainability at Centre Stage", COM （2010） 614, Brussels, Oct. 2010.

［68］ European Commission, "A Stronger European Industry for Growth and E-conomic Recovery", COM （2012） 582 final, Brussels, Oct. 2012.

［69］ European Commission, "Benchmarking Smart Metering Deployment in the EU-27 with a Focus on Electricity", COM （2014） 356 final, June 2014.

［70］ European Commission, Commission Staff Working Document accompan-ying the document "A Stronger European Industry for Growth and Econom-ic Recovery", SWD （2012） 297 final, Brussels, Oct. 2012.

[71] European Commission, Commission Staff Working Document accompanying the document "Strategy for the Sustainable Competitiveness of the Construction Sector and its Enterprises", SWD (2012) 236 final, 2012.

[72] European Commission, "Country Report Italy 2016", Commission Staff Working Document, SWD (2016) 81 final, Brussels, February 26, 2016.

[73] European Commission, "Criteria for the Analysis of the Compatibility with the Internal Market of State Aid to Promote the Execution of Important Projects of Common European Interest", 2014/C 188/02, 2014.

[74] European Commission, "Current Situation of Key Enabling Technologies in Europe", Commission Staff Working Document SEC (2009) 1257, 2009.

[75] European Commission, "Definition, Expected Services, Functionalities and Benefits of Smart Grids", SEC (2011) 463 final, 2011.

[76] European Commission, "Digitising European Industry: Reaping the Full Benefits of a Digital Single Market", COM (2016) 180 final, Brussels, April 2016.

[77] European Commission, "EUROPE 2020: A Strategy for Smart, Sustainable and Inclusive Growth", COM (2010) 2020 final, Brussels, March 3, 2010.

[78] European Commission, European Competitiveness Report 2013-Towards Knowledge-driven Reindustrialisation, Commission Staff Working Document SWD (2013) 347 final, 2013.

[79] European Commission, Final Report of High-level Expert Group on Key Enabling Technologies, Brussels, June 2011.

[80] European Commission, "For a European Industrial Renaissance", COM (2014) 14 final, Brussels, Jan. 2014.

[81] European Commission, "Fostering Structural Changes: An Industrial Policy for an Enlarged Europe", COM (2004) 274, 2004.

[82] European Commission, "Horizon 2020-The Framework Programme for Research and Innovation", COM (2011) 808 final, 2011.

[83] European Commission, "Impact Assessment of Energy Efficiency Directive", SEC (2011) 779, June 2011.

[84] European Commission, "Implementing the Community Lisbon Programme: A Policy Framework to Strengthen EU Manufacturing-Towards a More Integrated Approach for Industrial Policy", COM (2005) 474, 2005.

[85] European Commission, "Industrial Policy in an Enlarged Europe", COM (2002) 714, 2002.

[86] European Commission, "Industrial Policy in an Open and Competitive Environment: Guidelines for a Community Approach", COM (90) 556, Oct. 16, 1990.

[87] European Commission, Innovation Union Scoreboard 2011, Brussels, 2012.

[88] European Commission, "Investing in a Smart, Innovative and Sustainable Industry: A Renewed EUIndustrial Policy Strategy", COM (2017) 479 final, September 2017.

[89] European Commission, "KETs: Time to Act", Final Report of High-level Expert Group on Key Enabling Technologies, June 2015.

[90] European Commission, "Mid-term Review of Industrial Policy: A Contribution to the EU's Growth and Jobs Strategy", COM (2007) 374, 2007.

[91] European Commission, "Preparing for Our Future: Developing a Common Strategy for Key Enabling Technologies in the EU", COM (2009) 512final, Brussels, September 30th, 2009.

[92] European Commission, "Small Business, Big World-A New Partnership to Help SMEs Seize Global Opportunities", COM (2011) 702, Brussels, 2011.

[93] European Commission, "Smart Grids: from Innovation to Deployment", COM (2011) 202 final, Brussels, April 2011.

[94] European Commission, "Some Key Issues in Europe's Competitiveness-Towards an Integrated Approach", COM (2003) 704, 2003.

[95] European Commission, "Structural Change and Adjustment in European Manufacturing", COM (99) 465, 1999.

[96] European Commission, "The European Community's Industrial Strategy", COM (81) 639, Nov. 3, 1981.

[97] European Commission, "Towards a Job Rich Recovery", COM (2012) 173final, Strasburg, April 2012.

［98］ European Commission, "Trade, Growth and World Affairs: Trade Policy as a Core Component of the EU's 2020 Strategy", COM（2010）612, Brussels, 2010.

［99］ European Investment Bank, *2016 Activity Report: Impact for Inclusion*, 2016.

［100］ European Technology Platform Smart Grids, "Smart Grids SRA 2035", March 2012.

［101］ European Union, *Community Framework for State Aid for Research and Development and Innovation*, OJ C 323, December 2006.

［102］ European Union, *Consolidated Version of the Treaty on European Union*, *Official Journal of the European Union*, Volume 53, 2010.

［103］ European Union, *REGULATION OF THE EUROPEAN PARLIAMENT AND OF THE COUNCIL establishing a framework for the screening of foreign direct investments into the Union*, Brussels, 20 February 2019.

［104］ Executive Office of the President, *A Framework for Revitalizing American Manufacturing*, December 2019.

［105］ Fagerberg, J., Laestadius, S. and Martin, B. （eds.）（2014）, *The Triple Challenge: Europe in a New Age*, Oxford University Press.

［106］ Foreman-Peck, J. and Federico, G. （eds.）（1999）, European Industrial Policy: The *Twentieth-Century Experience*, Oxford University Press.

［107］ Freeman, C. and Soete, L. （1997）, *The Economics of Industrial Innovation*, Third Edition, The MIT Press.

［108］ Geddes, A. and Schmidt, T. （2016）, "The Role of State Investment Banks in Technological Innovation Systems: The Case of Renewable Energy and Energy Efficiency in Australia, Germany and the UK", *EPG & CP Working Paper*.

［109］ Gordano, V., Gangale, F., et al. （2011）, "Smart Grid Projects in Europe: lessons learned and current developments", *JRC Reference Reports*, European Commission.

［110］ Haldane, A. G. （2017）, "Productivity Puzzles", Speech given by Andrew G. Haldane, Chief Economist, Bank of England at the London School of Economics, London.

［111］ Hall, D. W. and Pesenti, J. (2017), "Growing the Artificial Intelligence Industry in the UK", Independent Report.

［112］ HM Government (2017), "Building Our Industrial Strategy: Green Paper", January 2017.

［113］ House of Commons Library (2014), "Industrial Policy, 2010 to 2015", by Chris Rhodes, Economic Policy and Statistics Section, SN/EP/6857.

［114］ Jacobs, M. and Mazzucato, M. (eds.)(2016), *Rethinking Capitalism: Economics and Policy for Sustainable and Inclusive Growth*, Wiley-Blackwell.

［115］ KfW, KfW Sustainability Report 2015.

［116］ Le Gouvernement (2015), *Rallying the "New Face of Industry in France"*, Press Pack, 18 May 2015.

［117］ Lenihan, H. , Hart, M. & Roper, S. (2007), "Introduction-Industrial Policy Evaluation: Theoretical Foundations and Empirical Innovations: New Wine in New Bottles", *International Review of Applied Economics*, Vol. 21, No. 3, 313 – 319.

［118］ Marsh, P. (2012), *The New Industrial Revolution: Consumers, Globalization and the End of Mass Production*, Yale University Press.

［119］ Mazzucato, M. (2013), "Financing Innovation: Creative Destruction vs. Destructive Creation", *Industrial and Corporate Change*, Vol. 22, No. 4.

［120］ Mazzucato, M. (2015), *The Entrepreneurial State: Debunking Public vs. Private Sector Myths*, revised edition, PublicAffairs.

［121］ Mazzucato, M. (2018), "Mission-Oriented Research & Innovation in the European Union: A problem-solving approach to fuel innovation-led growth", DG for Research and Innovation, European Commission.

［122］ Mazzucato, M. and Penna, C. (2015), "Beyond Market Failures: The Market Creating and Shaping Roles of State Investment Banks", Levy Economics Institute of Bard College Working Paper (831) .

［123］ Mazzucato, M. and Penna, C. (2015), "The Rise of Mission-Oriented State Investment Banks: The Cases of Germany's KfW and Brazil's BNDES", *SPRU-Science and Technology Policy Research*, University of Sussex.

[124] Mazzucato, M. and Penna, C. (eds.) (2015), *Mission-oriented Finance for Innovation: New Ideas for Investment Growth*, Rowman & Littlefield.

[125] Ministero dello Sviluppo Economico, *Elimenti Chiave del Documento di Strategia Energetica Nazionale*, Marzo 2013.

[126] Ministero dello Sviluppo Economico, *Guida al Piano Nazionale Industria 4.0*, 2016.

[127] Ministero dello Sviluppo Economico, *Piano Nazionale Industria 4.0: investimenti, produttività e innovazione*, settembre 2016.

[128] Ministero dello sviluppo, *Il Piano d'Azione per l'Efficienza Energetica*, luglio 2011.

[129] Ministero dello Sviluppo, *Piano di Azione Nazionale per le Energie Rinnovabili dell'Italia*, 30 giugno 2010.

[130] Ministère du Redressement Productif (2015), "The New Face of Industry in France", 2015.

[131] X (2013), *Italy's National Energy Strategy: for a more competitive and sustainable energy*.

[132] National Audit Office, "Improving Access to Finance for Small and Medium Sized Enterprises", 29 October 2013.

[133] Nikolai Kondratieff (1925), "The Long Wave in Economic Life", English translation, *Review of Economic Statistics*, vol. 17.

[134] Office for National Statistics (ONS) (2017), *International Comparison of Labor Productivity*, 2017.

[135] Perez, C. (2002), *Technological Revolutions and Finance Capital: The Dynamics of Bubbles and Golden Ages*, Cheltenham, Edward Elgar.

[136] Prometeia (2003), *La Dinamica Settoriale della Domanda Mondiale e l'Andamento delle Esportazioni*, Rapporto di Previsione, Bologna.

[137] PwC (2017), "Sizing the Prize, PwC's Global Artificial Intelligence Study: Exploiting the AI Revolution", 2017.

[138] PwC, *Energiewende Mitteland*, 2015.

[139] Ricardo Energy and Environment for the Committee on Climate Change (2017), "UK Business Opportunities of Moving to a Low Carbon Econ-

omy", 2017.

[140] Rifkin, J. (2011), *The Third Industrial Revolution: How Lateral Power is Transforming Energy*, the Economy and the World, Palgrave Macmillan.

[141] Rodrik, D. (2004), "Industrial Policy for the Twenty-first Century", paper prepared for UNIDO.

[142] Rodrik, D. (2013), "The Past, Present and Future Economic Growth", *Global Citizen Foundation Working Paper.*

[143] Rodrik, D. (2013), "Unconditional Convergence in Manufacturing", *The Quarterly Journal of Economics*, Vol. 128, No. 1.

[144] Rodrik, D. (2014), "Green Industrial Policy", *Oxford Review of Economic Policy*, Vol. 30, No. 3.

[145] Rodrik, D. (2015), "Premature Deindustrialisation", *NBER Working Paper* Series 20395.

[146] Santo, S. (2012), "Strategia Energetica Nazionale, Ecco il Testo. Al via la Consultazione Pubblica", *Eco dalle Città*, 16 ottobre 2012.

[147] Scalia, T., Di Mezza, A., et al. (2017), "Study on the Dual-Use Potential of Key Enabling Technologies (KETs)", Final Technical Report, Study commissioned by European Commission, Directorate-General for Internal Market, Industry, Enterpreneurship and SMEs, Contract nr. EASME/COSME/2014/019.

[148] Schäfer, H. (2017), "Green Finance and the German Banking System", Research Report, No. 01/2017, University of Stuttgart.

[149] Schumpeter, J. A. (1934), *The Theory of Economic Development*, Harvard.

[150] Schumpeter, J. A. (1939), *Business Cycle: A Theoretical, Historical and Statistical Analysis of the Capitalist Process*, 2 vols, New York, McGraw-Hill.

[151] Schwab, K. (2016), *The Fourth Industrial Revolution*, by World Economic Forum.

[152] Shahan, Z. (2014), "Commercial Solar Grid Parity: Now Reality in Italy, Germany & Spain", *Clean Technica*, March 23.

[153] Staufen Digital Neonex GmbH und Staufen AG (2017), *Industrie 4. 0-Deutscher Industrie 4. 0 Index 2017.*

[154] Stiglitz, J. E. (2016), "The State, the Market and Development", *WIDER Working Paper.*

[155] Stiglitz, J. E. and Lin, J. Y (eds.)(2016), *The Industrial Policy Revolution I: The Role of Government beyond Ideology*, Hound mills, UK and New York: Palgrave Macmillan.

[156] Theil, S. (2008), "Germany: Best Governed Country in Environment", Newsweek (U. S. edition).

[157] The UK government (2003), "Our Energy Future-Creating a Low Carbon Economy", *Energy White Paper.*

[158] Tregenna, F. (2009), "Characterising Deindustrialisation: An Analysis of Changes in Manufacturing Employment and Output Internationally", *Cambridge Journal of Economics*, Vol. 33, No. 3, pp. 433 – 466.

[159] Tregenna, F. (2011), "Manufacturing Productivity, Deindustrialization and Reindustrialization", *WIDER Working Paper*, No. 57.

[160] UK Green Investment Bank, *Annual Report* 2013, 2013.

[161] UK Green Investment Bank, *Annual Report* 2016, 2016.

[162] UK Green Investment Bank, *Green Investment Handbook: A Guide to Assessing, Monitoring and Reporting Green Impact*, February 2017.

[163] UNEP Inquiry, *Definitions and Concepts, Background Note*, 2016.

[164] US Energy Information Administration, *Energy Monthly*, Nov. 2014.

[165] Valero, A. (2017), "The UK's New Industrial Strategy", Paper EA038, Election Analysis Series, Centre for Economic Performance, London School of Economics and Political Science.

[166] von Tunzelmann, G. N. (1978), *Steam Power and British Industrialisation to 1860*, Oxford, Oxford University Press.

[167] Weber, O. and Remer, S. (eds.)(2011), *Social Banks and the Future of Sustainable Finance*, Routledge.

[168] Willets, D. (2013), "Eight Great Technologies", speech at *Policy Exchange.*

后 记

　　近年来，国内学界对欧洲经济的关注大多聚焦于国际金融危机造成的冲击以及欧盟及其主要成员国立足于宏观经济层面出台的危机应对举措，对处于中观层面的产业政策的系统性研究并不多，而对于西欧国家政府经济角色呈现的新趋势的深入考察也不多见。

　　本书以新产业革命为背景，结合国际金融危机爆发以来欧盟所处的内外部经济环境的变化，较为全面系统地研究了近年来欧盟层面及其主要成员国出台的新产业战略，不仅给出了这些新产业战略的较为完整的图景，还由此探讨总结了西欧国家政府经济角色演变的新趋势和新特征。简言之，近年来，西欧国家政府经济角色都出现了相对于新自由主义政策取向的不同程度的回调，向更加积极主动转型，其中最突出的表现就是富有新内涵的产业政策的回归。值得注意的是，近年来西欧国家"政府回归"的新趋势意味着这些国家对自由市场经济的看法发生了转变，但是并非要否定市场的地位，确切而言，是要强化政府对私人部门创新的引导、协调、激励与示范作用，旨在更好地发挥市场机制的积极效应，尽量规避单纯依靠市场机制造成的负面效应。从这个意义上说，本书可为国内理解近年来欧洲经济正在发生的深刻而复杂的变化提供一个重要视角。

　　对于当前及未来一段时期中国产业政策的制定与执行，本书亦可提供一定的参考与借鉴。2016年下半年，著名经济学家林毅夫和张维迎发起了一场有关产业政策的大讨论。虽然这场讨论逐渐变成了一场信念之争，很难深入下去，但是其学术价值和现实意义不容低估，它体现了国内经济学者对新形势下中国政府与市场关系的严肃思考。对于"中国到底需不需要产业政策"这一问题，我们恰可以由近年来欧盟及其主要成员国的新产业战略及其背后的理念变迁获得启示。鉴于后危机和新产业革命时代国际经济竞争将更趋激烈，以及西欧国家"政府回归"的事实，中国完全否定产业政策的合理性显然不可取。如何基于欧美发达国家产业政策的历史经验与现实选择，制定出符合中国国情与发展需要的产业政策，才是当务之急，也是国内经济学者应积极思考和研究的问题。

我对欧盟产业经济与产业政策的关注与研究已 10 年有余。幸运的是，本研究获得了国家社科基金一般项目资助，于 2015 年立项，2019 年初顺利结项。其间，世界经济格局与经济学界的主流理念均发生了较大变化，而欧洲一体化也遭遇了一系列前所未有的新挑战。相应地，欧盟层面及其主要成员国的产业战略也处于不断调整的过程之中。这无疑增加了本研究的难度，尤其是使得理论探讨和效果评估变得更加困难。即便如此，本书仍尝试进行较为全面深入的研究，并提炼出若干具有现实意义与理论价值的新见解，期待能够为国内学界更好地把握欧洲经济前景和世界产业格局调整的大趋势尽绵薄之力。

我要特别感谢欧洲研究所前副所长、中国欧洲学会经济分会会长罗红波老师在本研究开展过程中给予的关怀与帮助，同时还要感谢欧洲研究所所领导的支持和所里诸位同仁的帮助。此外，非常感谢社会科学文献出版社经管分社王婧怡博士的大力支持，特别要感谢陈凤玲编辑的出色工作。

我要感谢我的丈夫黄学军先生，没有他一直以来的支持与鼓励，我几乎不可能如期完成这项艰苦的研究工作。最后，还要感谢我刚满九岁的儿子，抚育他的过程令我总能够不断发现与发掘自身的潜力，也总能够以积极乐观的心态期待未来。

本书必定还存在诸多不足甚至不当之处，恳请学界同仁批评指正。对于书中的错误，作者理应承担一切责任。

孙彦红

2019 年 3 月于北京

图书在版编目（CIP）数据

新产业革命与欧盟新产业战略／孙彦红著. -- 北京：
社会科学文献出版社，2019.5
ISBN 978 - 7 - 5201 - 4641 - 8

Ⅰ.①新…　Ⅱ.①孙…　Ⅲ.①欧洲联盟 - 产业发展 -
经济发展战略　Ⅳ.①F15

中国版本图书馆 CIP 数据核字（2019）第 062046 号

新产业革命与欧盟新产业战略

著　　者／孙彦红

出 版 人／谢寿光
责任编辑／陈凤玲

出　　版／社会科学文献出版社·经济与管理分社(010)59367226
　　　　　地址：北京市北三环中路甲 29 号院华龙大厦　邮编：100029
　　　　　网址：www.ssap.com.cn
发　　行／市场营销中心（010）59367081　59367083
印　　装／三河市龙林印务有限公司

规　　格／开　本：787mm × 1092mm　1/16
　　　　　印　张：18.25　字　数：306 千字
版　　次／2019 年 5 月第 1 版　2019 年 5 月第 1 次印刷
书　　号／ISBN 978 - 7 - 5201 - 4641 - 8
定　　价／99.00 元